KB014443

미얀마 산책

PROMENADES EN TERRE BOUDDHIST BIRMANIE

Christine JORDIS(text) and Sacha JORDIS(illustrations)

© Editions du Seuil, 2004

All rights reserved

Korean translation copyright © Daesupbaram, 2008

This Korean edition was published by arrangement with Editions du Seuil.

through Sibylle Books Literary Agency, Seoul

미얀마 산책

크리스틴 조디스 지음 | 사샤 조디스 그림 | 고영자 옮김

대숲바람

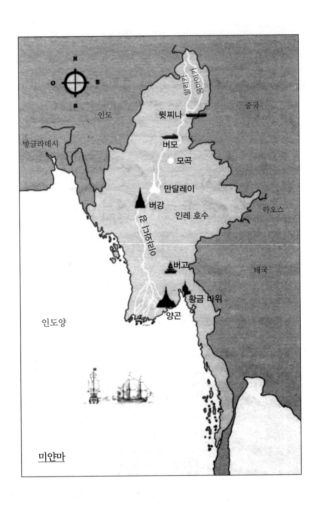

미얀마

양곤에서 여러 번 우리를 흔쾌히 맞아준
베르나르 뒤 샤포와 엘리자베스 뒤 샤포에게
이 자리를 빌려 감사의 뜻을 전한다.

미소의 나라, 불교의 땅

내가 한국을 잘 알지 못하면서도 한국을 사랑하게 된 계기는 스위스 작가이며 또한 여행 작가로 정평이 나 있는 니콜라 부비에Nicolas Bouvier의 책들을 읽으면서부터다. 니콜라 부비에는 아시아에 대한 권위 있는 전문가도 아니고 대학에 적을 둔 사람도 아니지만, 나를 이끌어주었다는 점에서 그리고 사물을 보고 이해하는 방법을 일깨워준 스승이라는 점에서 내겐 너무나 중요한 인물이다. 내 여행기의 어떤 페이지도 그의 책을 참조하지 않은 부분이 없다. 단어 하나, 표현 하나도 그의 책을 의지하여 썼다. 그의 세계는 나에게 매일 용기를 북돋워주는 색채와 역동성으로 언제나 가득 차 있었다.

그는 한국에 대해서도 몇 페이지*를 할애하여 기념비적인 서술을 했다. 그 텍스트를 읽고 있노라니 한국이라는 나라와 그곳 사람들의 이미지가 내 머릿속에 떠올랐다. 니콜라 부비

---

* Journal d'Aran et d'autres lieux, editions Payot, 1993.

에에 따르면, 한국 민족은 일본의 가혹하고 독재적인 통치를 견디며 삶을 영위해야만 했으며, 또한 1950년에서 1953년까지 처참하고 긴 내전을 치러야 했다. "두 번이나 파란무도한 시련을 겪어야 했고, 그 결과 모든 것을 잃고 국토의 70퍼센트가 잿더미가 되어버렸다. 그런데 그후 기적이 일어났다. 대참사에서 살아남은 생존자들은 그 폐허의 광야에서 17년이라는 세월 동안 잘 견뎌냈을 뿐만 아니라, 살아갈 의미를 회복하면서 처참한 과거를 훌훌 털어버렸다. 또한 그들은 그때그때 가능한 수단들을 총동원하여 모든 것을 신속하게 개선해나갔다." 니콜라 부비에는 이 글을 1970년대에 썼다. 그때 이후 한국은 거침없는 성장 가도를 달려왔다. 또 한 가지 내 뇌리를 스치는 것은 언젠가 한번 지그시 명상에 잠겨보고 싶은 아름답고 시적인 한국 풍경에 대한 부비에의 환기이다. 무엇보다도 나는, 부비에가 불교 경전인 팔만대장경 목판본들을 보관하고 있는 해인사에 가면서 쓴 대목에서 감동을 받았다. 그가 불교에 관해 다음과 같이 쓴 대목은 한국과 미얀마 사이에 존재하는 매우 강한 연결 고리를 내게 시사했다.

"아주 오랜 세월 동안 선량한 불교가 뿌리를 내린 그곳에 불교는 매우 특별한 성질의 평화를 정착시킨다. 그 평화는 마치 공기 같으면서도 동시에 그 무게를 어느 정도 가늠할 수 있다. 이곳에서는 아직도 불교가 지배적이다. 그리고 그 치유의 미덕은 여행자의 정신에도 곧바로 작용한다. 몇 단계만 넘어서면 모든 것이 갑자기 고요해지고, 엄숙해지고, 찬란하게 빛을 발했다. 마치 우리가 지금 어느 세기에 있는지조차 가늠해볼 수 없는 듯한 인상을 풍겼다. 천 년의 역사 혹은 수백 년 이상의 세월을 살아온 나무들 때문은 아니었다. 오히려 절의 안뜰에서는 모든 일상이, 혹은 모든 오늘이 마치 요정 이야기에서처럼 백 년간의 잠에서 빠져나와 깨어난 듯했기 때문이다."

정확히 바로 이것이다. 평화와 평정이 깃든 듯한 이 인상은 미얀마의 사원들과 파고다 주변에도 존재한다. 미얀마를 여행하는 동안 나는 반세기 넘게 독재체제에 억압을 받으면서도 그 억압과 잔인함으로부터 기적적으로 벗어난 저 강렬하고 함축적인 분위기에 완전히 사로잡혀 있었다. 나는 수세기에 걸쳐 이어져 내려온 그 '선량한 불교'를 미얀마인들의 위엄 그리고 미소와 연결시켰다. 고통을 겪지만 견뎌낼 줄 아는 민족으로, 그들은 괴로움을 겪으면서도 감히 아무나 범접할 수 없는 세계, 즉 종교와 문화가 그들에게 안겨준 힘을 간직하고 있었다.

중국이 무소불위의 권력을 휘두르는 훈타Junta 정부를 줄곧 지지해왔고, 또 최근 들어서는 매우 극적인 상황에서 미얀마 민중의 이익과 상반되는 입장을 표명했다는 점은 다른 독재정권과 마찬가지로 미얀마 땅에도 오래전에 척결되어야 했던 체제가 아직도 굳건히 버티고 있음을 보여준다. 따라서 자유를 향한 희망은 그 어느 때보다 멀게만 느껴진다. 위대한 아웅산 수치는 군부의 수중에 놓여 앞으로 일 년이고 이 년이고 가택 연금 되어 있을 것이 틀림없다.

그런데도 미얀마인들은 웃고, 장사를 하고, 자전거를 타고,

사원에서 기도를 한다. 하지만 그들의 그런 일상의 몸짓 또는 행위 하나하나 속에는 망명한 왕자를 떠올리게 하는 위엄과 비애의 그림자를 간직하고 있다. 그들의 자유는 망명중이다.

나는 멀리서나마 한국과 미얀마 사이의 어떤 공통점을 본다(실제로 그곳에 가서 확인해보지는 못했지만). 그 공통점은 뭐랄까, 종교적 전통에 대한 그들의 애착에서 온다고나 할까? 미얀마를 여행하면서 나는 그런 애착의 힘에 강렬하게 사로잡혀 있었다. 그 불교적 전통은 불교의 적들이 여봐란 듯이 주장하는 것처럼 '인민의 마약'이 아니다. 즉, 불의를 그저 받아들이거나 묵묵히 굴복하기만 하는 방식으로 이루어져 있지 않다. 도리어 그것은 값비싼 희생을 치를지언정 정면으로 맞설 수 있는 용기를 심어준다. 그리고 스님들은 그 저항의 맨 앞줄에 버티고 서 있다. 이러한 이유들 때문에 그리고 또 다른 이유 때문에(아시아가 점점 나를 사로잡고 있다는), 미얀마인들에 대한 증언과 경의를 담은 나의 책이 고영자 씨 덕분에 한국어로 번역되어 나와 한국의 많은 독자들에게 읽힐 것을 생각하니 나로서는 매우 감격스럽고 행복할 따름이다.

크리스틴 조디스

| **일러두기** |

- 미얀마어의 표기는 현지 발음에 준하여 표기했다. 단 아웅산 수치 여사처럼
  우리에게 익숙한 인명 혹은 지명은 관용적인 표기법을 따랐다.
- 버마 / 미얀마라는 국가 명칭은 시대 상황에 맞춰 적절하게 구분하여 표기했다.
- 원주와 역주는 각각 •와 ▪로, 그리고 용어 설명은 *로 표시했다.

한국어판 서문　　미소의 나라, 불교의 땅　　006

제1부　양곤

양곤 1999　　　　　　　　　　　017

서구의 영향　　　　　　　　　　025

어느 수인囚人　　　　　　　　　036

너의 자유를 찾아라　　　　　　　044

세월 속의 도시　　　　　　　　　057

초록 옷의 여인　　　　　　　　　070

수계식　　　　　　　　　　　　　075

황금 바위　　　　　　　　　　　084

버고, 그 전설　　　　　　　　　092

제2부　만달레이

만달레이로 가는 길　　　　　　　103

미얀마의 하프　　　　　　　　　111

마흐닝킹, 독립적인 여성　　　　　119

황금 도시 주변에서　　　　　　　132

이라와디 강 위에서　　　　　　　163

제3부 버강

버강   173

보이지 않는 것과의 교류   201

뽀빠 산   209

만남들   218

출발 전   228

제4부 귀환

어느 망명자   237

길을 나서면서   246

인레 호수   255

뮛찌나에서 버모 그리고 만달레이까지   267

모곡과 루비   283

2003년 양곤   296

제5부 **발자취**

후기   315

에필로그   349

역자 후기   버마와 미얀마 사이에서   351

용어 설명   357

참고 문헌   363

양곤

©서경애

심오한 고요함과 평정심이라는 그 감정.
나는 풍경 속에서, 사원의 테라스에서,
파고다의 진입로에서, 기타 곳곳에서
그 감정을 느낄 수 있었다.

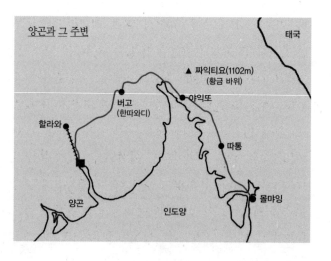

양곤 1999

양곤. 까마귀 떼가 벌써 하늘 높이 날아오르고, 밤새 금속성의 울음소리로 사람들의 단잠을 깨웠을 도마뱀이 어딘가의 틈새로 사라지는 이른 아침. 밖에서는 눈부신 서광과 함께 바쁜 일상이 다시 펼쳐지고 있었다. 우리는 바로 그런 시간에 양곤에 도착했다. 경유지인 방콕 공항의 스피커가 한껏 높인 볼륨으로 우리가 모르는 사람들의 이름을 애절한 콧소리로 끊임없이 불러대는 가운데 딱딱한 플라스틱 의자에 버려진 짐짝처럼 드러누워 두 시간을 기다린 후에. 마침내 도착했을 때 내 손목시계는 2시를 가리키고 있었고, 양곤 시각은 아침 7시 30분이었다. 하루가 시작되고 있었다.

비행기가 고도를 낮출 때 내려다본 그 땅은 가뭄으로 불타고 있었고 비현실적으로 보였다. 희끄무레한 평원이 창백한 안개에 묻힌 채 무한히 펼쳐져 있었고, 백색 혹은 황금색 파고다* 군락이 여기저기에, 야자수림 너머에 혹은 드넓은 평원

*로 표시한 용어는 권말의 '용어 설명'을 참조할 것.

저 멀리에 삐죽이 솟아 있었다. 밤을 뜬눈으로 지새운 승객들이 조그만 공항의 입국 수속 창구 앞에 얌전히 줄을 섰고, 담당 공무원들은 승객들의 비자를 열심히 체크했다(나는 사람들이 조언해준 대로 직업란에 출판인이나 기자라고 쓰지 않고 '교육자'라고 써넣었다. 정말 다행스러운 일이었다. 실제로 나는 지난 이십여 년간 교사 생활을 하지 않았는가. 비록 지금은 편집자로 일하고 있지만 말이다. 어쨌든 나의 미얀마 행은 나 자신을 위한 것이지 결코 업무 때문은 아니었다). 사샤는 '일러스트레이터'라고 적어넣었다. 그것은 정말이었다. 그 단어는 그의 지난날을 잘 요약해줬다. 그는 한 손에 연필을 쥐고 스케치북 위에 몸을 구부리거나 책상 앞에 앉아 컴퓨터의 하얀 화면에 나타나는 검은 실루엣을 요리조리 표현을 달리해가며 그림을 그려왔으니 말이다. 그는 수도승이 될 수도 있었으리라. 중세에 몇 시간이고 책상 앞에 앉아 필사 원고의 여백에 채색삽화를 열심히 그려넣던 수도승 말이다. 그의 데생이 확실히 더 간결하고 동적이긴 했다. 하지만 그는 수도승처럼 인내심 있고 자기 일에 몰입하는 성품을 지닌 사람이었다. 수도승. 그것은 미얀마에서는 매사에 무사통과되는 최고의 직함이었다.

우리는 이번엔 반쯤 감은 눈으로 양곤을 가로질렀다. 사실 우리는 여러 날이 지나서야 그 도시가 머금은 다양한 빛의 무게를 비로소 가늠할 수 있었다. 양곤은 곰팡이가 슨 외양 속에서 지난날의 우아했던 모습을 이따금씩 드러낼 뿐 거의 쓰러져가는 형국이었다. 빅토리아 시대의 위용을 말해주는 건축물들은 기둥과 회랑에 박공지붕과 아케이드를 갖췄고, 꽃병과 화분들로 경쾌하게 장식되어 있었다. 볼품없는 집들처럼 가느다란 격자창이 달린 작은 베란다들은 닫혀 있었다. 열대 계절풍이 몰아온 비는 보다 감미로운 기후를 가진 지역에서 수입해온 세련됨을 검은 빗줄기로 난폭하게 짓밟아 놓고 있었다. 남은 것이라곤 집들을 야금야금 갉아먹고 다른 곳에서 들여온 법칙과 미학 들을 깡그리 앗아가는 시간과 습기뿐이었다. 어떤 집들은 창문을 활짝 연 채 텅 빈 골조를 허옇게 드러내고 있었는데, 그 중 몇몇 집들엔 사람이 아직 살고 있는지, 빨랫감들이 발코니에 줄줄이 널린 채 마르고 있었다. 부식된 콘크리트며 작은 탑과 피라미드 모양의 장식품이 나뒹구는 정글 한복판엔 계단 입구가 약간 비대칭인 신고딕풍의 저택이 잊혀진 채 방치되어 있었다. 그 광경을 보자 아무도 일으켜보지 않았을 호기심이 내 안에서 고개를 쳐들었다. 미얀마인들은 선임자들을 조금도 숭배하지 않아서인지 아주 새로운 건축물은 모두 호의적인 시선으로 바라보는 것 같았다. 반대로, 아무리 정성을 들인 건축물일지라도 시간의 흐름에 내맡긴 채 허물어져 폐허가 되도록 방치하는 것도 이곳에선 예삿일 같아 보였다. 그렇게 미얀마인들은 지나간 과거의 수많은 증거물들을 그대로 방치했다. 정말이지 그 허물어져가는 건축물들이 감동의 순간으로, 추억으로 되살아나는 일은 거의 있을 수 없었다. 피에르 로티Pierre Loti는 캘커타에서 출발하여 여러 날을 항해한 끝에 이 도시에 발을 디뎠고 이 도시를 '랑군'이라 불렀는데, 그때 그는 탄식하며 이렇게 말했다. "'서양문명'이라 불리는 거대한 문어가 자신의 흡반을 갖다붙여 미얀마의 활기찬 풍요로움과 힘을 빨아들이려 한다." 그리고 그의 말에 따르면, 식민지 건설이라는 망상에 사로잡혔던 유럽인들의 뇌야말로 기가 막히게 기상천외하다는 것이다. "돼지고기를 파는 그리스풍 사원들(스투코와 석회로 된)과 신발 가게로 쓰이는 봉건 시대의 저택들(아연과 오리목을 박아 만든 세공들로 장식된) 그리고 중국인 골동품 상인들이 살고 있는 고딕풍의 성당들(벽돌과 주철로 만들어진)"•이 그런 예에 속한다. 피에르 로티가 감탄했던 그 기상천외한 것들도 바람과 태양과 비에 방치된다면 그대로 허물어지기 십상이었다. 저기, 검게 그을리고, 움푹 파이고, 부식되고, 훼손되고, 모욕당한 대건축물들은 오늘날 정복 정신의 패배를 여실히 말해주는 산 증인이다. 그럼에도 불구하고 군사정권은 이따금씩 영국인 선조들의 오만함을 기꺼이 부활시키곤 했다. 이를테면 빅토리아풍의 궁전이 어느 공원인가 하는 곳에 분홍색으로 한껏 웅장하게 건립되었는데, 그것은 아무렇게나 방치된 이 도시에서 유일하게 관리가 잘된 건축물이다. 파고다 모양의 지붕을 하고 있는 철도역도 미얀마인의 취향과 빅토리아풍의 환상이 뒤섞여 만들어졌는데, 적어도 인간의 상상력을 입증하는 스타일들 간의 기막힌 조화를 이끌어내고 있었다.

강변 바로 위쪽에 위치한 이 도시는 바둑판 모양으로 엄격하게 구획되어 있고, 인도인 타운과 중국인 타운으로 나누어

• 인용문의 정확한 출처는 권말의 '참고 문헌'을 참조할 것.

져 있다. 물론 그런 것이 한눈에 확 들어오지는 않는다. 질서나 일직선으로 뻗은 차도 같은 것보다는 관습이 그곳을 지배하고 있었다. 사람들의 생활은 보도나 거리에서 이루어졌다. 그곳들은 노점도 없고 가게도 없는 사람들로 붐비고 있었다. 그들은 한눈팔 새 없이 장사하는 중국인들보다도 더 빠르게 잡다한 일로 여기저기 분주히 움직였다. 어떤 사람들은 몇 개의 무리를 이루어 낮은 평상에 걸터앉아 음식을 먹거나 수다를 떨고, 카드놀이를 하기도 하고, 주거니 받거니 이런저런 흥정도 했다. 몇몇 사람들은 더위에 지쳐 맨바닥에 쓰러져 자고 있었다. 그들은 해가 지면 몸을 움직일 작정으로 태양이 떨어지기만을 기다렸다. 그런가 하면 여성들은 길에 야채를 쌓아놓고 앉아 기운이 없어 보이는 허약한 아기를 팔에 안은 채로 행인들을 불러세웠다. 순식간에 밤이 되었다. 파손된 외양을 감추려는지 상점들의 간판에 불이 들어왔다. 어떤 상점들은 'Beauty Parlour' 또는 'Ever Smile'이라는 영어 이름을 아직도 버젓이 달고 있었다. 그런 가게들은 주변의 땟자국 속에서는 도무지 상상이 안될 만큼 허황되어 보였다.

공식적 환율 따위는 기대할 수 없었고, 우리는 약간의 달러를 환전하기 위해 간판도 없는 환전 가게로 들어갔다. 경찰이 그곳을 지키고 있었다. 우리는 뜨레셔treshaw*들이 대기하고 있는 더러운 골목길 깊숙한 곳에 위치한 네온 불빛이 반짝이는 가게 안쪽으로 들어갔다. 사려깊은 눈을 한 진중한 분위기의 소녀가 카운터 뒤에서 핑크빛 크림통에 집게손가락을 찍어 발라가며 고참 공무원처럼 경쾌한 손놀림으로 재빠르게 지폐를 셌다. 그녀는 상당한 양의 짯Kyats* 뭉치를 우리 앞에 조심스럽게 내놓았다. 그 거래는 옆에 있는 사람들의 따가운 시선과 더할 나위 없이 완벽한 침묵 속에서 이루어졌다.

총천연색의 밤시간은 호숫가에 있는 '로얄'이라는 해물요리 레스토랑에서 소울뮤직을 들으면서 보냈다. 공기는 더웠고, 종업원들은 손님들의 무릎에 냅킨을 내려놓고는 슬그머니 사라졌다. 내 시선의 오른쪽에 눈요깃거리로 만들어놓은 케이크가 있었는데, 그 위에 장식된 파고다가 형광 초록색으로 온통 빛나고 있었다. 종업원이 갖다준 갑각류 요리는 입에서 불이 날 만큼 매운 소스가 범벅되어 있어서 뭐가 뭔지 분간할 수 없었다.

몇 년 후, 잘은 기억나지 않지만 어떤 필요에 떠밀려 나는 다시 미얀마 땅을 밟았다. 그때가 세 번째 여행이었다. 아마도 어떤 담백함에 이끌리지 않았나 싶다. 그 담백함은 풍경이 펼쳐지는 거의 모든 곳에 서 있는 사원과 파고다로부터 느껴졌고, 나무들 사이에서 솟아올라 도시와 도시를 하나의 도시처럼 점선으로 이어주는 살짝 불룩한 금종 모양들로부터도 느껴졌다. 그것들은 아득한 느낌과 평화로운 인상을 풍겼다. 미얀마인들도 그렇게 보였다. 그들은 일상에 자신을 내맡기고, 흥정을 하고, 자전거를 타고, 한 치의 위엄도 잃지 않으면서 큰 소리로 껄껄 웃을 수 있는 사람들이었다. 그들에게서는 강탈당한 왕자들을 닮은 비애의 그림자나 조금 멀찍이 거리를 두는 태도 따위는 엿보이지 않았다.

나는 그런 자애로운 담백함을 자연스럽게 다시 맞아들였다. 부처님을 늘 가까이 섬기고 미소 짓는 것이 습관화된 데서 배어나오는 담백함을. 미얀마와 떨어져 지낸 몇 년 동안의 시간이 어떤 면에서는 내 삶의 부재처럼 느껴지기도 했다. 지금은 하나의 문을 닫아버리고 내게 더 익숙하고 친근한 다른 문 너머로 깊숙이 들어온 것 같은 느낌이 들었다. 우리는 종종 방황하면서 우리의 가장 뿌리 깊은 근원을 발견한다. 다시 말해 '공기'와 같은 중요한 근원들은 우리를 지구본 위의 그 어디에도 소속시키지 않는다. 그러나 우리는 수많은 사람과 수많은 장소에 얽혀 있으며 그 속에서 다양한 관계를 형성하게 된다. 나의 삶도 그랬다. 내 아버지는 전쟁 때 아프리카 주둔 군대에 몸담으셨고, 전쟁 직후 나는 아주 어린 나이(네 살)에 프랑스로 이주해와야만 했다. 다시 말해 태양 아래 펼쳐지는 장엄한 광경을 뒤로 하고 갑자기 사방이 벽으로 가로막힌 프랑스의 어느 지방 도시로 옮겨졌던 것이다. 나는 그렇게 닫힌 공간에서는 결코 소속감을 느낄 수 없었다. 내 언어가 지향하는 것 또한 그 현실과 맞지 않았다. 더 정확히 말해 그곳은 나 자신을 느끼게 하고, 내가 있어야 할 곳이라는 값진 믿음을 심어주는, 즉 다른 곳에 대한 열망을 더 이상 불러일으키지 않는 절대적 의미의 거처가 아니었다. 왜냐하면 절대적 거처란 모든 것을 온전히 품고 있고 우리 정체성의 비밀을 내포하고 있기 때문이다. 캐슬린 레인Kathleen Raine에게는 유년시절을 보낸 스코틀랜드의 국경지대가, 에밀리 브론테Emily Bronte에게는 요크셔의 광야가, 조아생 뒤 벨레Joachim du Bellay에게는 그의 시구들에 비추어볼 때 앙주Anjou와 오디세우스를 애도했던 푸른 이타카 섬이 그들의 정체성의 비밀을 숨기고 있는 곳이다. 인생에서 너무 일찍 가슴이 찢기는 고통을 겪은 사람들이나 자신의 존재와 심각한 부조화를 경험한 사람들 또는 생계에 대한 위협 때문에 자신의 타고난 근원을 거부한 사람들에게 머나먼 나라에서의 배회는, 더 간단히 표현하면 여행은 그들이 더욱 그들일 수 있게 하는 새로운 닻을 스스로 발견하기 위해 앞으로 나아가는 방법이라고 할 수 있다. 나는 영문학과 영국의 풍경 속에서 삼십 년이나 되는 시간을 보낸 후에야 비로소 '공기' 같은 근원 혹은 영적인 근원들을 찾기 위해 아시아로 갔다. 사실 그런 근원들이야말로 광대한 망 속에 전개되고 스스로 성장하는 것이 아닐까? 영국과 자신의 고향인 탄광촌을 혐오했던 D. H. 로렌스 D. H. Lawrence는 멕시코에서 자신의 근원을 발견했다. 그리고 로티에게는 로슈포르Rochefort라는 엉뚱한 거처가 증명해주듯 터키가 바로 그런 곳이었다. 다른 한편으로는 그다지 행복하다고 볼 수는 없지만 늙을 때까지 세계 곳곳을 누비고 다니는 것만으로 만족하는 사람들도 있다. 그리하여 마침내 신화적 지평에서 무언가를 건설하게 되는…

서구의 영향

질적인 평화의 경지

두 눈을 감고서도 미얀마가 바로 여기다 하고 지도상의 한 지점을 시원하게 짚어낼 수 있는 사람이 과연 몇 명이나 있을까. 미얀마는 동남아시아의 대국 중 하나이고 태국보다도 더 넓다. 그러나 유럽인의 시각에서 말하는 이웃나라들의 매스컴에 귀기울여보면 미얀마는 1962년 네윈Ne Win 장군에게 접수되면서부터 완전히 보이지 않는 존재가 돼버린 듯하다. 그의 이름을 들을 때 연상되는 것은 미얀마인의 생의 주변을 관통하는 부처님이나 사원들이라기보다는 이 시대에 그 나라를 집어삼키고 있는 정치체제다.

미얀마, 아, 군사독재! 이런 이유로 몇몇 친구들은 나의 미얀마 여행을 반대하기도 했다. 그러면서도 그들은 체첸 민족을 말살하는 러시아에 별 생각 없이 가거나, 인권을 유린하고 언론법 위반죄를 뒤집어씌워 사람들을 수감하고 고문하고 처형하는 한편, 티베트 소수민족을 체계적으로 말살하는 중국으로 갔다. 전쟁이나 '과오'가 더 이상 남아 있지 않은 부자

나라들에 대해서는 더더군다나 말할 필요도 없을 것이다. 군사정권, 내 친구들은 풍문으로 들어 그 체제에 대해 알고 있다. 그들은 겉으로는 강대국들을 감싸면서도 그 나라들이 저지른 범죄들에 대해서는 의문을 품는 이성적 양심을 갖고 있다. 특히나 권력 남용이 눈에 뻔히 보이고 쉽게 유죄 판결을 내릴 수 있는 작은 나라가 문제가 될 때, 그들은 이성적 양심을 더욱더 확실하게 표명한다. 권력 남용자들은 엄중히 처벌된다. 하지만 정작 그 당사자들은 그것을 무시하거나 사소하게 여기지 싶다. 그 결과는 즉각적으로 나타난다. 공장이 폐쇄되고, 그 여파로 수천 명의 노동자가 거리로 나앉는다. 개중에는 사회 복지 시스템이 부재하는 나라로 내몰려 수입원이 끊기는 바람에 비참한 가난의 수렁으로 빠져든 사람들도 있다. 이렇게 만든 것은 매우 어리석고 유감스러운 경제제재들이다. 그것들은 정책을 왜곡시킨 관리자들을 압박하기는커녕 오히려 이미 극도의 빈곤에 허덕이는 국민들을 더욱 심하게 처벌하는 꼴이 돼버리고 만다.

미얀마와 오랜 관계를 유지해온 중국은 권력에 대한 시각에서도 더 일관성 있거나 파렴치한 자세를 보이는데, 아니나 다를까 미얀마 땅에 점진적으로 촉수를 뻗치며 들어와서는 우리 여행자들 사이에 또 하나의 악의 축으로 인식되는, 즉 온갖 만행 기록으로 점철된 미얀마의 군사체제를 적극적으로 지지하고 있다.

체제 변화(실현 가망성이 거의 없는 일이지만)가 일어나야 한다는 명목으로 미얀마의 상황이 더 악화되기를 바라는 사람이 아닌 바에야 나에게는 그 땅에 가서 상황을 내 눈으로 직접 확인하는 일만 남아 있었다.

미얀마는 세계사적 담론에 거의 등장한 적이 없었고, 경제 계획에서도 주변 나라들에 비해 오십 년 정도 뒤처졌지만, 동남아시아 국가들 중 유일하게 고유의 문화와 종교를 온전히 보존해왔다는 점에서 '보호된 나라'라는 말을 나는 들은 적이 있었다. '보호되었다고?' 근대화된 기술도 생산 능력도 없는 데다 국민 대다수는 농민이다. 다시 말하자면 산업화가 제대로 이루어졌던 적이 없으므로 그로 인한 물질적 풍요도 값지게 누려본 적이 없다. 제대로 일어났다고 볼 수도 없는 산업화의 결과는 오히려 온갖 문제와 추악함만 꼬리에 꼬리를 물고 일어났을 뿐이다. 미얀마의 경우 윌리엄 블레이크William Blake와 로렌스가 격렬하게 비난한 '검은 악마의 공장' 이전의, 가난하지만 천 년간 보존돼온 의식들이 살아 숨쉬는 시대로 단호하게 돌아간다면 차라리 모든 문제가 풀릴지도 모르겠다. 때 묻지 않은 아름다움과 극단적인 궁핍이 어우러진 시대로 말이다.

아웅산 수치Aung San Suu Kyi[*]는 "미얀마는 대부분의 동남아시아 국가들과 비교할 때 그들 고유의 문화와 전통을 더 잘 보존할 줄 알았다"고 말했다(그녀는 다른 면에서는 뒤처져 있음을 부인하지 않았다). 세계가 공유하는 기준으로 판단할 때 미얀마는 물론 잘 살지 못하고 그곳에서의 생활은 매우 힘들다. "그

---

[*] 아웅산 수치Aung San Suu Kyi 1991년 노벨 평화상 수상. 《두려움에서 해방되기Se libérer de la peur》와 후기 p. 274(프랑스어판)를 참조할 것.

러나 미얀마는 평화와 평정이라는 값진 가치를 간직하고 있다. 미얀마인들의 그런 질적인 평화 추구의 뿌리는 대부분 자신들의 종교에 은혜를 입고 있다."

우리는 우리의 눈부신 성장이 절대적 선이라고 생각하는 경향이 있어서 "모든 인간이 소비의 세계로 초대되는 것이 마치 문명의 진보나 되는 줄 알고 박수를 보내는"● 경향이 있다. 그러나 그런 열광의 도가니에 몸을 맡겨온 인간은 한 번도 어떤 위엄의 경지에 다다르지 못했다. 수많은 도덕 정신이 이미 그 점을 우리에게 상기시켜주기도 했다. 어쩌면 그런 위엄은 미얀마와 같은 땅에나 어울릴 거라는 생각이 들기도 했다(여기서 '평화, 평정'이라는 수치의 표현을 한 번 더 언급할 필요가 있지 않을까?). 그런 점이 오히려 이 나라의 딜레마로 작용할지 모르지만, 그럼에도 불구하고 사람들은 정신적 차원에서 변화의 효과를 다소 긍정적으로 유지하면서 생활도 나름대로 개선해야 할 필요성을 느끼고 있다. 2003년 12월 8일자 〈방콕포스트〉는 '불교와 소비문화는 상반되는가?' 라는 헤드라인의 기사를 실었다. "세계 구석구석에 위세를 떨치는 소비주의라 불리는 새로운 종교" 앞에서 불교 국가들이 느끼는 두려움이 그 두 단어에 요약되어 있었다. 그러나 그 기사를 쓴 기자는 "명백한 풍요로움 속에는 근본적인 의미가 결여되어 있음"을 희망에 찬 어조로 덧붙였다. 새로움을 추구하기 위해 자신의 보금자리를 떠나는 것(불교의 정체성으로 인식되는 개념)은 자신의

● 알랭 팽키엘크라우트 Alain Finkielkraut의 《현재의 불완전성 L'Imparfait du présent》에서 인용.

길에 맞는 또 다른 필요에 통합되는 것을 의미한다. 나는 태국을 여러 번 방문했다. 거기엔 과거의 유산과 어깨를 나란히 한 극단적인 근대화가 있었고, 극단적인 부는 비참한 빈곤을 거느리고 있었다. 그것은 이제는 그곳에 낯설지 않은 서구적인 것의 위력을 잘 보여주며, 두 극단의 치명적 공존이라 하지 않을 수 없었다. 태국의 수도 방콕과 일부 도시들은 서구의 영향을 받으면서 다각도에 걸쳐 관광의 메카로 거듭나고 있었다. 인간들이 가진 갖가지 노이로제의 부산물을 집어삼킨 거대한 하수구라고 하면 지나친 표현일까? 어쨌든 그 물결은 아직 미얀마를 관통하지 않은 상태였다.

사람들이 아옹다옹 살아가고 개인의 자유라곤 거의 없는 나라에서, 나는 굳이 내가 속한 사회에 없는 어떤 증거를 찾으려고 애쓰지 않았다. 게다가 비교와 대조의 시선이 교차하면 일종의 노스탤지어 같은 것이 분명히 작용하리라는 것도 나는 잘 알고 있었다. 우리의 생활방식에서 비롯된 비교의 틀 너머에 존재하는 그곳 사람들은 (도움의 손길을 건네주던 관광 스타일도 점점 사라지는 마당에) 저마다 자신들만의 고통을 당하고 있었으며, 그것만으로도 너무 벅차하고 있었다.

몰이해

젊은 유럽인 세 명이 회색 정장을 갖춰 입고 셔츠는 풀어헤친 채 손에는 작은 가방을 들고, 쾌활하지만 약간 경박한 표정과 우쭐한 태도로 호텔 로비에서 큰 소리로 이야기하고 있는 모습이 보였다. 그들은 엄청난 더위 속에서 한 시간 가량 조깅을 한 뒤 비즈니스를 위한 조찬회의를 시작하기 전 그곳에 모여 이러쿵저러쿵 이야기를 나누고 있었다. 그들은 아무런 위험도 느끼지 않은 채 프랑스어로 대화를 하고 있었다. 아무도 그들의 대화를 이해하지 못했다. 창가의 긴 의자에 드러누워 잠을 자고 있는 몇몇 사람들도 확실히 이해하지 못했을 것이다. 이 땅에 갓 상륙한 외국인들은 별 수고 없이도 미얀마에 대한 나름의 의견을 갖고 있었다. 하지만 그들의 언급은 이 나라에서 일하는, 공들여 만든 관광지도에서 벗어나 있는 사람들과 직접적으로 관련된 것들이었다. 세 유럽인 중 한 철학자가 이렇게 결론을 내렸다. "이곳 사람들은 테러 속에 살고 있지. 데모를 하면 곧바로 감옥에 처넣어지고 말아. 이곳 체제는 정책적 차원에서 전부 결함투성이야. 인간적인 것을 외치지만 인권은 유린되고 있고, 경제적 정치적 시스템은 관리 소홀과 방향 상실, 금전적 부패로 허덕이고 있어. 간단히 말해 나쁜 놈 몇 명이 판을 치고 있지. 하지만 그들은 동남아시아 다른 나라의 권력자들보다는 덜 악질이야. 사실 맞는 말이지."

또 다른 불만의 목소리가 그의 말을 되받았다. "스님들은 또 어떻고. 정부는 스님들의 중요성을 잘 알고 있어. 하지만 권력의 논리로 그들마저 부패시켜버리거든. 적어도 정부는 그들에게 침묵을 강요해. 모든 스님이 다 그렇다는 말은 아니야. 한적한 시골의 인적 없는 사원에 앉아 정진하고 있는 가난한 스님들은 그렇지 않아. 오히려 중요한 직책을 맡고 있거나 큰 사원을 관장하는 일부 스님들이 문제야. 그들은 스포츠카를 타고 다니고, TV를 보고, 최신 기종의 컴퓨터를 구입하는 족속들이야." 그는 그런 스님들에 관한 일화를 하나둘씩 끄집어내며 흥미를 돋우었다. 맞는 말이었다. 설령 실제로 있었던 일이 아니라 해도 충분히 할 수 있는 말이었다.

언젠가 나는 "불교의 가르침을 따르는 스님들은 매우 많다. 그러나 태국 불교를 혐오하고 신심도 없고 계율도 모르는 소수의 승려 그룹이 있다"라는 기사를 비행기 안에서 읽은 적이 있다. 그 기사는 기부 문화와 수계식이 산업으로 번창해가는 실정을 유감스럽게 생각하는 〈방콕 포스트〉지의 어느 경건한 신문기자가 쓴 것이었다.

세 번째로 입을 연 유럽인의 말은 내게 더욱 설득적으로 들렸다. 그는 서구 세계를 관통하는 순수하고 견고한 세속 정신의 대변자로, 그에게는 불교 그 자체가 문제였다. "민중은 수세대에 걸쳐 짓눌리며 살아왔어. 영국의 식민 지배, 십 년이라는 짧은 시간 동안 맛본 혼란스러웠던 민주주의, 그 후속타로 군사 쿠데타가 일어났지. 하지만 우리가 생각하는 것과 달리 불교는 민중을 돕지 않았어. 아니, 그런 종교는 일찌감치 없어지거나 혁명을 겪었어야 했어." '민중의 아편'이라는 표현은 이미 인구에 많이 회자되었다. 또 다른 생이 존재한다는 희망은 사람들을 불행의 내리막길에서 구해주었고, 혁명의 불길을 잠재우기도 했다. 사실 그랬다. 다른 어떤 곳보다 미얀마에서는 특히 더 그랬다. 하지만 세 번째 유럽인이 한 말은 비약인 동시에 어설픈 판단이었다. 그가 말한 '복종 철학'

에 대한 미얀마인의 의존에는 다른 이유들이 있었다. 그런 철학은 생에 대한 무관심 혹은 자신의 삶을 더 나은 쪽으로 바꿔보려는 열의가 부족한 데서 기인하는 것이었다. 그를 보고 있자니 미치오 다케야마(전쟁중인 미얀마를 배경으로 전개되는 소설 《미얀마의 하프La Harpe birmane》를 쓴 작가)가 그려낸 진취적이며 야심만만한 어느 군인이 생각났다. 그는 항상 더 많은 것을 갖고자 꿈꾸었으며 수완도 좋았다. 성공 신화가 넘쳐나던 패전 이전의 일본을 대표하는 인물이었다. 그의 상대역으로 또 한 명의 군인이 등장하는데, 그는 일본의 패망을 직감하고 있으며 자신이 굳게 믿어온 신념에 깊은 회의를 느끼고 있었다.

첫 번째 군인이 말한다. "이들은 왜 이렇게 낮은 수준의 삶을 살고 있을까? 이건 동물에게도 충분치 못한 삶이야. 불교 따위는 아무런 의미가 없어. 불교에서는 세속을 버리라고 하고, 비참한 삶에 대해 그만 생각하라고 하고, 모든 것이 잘될지 궁금해하는 것을 멈추라고 하고, 영혼의 구제를 위해 오직 자기 자신에게 집중하라고 해… 그리고 그들은 모두 스님이 되지. 현세의 삶은 그들에게 별로 중요하지 않고, 지상에서의 삶은 그들에게 무의미해 보일 뿐이지… 이런 상황에서는 그 어떤 진보도 불가능해."

그러자 두 번째 군인이 응수한다. "부처님은 몇천 년 전부터 인간의 진보라든가 자네가 말하는 행복이 어떤 것인지 잘 알고 있었지. 부처님은 너무 절망적으로 지상의 삶에 연연하지 말라고 미얀마인들에게 가르쳤고, 미얀마인들은 부처님의 그 가르침을 충실히 따랐을 뿐이네… 만일 우리가 더 문명화된 세상을 원한다면 차라리 미얀마인들을 모방하는 것이 더 낫네. 미얀마인들이 우리를 흉내내기를 바라서는 결코 안돼…"

근대의 행동주의 사상에 반기를 둔 두 번째 군인은 생의 이치가 인간의 인내와 내면 세계에 존재한다고 보았다. "미얀마인들은 그들이 배운 것과 믿는 것에 따라 생의 한 계단 한 계단을 오르며 살고 있네… 그들은 우리가 아직 이해하지 못하는 고차원의 사상을 품고 있어."

사업가이면서 불교에는 담을 쌓고 살아온 사람이라면 이 나라에 정착하기 전에 다케야마의 소설을 읽는 것이 좋을지도 모르겠다. 그러면 그는 하프를 기막히게 연주하고 영혼을 섬길 줄 아는 그 명상적인 군인이 소설 결말 부분에서 스님이 되어 미얀마에 남기로 결심한다는 것을 알게 되리라. 또 그는 "예비 수행"부터 시작하는 것을 꺼리는 사람은 언젠가 틀림없이 "자신의 시간을 빼앗긴다"*는 말의 뜻을 깨닫게 될지도 모른다.

물론 우리는 아무것도 '이해하지' 못하면서도 미얀마라는 땅에 끌리고 사원의 아름다움과 사람들의 몸에 밴 신앙심에 매료될 수 있다. 또 우리는 서양 사회가 모르는 그들만의 전통에서 나온 '딱히 뭐라고 말할 수 없는 것', 어떤 말로도 도저히 표현할 수 없는 어떤 것에 끌리기도 한다. 잠시 스쳐 지나가는 이방인은 자기가 방문한 나라에서 경험하는 것들에

● 니콜라 부비에 Nicolas Bouvier의 《일본 연대기 Chronique japonaise》에서 인용.

대한 판단을 자기 나라 고유의 생활방식이나 가치관에 끼워 맞추려는 경향이 있다. 이를테면 서양 것이라면 무조건 좋고 가능하면 빨리 그것을 이용해야 한다고 생각하며, 그런 발전을 전혀 이루지 못한 종족은 불행하다는 사고방식이 그렇다. 서양인들은 이런 식으로 남의 것을 모조리 자신의 틀로 심판하려 든다. 그들은 거기에서 뭘 얻어내려고 하는 것일까? 한번쯤 냉정하게 생각해볼 필요가 있다. 잘 알다시피 생각을 조금만 고쳐먹으면 무지가 지혜로 바뀌면서 뭔가가 명확하게 잡히는 법이다. 더 이상 겉돌지 않아도 된다. 그래야 귀국길에 올랐을 때 자신의 경험에 대해 수다를 떨더라도 효율적이고 신념에 찬 태도가 묻어나오는 법이다. 우리는 수많은 기묘한 행위들 사이를 오가지만 그래도 정신을 똑바로 가다듬으려고 애쓰고 있다. 나는 나 자신을 비웃으면서도 사람들이 나에게 씌운 '미얀마의 혼'을 완전히 그리고 빠르게 이해했다고 믿고 싶다. "우리는 포식자로 변신하겠다는 욕망을 갖고 척박하고 보잘것없는 이 땅에 왔다. 서양의 모든 것이 이 안에 있다"는 니콜라 부비에(주로 아시아에 대해 환기하곤 했던)의 말에는 '확신을 갖고'라는 말이 추가될 필요가 있다. 그 확신은 정확하고 신속하며 완벽하고 지체하지 않는 방법을 구성한다.

그런데 미얀마인들의 삶을 관통하는 그런 지知에 관해, 그런 것을 갖고 있지도 않거니와 그것을 제대로 이해하지도 못하는 우리가 그것이 우리의 것과 근본적으로 다르다는 이유로 비난할 필요가 있을까? 우리는 여기서 전 세계적 차원에 비추어 추구하고 인식하던 행복을 가로막는 장애물을 보았다고 결론을 내릴 필요가 있을까? 그런 자세는 고대 제국들이 자기들이 가진 세계에 대한 고유한 이미지를 기준으로 하여 지상 저편의 우주의 존재를 가늠하고자 했던 자세와 유사하다. 물론 이런 유혹은 한없이 커지게 마련이다. 그리고 그 유혹에는 내가 아닌 다른 사람들과 관계를 맺고 보편적이라고 판단되는 가치를 전 세계에 유포할 수 있도록(각자 필요한 방어 수단을 이용하지만) 자기 자신에게만 적용되던 사상을 상대화해가는 평등성의 원리가 짓밟힐 위험도 도사리고 있다. 나는 미얀마인들의 행동을 판단하기에 앞서 그들의 생존 질서가 대체 무엇인지 줄곧 궁금했다. 이를테면 그 질서를 통해 사회정의가 구현되고, 그 질서의 결정체로서의 문화와 정치적 삶이 사회 전반에 귀감이 되고, 그 연장선상에서 처음에는 어리석지만 끝내는 이성(설령 그 이성이 그들의 것이 아니라 해도 문제될 것은 없다)을 되찾게 되어 민족 간의 약탈이 지혜롭게 해결되는 것이다. 물론 그런 생존 질서가 이 나라에 정말 적용되고 있는지 어떤지는 나로서는 아직 알 수가 없다.

차라리 천 년 넘게 이어지면서 단련된, 삶에 대한 미얀마인들의 시각을 전하는 것이 더 나을지 모르겠다는 생각도 든다. 그 세월이야말로 미얀마인들에게 부처님의 은혜에 힘입어 온갖 전쟁과 침략, 그리고 역사의 광란에 저항할 수 있도록 해주었다.*

● 후기에 요약된 미얀마의 역사를 참조할 것.

어느 수인囚人

정말 그렇다. 절망의 늪에서 군사 정권에 대항하여 수십 년간 싸워온 사람들을 만났을 때, 우리는 감히 복종에 대해 함부로 말할 수 없다.

해가 저물 무렵, 우리는 샨족 구역 궁벽한 곳에 위치해 있고 중국 국경선에 인접한 작은 마을에 도착했다. 우리는 지인들이 건네준 주소를 손에 들고 있었다. 여기서 왕년에 교육자였던 어느 미얀마인을 만날 생각이었다. 그는 1988년의 봉기 후 이곳에 강제 이주하게 되었는데, 샨족의 족장이자 용기와 혁명 정신으로 이름난 사람이었다. 그는 선조들에 대한 책임감이 남달랐다. 그는 1988년 데모에 참가했으며, 사형 선고를 받은 자신의 아들(이후 영국으로 망명한)을 지지했고, 그 자신은 이 년간 옥살이를 한 후 석방되었다. 그리고 이곳으로 강제 이주하게 되었는데, 이 외진 땅으로의 이주는 그에게는 감옥 생활이나 다름없었다. 여권도 없었고, 미얀마 땅 어디로도 마음대로 이동할 수 없었으며(공식 허가가 있다면 몰라도), 50명이상 되는 청중 앞에서는 연설도 할 수 없었다. 설령 연설을 한다 해도 마이크 사용은 허락되지 않았다… 일거수일투족을 철저하게 감시당했다.

그날 저녁 우리는 세상의 성가신 소식들과 멀리 떨어진, 한 폭의 그림 같은 풍경이 펼쳐진 작은 테라스에 앉아 있었다. 우리를 둘러싼 밤의 두께는 속내 이야기의 무게만큼이나 고독한 인상을 안겨주었다. 정글의 후끈한 열기, 국경선 근처의 한적한 정원의 끝… 세상은 우리에게서 너무 멀리 떨어져 있었다. 그러나 여기서는 그가 누구인지 몰랐다. 그렇건만 우리의 투사는 투쟁 정신과 신념을 결코 잃지 않고 있었다. 그의 투쟁의 목적은 오로지 민주주의였다! 이 대목에서 내가 질문 하나를 던졌다. "미얀마는 준비가 되었나요?" 그는 부정적으로 대답했다. "아뇨. 지금은 아직 민주주의를 위한 때가 아닙니다. 가까운 시일 내에는 힘들 거예요. 사십 년 동안 독재를 경험했지만 우리는 아직 성숙하지 못했습니다." 자신의 목표에 도달하기 위해 날마다 목숨을 걸었고, 지금은 한 발 물러선 사람. 그의 불굴의 저항 정신은 가히 영웅적이었다.

"영국인들이 도입한 교육제도로부터 남아 있는 것은 아무것도 없습니다. 그런 문제는 식민주의자들에게나 맡겨둡시다. 그래도 그들은 처음엔 조직 감각을 갖고 있었기 때문에 학교는 훌륭했고 선생들의 수준도 꽤 높았답니다. 하지만 오늘날의 모든 학교는 부패가 판을 치고 있습니다. 내 조카들 중 하나가 이 년간 런던에 가 있었어요. 그런데 그 아이가 장기 결석을 했음에도 학교는 그에게 학위를 수여했답니다. 정부는 진부한 일상성에 젖어 있으면서도 어떻게 해서든 그들의 시스템을 단호하게 고수하지요. 교육 수준이 낮은 사람들은 다루기가 쉬운 법입니다. 사십 년 동안의 직무 태만으로 몇몇 세대들은 볼장 다 봤습니다." 그는 의도적으로 불완전한 경제정책에 대해서도 한마디 했다. 그 결과 국민은 빈곤과 무지에 발목을 잡히고 말았다는 것이다. 또 스님들은 어떤가? 그에 따르면, 수년간 스님들을 소홀히 대접해오던 군사정권이 갑자기 그들의 존재를 인식하더란다. "정권은 그들에게 아부를 하며 TV, 차, 돈 등 선물을 안겨줬습니다. 큰 사원들은 금으로 도배되었고, 뜻밖의 안락 생활에 마음을 빼앗긴 고위직 스님들은 더 이상 투쟁을 하지 않지요." 그가 웃으면서 우리에게 말했다. "어떻게 생각하십니까? 그런 것이 바로 인간입니다." 감옥에서 그는 반정부 시위에 가담했던 한 스님과 한방을 같이 썼다. 과거에 투사였던 그 스님은 오늘날 자신의 사원에서 행복한 노년을 보내고 있었다. 그는 현재의 부와 재물로 과거를 보상받았다. 우리 투사의 결론은 이러했다. "다시 말해 그 스님은 변절한 겁니다. 그런 것이 바로 인간이죠." 그의 친구 중엔 스님이 또 한 사람 있었다. 그 스님역시 좌파인데, 어느 날 그가 우리 투사의 안부가 궁금하여 그의 은둔처에 찾아왔더란다. 참으로 목 빠지게 기다리던 방문이었다. 우리의 투사가 그에게 오랫동안 뜸 들여왔던 질문을 했다.

"그래, 당신네 스님들은 도대체 요즘 뭘 하시나요?" 그러자 그 스님이 그에게 대답했다. "그래요. 정확히 말해 그 질문에 대답하기 위해 제가 여기에 온 겁니다." 그는 권좌의 스님들과 군사정권에 세 차례나 편지를 썼다 했다. 그러나 세 차례 모두 묵묵부답이었다. 그리고 그는 너무 지쳐버렸다. 그렇다면 이 대목에서 우리는 웃음과 힘없는 몸짓을 곁들인 짧고 상투적인 말을 기대해야 할까? 아니다. 우리의 투사는 간결하게 덧붙였다. "나는 아직 희망을 잃지 않았습니다. 이런 말이 있지 않습니까, 삶이 있는 한 희망도 있다고." 사람의 마음을 안심시키는 평범함에서 나오는 또 다른 동기 부여라고나 할까… 그러나 그에게는 절망할 수밖에 없는 수많은 이유가 있었고, 삶은 그를 더욱더 무력한 상태로 몰아넣고 있었다. 우리는 희망을 갖는다는 것은 마지막 가능성, 마지막 기회라는 것을 깨달았다. 더 이상 잃어버릴 것조차 없을 때, 인간은 죽지 않기 위해 희망을 갖는다는 것이었다.

우리의 투사 선생은 그 희망을 젊은이들에게 걸었다. 스님, 학생, 장교, 정치체제를 대놓고 비판했다는 이유로 최근에 좌천된 장관의 비서실장들이 그에 속했다. "어디나 마찬가지겠지만 이 나라도 대다수를 차지하는 겁쟁이들과 상황을 이용하는 파렴치한 사람들로 구성되어 있습니다. 후자는 권력 게임을 주도하고 사태가 변하면 즉시 또 다른 가면을 꺼내 쓰는 사람들이지요. 말하자면 항상 주류를 쫓는 종족들입니다. 그러나 서민들은 고발을 당할까 봐 두려워하며 살아가고 있으며 억압에 매우 민감하답니다. 아니, 사실 그들로서는 하루하루 살아남는 것도 벅찬 일이지요. 반대로 청년들은 매우 위험하답니다. 그들은 미얀마와 다른 나라들 사이의 차이점을 여실히 깨달으면서도, 그것을 인정하려 들지 않아요." 그는 청년들에게 희망을 걸고 체제의 자연적 붕괴를 꿈꿨다. 마치 기계가 고장나서 내부 조직이 엉망이 되고, 벌레먹은 나무가 썩어서 무너지고야 마는 그런 붕괴처럼 말이다. 좌천, 내부 숙청, 매수… 그런 공포의 기미가 나라 구석구석에 스며 있다. 달가운 일은 아니지만, 그는 군 통치자들에 대한 영원한 두려움에 대해서도 이야기했다. 그들은 자기들의 적이 자기들 내부는 물론 외부, 즉 국민들 사이에도 있었으므로, 이런 위협 속에서 한 치도 긴장을 풀지 않은 채 계속 경계 태세로 살아가다가, 어느 날 갑자기 부조리하고 우스꽝스런 행동을 개시하는 존재들이기 때문이었다.

그렇다면 우리의 투사 역시 그 두려움을 공유하고 피부 깊숙이 느끼고 있었던 것일까? 그에게는 주어진 모든 순간이 발언하고, 질문하고, 누군가를 일깨우는, 말하자면 힘을 결집시키고 사람들에게 희망을 주는 절호의 기회였다. 물론 그런 식으로 행동하다 보면 다시 감옥에 들어갈 위험이 도사리고 있음을 모르는 바 아니었다. 또 그는 자신의 적이 누구이며 결코 넘어설 수 없는 한계가 무엇인지도 잘 알고 있었다. 야수성, 공포, 몰인정 때문에 어쩔 도리가 없는 그런 한계 말이다. 따라서 그는 그 고양이와 쥐 놀이에서 매 순간 가장 영민해야만 했다. 지금까지는 그가 이겼다. 미약한 승리이긴 했지만, 이런 생각이 그를 즐겁게 했다. "청년들과 함께라면 내가 어디까지 갈 수 있는지 나는 정확히 알고 있습니다."

모기들이 윙윙거리며 날아다니는 한밤중에 우리 세 사람은 길고 긴 대화를 나누었다. 낮은 테이블 위에 놓인 촛불빛이 그의 불안한 표정과 강렬한 시선을 더욱 돋보이게 했다. 그런 분위기 속에서 그는 폐쇄적인 자신의 나라에 대해 이야기했고, 생사가 걸린 중요한 메시지를 우리에게 전해주었다. 무심코 지나쳐버릴 수도 있겠지만, 그 속에는 부드러움뿐만 아니라 뜨거움, 그리고 칼집 속에 숨겨진 매우 날카롭고 섬세한 날과 같은 긴장이 있었다.

　"우리는 당신들의 돈이 아니라 당신들의 보호가 필요합니다." 돈이 필요 없단다. 돈으로 돈을 만들고, 그것을 향해 손을 뻗는 것만이 유일한 목적이라는 식의 돈으로 무장한 정신 따위는 필요 없단다. 소비해버리는 물건들처럼 인간 존재들조차 모두 돈으로 살 수 있다고 여기는 신앙 따위도 필요 없단다. 미얀마인들이 추구하는 공통 목적이자 보편적인 가치는 결단코 '돈' 따위는 아니라는 것이었다. 우리가 아무리 좋은 의도를 갖고 접근했다 해도 이 나라의 가난한 국민들에게 조용히 거부당하거나 불신을 사는 경우가 종종 있었다. 왜냐하면 정작 그 사람들이 필요로 하는 것과 현안 가치관에 위배되기 때문이었다. 어쩌면 부를 가졌다고 해서 모든 문제를 풀 수 있는 열쇠와 모든 악에 대항할 수 있는 해결책을 이미 충분히 갖고 있다고 여기는 서구의 순진한 확신과 그런 서구에 대한 불신일지도 모르겠다. 결단코 '돈'이 중요한 게 아니란다. 분별력 없이 주어지는 돈은 썩고 부패하기 마련이다. 투사 선생이 우리에게 말했다. "약간의 관광산업? 좋지요. 외부의 시선을 집중시키기엔 더없이 안성맞춤이죠. 그러나 과하면 안 됩니다. 이 나라는 아직 준비가 안 돼 있거든요. 준비가 되지 않은 상태에서 무분별한 관광산업은 나라를 망쳐놓기 십상입니다." 그들은 누군가의 돈이 아니라 누군가의 보호를, 그것도 지나치지 않으면서도 총체적인 시각에서 정의롭게 다뤄진 국제여론상의 보호를 원하는 것이다. 비록 신문들이 그들과 다르게 판단하더라도 말이다.

"우리는 당신들의 보호가 필요합니다." 이 말은 우리로 하여금 책임감을 느끼게 했다. 힘도 없는 일개 개인인 우리 앞에서 쏟아낸 그의 증언은 자신의 목숨을 걸지는 않더라도 적어도 그 자신의 자유에 대한 상대적인 제재를 각오한 것이라는 것쯤은 우리도 알고 있었기에, 우리는 그의 증언을 그냥 넘겨버릴 수가 없었다. 그는 자신의 증언이 그가 직접 가서 전할 수 없는 세상에 알려졌으면 하는 바람으로, 스쳐 지나가는 사람에 불과한 우리에게 자신의 속마음을 아무런 보상 없이 덤덤하게 털어놓았던 것이다.

그런 행동 때문에 그는 계속 값비싼 희생을 치르고 있었다. 나는 민주주의 국가에서 지식인들에게 주어지는 역할, 별다른 영광이 주어지는 것은 아니지만 깨어 있어야 하는 역할에 대해 곰곰이 생각해보았다. 그 역할은 위험하지는 않지만, 그렇기 때문에 종종 평가절하되거나 오해를 사기도 한다. 하지만 그는 민주주의 국가의 지식인들과는 달리 모든 위험을 무릅썼고, 지금은 침묵과 절대 고독에 처해지기까지 했다. 미얀마 땅의 궁벽한 이곳, 촛불을 밝힌 밤의 정원에서 우리 두 사람만이 그의 용기의 목격자였다. 그렇다고 사태가 달라질 일은 아니었지만… 그는 인간을 지배하는 일상적인 본능을 다룰 줄 알았다. 모든 개인은 자신의 기호, 두려움, 이해 관계, 자기 보존, 생존에 따른 본능에 지배받는 동물이라는 것을 그는 알고 있었다. 물론 그의 힘이 이전 같진 않지만, 그 앞에 있던 우리는 그의 나라를 향한 연대의식 차원에서 그를 돕고 싶은 마음에 사로잡혔다.

우리는 미얀마 땅을 북쪽에서 남쪽으로, 동쪽에서 서쪽으로 가로질렀다. 그의 메시지를 기억 속에 담고 그것을 전하는 작업에 비해 그가 말한 내용을 확인하는 작업은 약간 뒷전이었다. 물론 확인하려 해도 불가능했겠지만. 형편대로 우리는 그가 주장한 두 가지 사항을 떠올렸고 그것을 확인할 수 있었다. 이 나라 사람들의 빈곤과 관대한 너그러움 말이다. "이 나라 사람들은 참으로 종교적입니다. 그들은 돈이 없지만 베풀 줄 압니다. 그들은 베풀고 남들과 함께 나눠야 할 필요성을 절감하고 있습니다." 믿을 수 없을 만큼 많은 불행과 억압을 겪고 살아남은 희생자들조차 꿋꿋하게 살아가고, 몇 푼이라도 주머니에 들어오면 곧바로 축제를 열고, 웃고 농담할 때마저도 아름다운 자태를 간직한다. 이런 것들이야말로 기적이 아닐까.

너의 자유를 찾아라

우리는 미얀마인들의 관습을 충실하게 따르면서 그들과 섞여서 지내고 싶었다. 내 마음을 끌었던 것은 특히 전통적 가치들에 대한 그들의 애착인데, 그것들은 이를테면 중국인들이 티베트로부터 앗아가려고 무지 애쓰는 것으로, 바로 그런 것들이 미얀마에서는 은근한 힘으로 꾸준히 나타나고 있다. 어떤 사람들은 인도로 가고, 또 어떤 사람들은 네팔이나 미얀마로 간다. 또 어떤 이들은 프랑스 오지의 수도원에 은둔하는가 하면, 이국정취를 기도에 가미시키며 스님들이 운영하는 명상 센터에 은둔한다. "너의 그릇 속으로 들어가라. 그리고 그 그릇에서 나와 너의 자유를 찾아라." 이것은 일본 선불교의 가르침이다. 바로 이 세 가지 단계가 내 실존의 문제를 걸고 말하건대 내 여행의 진정한 목적이었다.

'너의 자유를 찾아라.' 이것은 자신의 뼈를 깎으면서, 또 자기가 가진 모든 것을 걸면서 고통을 맛보고 스스로 값을 치르는 자기 정복이라 할 수 있다. 이 단계에 접어들면 우리는 결국 피상적 흥분에 지나지 않는 인간적 만족 너머의 어떤 것을 열망하게 된다. 이것은 끝없이 놓인 길을 따라가는 영원한 모험 같은 것이다. 예를 들면 캐서린 맨스필드Katherine Mansfield, 헨리 밀러Henry Miller 또는 유럽식 동양철학에 물들지 않고 힌두교 신봉자가 된 크리스토퍼 이셔우드Christopher Isherwood 등이 이런 길에 서 있었다. 유럽식 동양철학은 순진한 예비 행자들을 속세와 동떨어진 수도원으로 몰아넣었는데, 그 결과 그들은 엄격한 불교 계율에 때때로 무너지거나 그 의미를 곡해하며 정진을 했고, 그러다 보면 앞으로 나아가지도 뒤로 물러설 수도 없는 지경에 이르렀다. 약이 독이 되는 격이다. 나는 그런 희생자에 속하는 한 사람을 본 적이 있다. 미얀마 여행을 하고 귀국하던 길에서였던가, 우리는 방콕 공항을 가로지르려는 참이었다. 그는 젊은 유럽 남자로, 자리를 깔고 가부좌 자세로 앉아 있었다. 빡빡 깎은 머리에 스님들의 선황색 승복을 입은 그 남자는 미동도 없었고, 낯빛은 납 인형처럼 창백하다 못해 죽은 사람 같았다. 처음에 나는 그 완벽한 모방 솜씨로 미루어 몇몇 사원에서 스님들을 그렇게 해놓았듯이, 그가 덕성을 갖춘 스님들의 열반 후에 형상으로 보존하는 모델이라고 생각했다. 그러나 그게 아니었다. 그는 단순히 명상이라는 고된 훈련과 자기 자신을 마주하고 있다는 기쁨 사이를 오락가락하는 정도에 불과했다.

불교. 오래전부터 나는 다른 사람들도 그러듯이 세간에 떠도는 불교 책들을 두루두루 접하면서 불교의 진리를 터득하려고 애썼다. 시간이 흐를수록 나는 불교 책들을 더욱더 맹렬히 읽어댔다. 그러나 내가 건진 것은 그다지 대단하지 못했다. 전문가들도 각자 다르게 말하는가 하면, 무한히 다양하게 해석할 수 있고 여러 가지 함의를 지닌 철학적 문제에 대해서도 오직 한 가지 관점만을 고수하고 있었다. 무한한 것, 이를테면 꿈, 욕망, 몰입 같은 것들은 철학을 하게 만들기도 하지만 의도적으로 철학을 타락시키기도 한다. 철학이라는 방을 빌려 살면서 거기에 자기들만의 세계를 하염없이 파들어가고 있다고나 할까. 읽으면 읽을수록 알 수 없는 것투성이였다. 간혹 책을 읽다가 몇몇 스승들의 말이 귀에 들어올 때면 까닭 모를 충만한 기분이 들기도 했다. 그러나 그 이상은 진전할 수 없었다. 가령 신神이나 신앙이라는 단어를 자세히 살펴봤다고 하자. 그것들은 더 이상 예전과 같은 의미가 아니었다. 가장 먼저 서양 정신으로부터 물려받은, 즉 지식 범주들을 백지화해야만 했다. 그런 다음 신선하고 천진난만한 마음으로 미지의 땅을 밟아나가야만 했다. 이럴 때 우리에게는 목덜미와 어깨 사이를 내리치는 딱딱한 죽비에 몸을 맡겨 - 물론 우리가 원하는 순간이기도 하겠지만 - 자기 자신을 찾아가는 참선 수행이 도움이 됐을지도 모른다. 그런데 나는 이런 유용한 구제책 없이 내 나름의 방법으로, 다시 말해 다분히 외적인 방식으로 불교 공부에 매진했다.

붓다의 역사는 간결하다. 그러나 그 이후는 간단치 않다. 미얀마의 모든 파고다에는 붓다의 생애를 극적으로 묘사한 그림들이 있다. 인간의 병듦, 늙음, 죽음을 대면한 붓다는 재산을 모두 버리고 진리를 찾아 출가의 길을 선택했다. 그리고 몇 년에 걸친 명상 후, 붓다는 말로 뭐라 표현할 수 없는 조화로운 어떤 세계에 눈을 떴음을 깨달았다. 그 세계는 이것과 저것을 분리하고 대조하고 구분하려는 마음을 초월하는 세계였다. 그 순간 붓다는 삼라만상의 그 어떤 생명체라도 인내심을 갖고 자기 자신에 대한 탐구를 게을리하지 않는다면 모두 해탈에 도달할 수 있고 또 그래야 한다고 생각했다. 그러지 않으면 우주의 모든 생명체들은 진정한 행복을 맛보지 못할 거라 생각했다. 그러고 나서 붓다는 열반에 들었다. 사람들은 붓다를 기리기 위해 커다란 불상을 만들고, 공양을 올리고, 절을 했다. 그들은 그런 식으로 붓다를 숭배했다. 그러면서 자신이 지은 좋고 나쁜 행동(카르마 karma)의 무게에 따라 결정되는 윤회의 고리에서 벗어나 마침내 진정한 자기 해방을 이루려는 수행, 즉 가장 분명하면서도 힘겨운 과정을 잠시 망각했다.

종교에 관한 연구, 성상聖像에의 숭배, 성인전 연구, 경전들을 둘러싼 집요하고 어설픈 해석, 가는 곳마다 공물을 바치는 것, 신들을 기리는 의식, 이 모든 것은 사실 붓다를 본보기로 삼아 따르려는 진정한 길에서 샛길로 빠져나가거나 주저하거나 계략을 피우거나 도피하는 행위에 지나지 않는다. 그 점에 관해서는 모든 사람이 수긍을 했다. '12연기법'과 '8정도'에 대해 말도 안 되는 궤변을 늘어놓으며 끝없이 횡설수설하다 잠이 들어버리는 격이다. 그러나 막연한 숭배 속에서 헤매는 것은 아무 짝에도 쓸모가 없다. 그건 그렇다 치고, 이곳 미얀마 땅을 밟을 때마다, 나는 매번 미얀마 사람들, 승려들 혹은 농부들이 저마다 자신이 소속된 사원에서 평온함을 얻으며 행복하게 살아가는 것을 눈여겨보았다. 확신컨대 그런 열기는 내가 가는 곳마다 스며들어 있었고, 심지어 우리가 숨쉬는 공기에까지 침투한 듯했다. 그것은 또한 타인들에게도 그들을 관찰하고 있는 나에게도 공히 베풀어지는 어떤 것이었다. 그런 열기 속에서 사람들은 각자 기쁨을 느끼고 있었다. 모든 사람이 금욕 수행을 통해 어렵게 얻게 되는 환희감을 위해 자신을 바칠 필요는 없다. 그렇다고 희미하게나마 진리를 깨닫고 존경할 만한 반열에 오른 사람들을 우습게 여겨서도 안 된다. 물론 이곳 사람들의 온순한 습관들이 낳은 결과나 그 습관들이 애서 피해온 실패와 좌절에 대해서는 여기서 이야기하지 않겠다. 다만 나는 선禪 수행의 엄격한 교리에는 어긋나지만 매일 엎드려 절을 하는 신심 두터운 미얀마인들에게도 본받을 점이 있다고 말하려는 것뿐이다. "달을 가리키려면 손가락 하나가 필요하지만, 달을 가리키기 위해 손가락 하나를 치켜든 사람은 지옥을 겨눈 화살처럼 똑바로 가리라." 이렇게 미얀마인들은 대개 여봐란 듯이 달을 가리키는 습관이 없었다. 그들은 달의 아우라 속에 사는 것만으로도 충분했던 것이다.

유럽에 보급된 책들은 불교사에 관해 몇 가지 관점을 제시해줬다. 그 관점들은 두려움에서 매력까지 내가 일찍이 봉착한 적이 있는 어려움들을 보여주고 있었다. 부차적인 깨달음이긴 했지만 그 관점들은 경험적 의미를 아우르는 철학에 다가서려면 공부만으로는 충분하지 않다는 사실을 내게 다시금 일깨워주었다. 19세기에 철학은 다른 무엇보다도 공포에서 사상적 영감을 얻었다. 사람들은 니르바나nirvana*를 무(無, neant) 사상과 직결시키는데, 헤겔에 따르면 무 사상은 "모든 것의 원리이자 궁극적인 목적이고, 모든 것의 궁극적인 끝"•이다. 사람들은 '광신' '무에 대한 숭배' '허무주의 교회'에 대해 이야기했다. 여기서 '허무주의'는 타락의 길로 끌려가는 것을 의미하는 '자기 소멸'이라는 말과 함께 자주 논쟁거리가 되는 말로 그 자체로서 불안한 표현이다. 그것은 불가해한 심연 속에 자생하는 이국 취향의 세계다. 그 자체로서는 현실감이 없으며 억측들만 오간다. 오늘날엔 그 어느 때보다 불교가 성행하고 있다. 유럽에도 불교 신자들이 점점 늘고 있다. 지구의 이편에서 저편까지 해당되는 현상인 것이다. 그렇다면 우리는 대체 뭘 원하는 것일까? 사람들은 유연성이 큰 불교의 가르침으로부터 자기에게 해롭지 않은 것, 즉 이로운 것만 꿈꾸고, 희망하고, 소화하려 든다. 그것은 어떤 사람들에게는 테라피, 어떤 사람들에게는 자기 계발 기술(물론 불교에서는 자기 안에서 보이는 것은 모두 환영일 뿐이라고 가르치지만), 또 어떤 사람들에게는 명상과 휴식을 위한 수련의 방편일 뿐이다. 물론 이런 방편들은 극기를 요하는 가혹하고 심오한 의미의 수행과는 동떨어진 면이 있다. 그러나 이런 보조적 수련 방편을 접하면서도 그것을 하나의 철학으로 여기지 않고 자기 자신

• 이 주제에 관해서는 로제 폴 드루아Roger-Pol Droit의 〈불교 철학에서 무의 그리스도〉(《르 누벨 옵세르바퇴르Le Nouvel Observateur》 권외호, 2003년 4~6월)를 참조할 것.

을 통찰하기 위한 일종의 수단일 뿐이라는 유연한 사고를 갖는다면 나쁠 것은 전혀 없다.

한편, 종교적 수행과 그 근원 사이의 연결 고리를 찾아 이것저것 의심하고 캐묻기 좋아하는 사람들(나는 이 문제에 관심을 가진 몇몇 작가들과 교분을 나누었다)은 다음과 같은 질문을 하곤 한다. 고(苦, souffrance) 사상을 기반으로 하는 철학이란 대체 무엇을 의미하는가? 일찍이 부처님은 말씀하셨다. "나는 단 한 가지만 가르친다. '고苦'와 '고'로부터 벗어남이 바로 그것이다." 그러자 캐묻기 좋아하는 사람들은 이렇게 논박했다. '고'라고? '고'의 이면에는 기쁨이 존재한다는 것이었다. 쾌락과 고통, 뜨거움과 차가움이 동전의 양면처럼 함께하듯이, 인생은 그것들이 끊임없이 대체되며 흘러가는 법이라고. 만약 그렇지 않다면 '고'는 우리 인간들에게 더 이상 민감하게 와 닿을 수 없다고… 사실 우리는 일반적으로 '고'의 세계를 즐거움과 희망의 차원에서 이야기하는 것에 익숙하지 아픔의 차원에서 풀어내는 법은 거의 없다. 소중한 나라는 존재가 언젠가는 허망하게 사라질 거라는 생각을 가끔 하더라도, 또 나라는 존재가 허망한 꿈과 똑같은 원료로 만들어졌다 하더라도 우리는 죽는 그날까지 살고 싶다는 욕망과 희망을, 심지어 공포조차도 포기하지 않는다. 다시 말해 인간은 살아 숨쉬는 한 '고'의 원천인 모든 '환영의 메커니즘'(불자들의 표현에 따르면)을 절대로 포기하지 않을지도 모른다는 것이다. 사실 우리는 변화, 즉 '영원하지 못한 것'에 '시달린다'기보다는 오히려 그것을 사랑한다. 왜냐하면 그런 변화야말로 다양성과 신선함을 우리에게 가져다주기 때문이다. 서로 상반되는 것들이 얽히고설킨 정신 세계를 지향하는 사람들, 헤라클레스와 그의 지혜를 추종하는 사람들, 죽음보다는 생에 표를 던지는 사람들에게 불교의 문은 닫혀 있다. 최상의 복을 일컫는 지복 사상조차 불교에서는 끝이 없는 하루처럼 어둡게 보일 따름이다. 고백건대 나는 어떤 날은 불교를 좋아하는 애호가의 입장을 취하고, 또 어떤 날은 불교를 거부하는 사람들의 입장에 서곤 했다.

이런 논쟁의 결론을 내려야 할 때가 온 것 같다. 진정한 수행자, 즉 좋은 의미에서 모든 것을 걸고 자기 자신을 정복하려는 길에 오른 사람은 무엇보다도 근본적인 딜레마를 극복하지 않으면 안 된다. 사랑하고 늙고 죽는다는 사실 자체가 실존의 고통이기에 우리는 영원히 싸워야 할 대가를 치르면서 그 고통의 세계에서 벗어나고 싶은 것인가? 아니면 거센 파도의 위력에 떠밀리는 돌멩이처럼 이리저리 굴러다니며 세속의 모든 것을 받아들이고 때로는 그 모든 것에 순응하면서 그때그때 상황에 맞게 대처하며 살아가기를 원하는 것인가?

우리는 이런 심각한 질문을 실존이 부각되는 매 순간, 이를테면 삶이 우리를 잘못 인도한다고 생각될 때 또는 삶에 대한 의문이 우리를 못 견디게 할 때 혹은 이런 문제들을 해결하고 싶은 욕망이 전혀 없을 때 한 번쯤 던져보곤 한다. 그러다가 괴로운 순간이 지나가면 질문도 함께 사라져버린다. 많은 사람들이 그랬듯이 나는 불교의 가르침 속에서 나 자신을 있는 그대로 소박하게 열어 보이는 법을 배웠다. 다시 말하면 그것은 내가 보지 못하는 내 안의 생명을 멈칫거리지 않고 찾는 일이다. 그런 의미에서 불교는 현 존재에 접근하는 도정이라 할 수 있겠다. 게다가 그 프로그램은 거짓말처럼 간단하다. 벗어날 필요가 있는 크기에 대한 부담감, 깨져야 마땅한 정신적 범주들, 꺾어버릴 필요가 있는 정신, 이것들은 사실 삶과 우리 사이를 비집고 들어온 훼방꾼이나 다름없다(노자가 B.C. 6세기에 이미 말했듯이). 개개의 존재 상태는 그 어떤 수단으로도 대체될 수 없는 법이다. 랭보Rimbaud의 걷기, 음유시인의 호색 취미, 스티븐슨Stevenson이나 콘래드Conrad의 바다가… 이런 식으로 '아무것도 아닌 것' 또는 '모든 것'에 나를 활짝 열어 보일 수 있다는 것은 일종의 자기 망각이며, 어쩌면 우리가 삶을 살아가는 동안 찾아오는 한계에 대한 망각일 수도 있다. 어쨌든 사원들마다 크메르 부처님들의 비통하면서도 평온한 미소가 당당히 군림하고 있었던 캄보디아 여행 후 미얀마가 나를 매혹시킨 것이 있다면, 행하면서 자신을 잊을 수 있고, 정신적으로 거듭 태어날 수 있고, 스스로 평온을 찾을 수 있다는 점이었다. 그것은 온갖 종류의 의무와 끝없이 과도한 임무로 채워진 우리 사회가 특별히 필요로 하는 삶의 기술이기도 했다. 붓다를 발견하면서 큰 깨달음을 얻은 19세기 어느 영국인의 말이 내 머릿속에 갑자기 떠올랐다. "반드시 믿을 필요는 없다. 눈을 뜨고 그것을 보는 것만으로 충분하다." 여기서 본다는 것, 즉 견성見性이야말로 매우 중요한 관건이었다.

나는 '연꽃' 위에 앉아 있지 않았다. 그렇다고 비탄에 가득 찬 외국인들이 찾아오는 명상 센터에 은둔하지도 않았다. 또 불교 철학의 신비에 심취하지도 않았다. 나는 진리가 조각상들이 머금은 미소와 파고다 하나하나에서 저절로 샘솟는 이 땅에서 그냥 바라보고 또 바라보면서 그 진리에 가까이 다가가고 싶었을 뿐이다. 내 생각에 그 조각상들의 미소는 평온함의 다른 이름, 즉 희열의 경지에 다다라 있었다.

수행자로서 내가 통과하는 첫 번째 단계의 짜나jhana*는 집중을 한 결과 '기분 좋고 희열에 찬 상태'를 뜻했다. 이 단계에서 내가 붙잡은 의식의 상태는 결코 생소한 것이 아니었다. 두 번째 단계의 짜나 역시 접근 가능해 보였는데, 그것 역시 '기분 좋고 희열에 찬 상태'로서 전 단계와는 달리 평온함 (여기서는 성찰이나 탐구가 필요 없다. 중요한 것은 정신의 고양과 평정심이다)으로부터 얻어지는 것이었다.

물론 이러한 단계들은 찰나에 지나지 않는다. 우리는 매번 반복될 수 없는 유일한 순간들을 맛본다. 순간은 스쳐 지나가고 끝내 사라지고 만다. 그리고 그 순간을 한 번 더 붙잡고 싶은 집요한 욕망만이 우리에게 남는다. 내가 그러한 순간들을 분석해보려고 시도하면 그 순간들은 현실에 대한 우리의 지각 속에 또 다른 변화를 가져오는 듯했다. 마치 장벽이 부서지는 느낌처럼 말이다. 그 장벽은 보는 나와 보이는 나 사이를 끊임없이 갈라놓는다. 보이는 나? 그것은 내 밖에 있는 것이 아니요 나이면서 내가 아닌 타자들 중 하나와도 같은 것인데, 그것이 갑자기 내 의식 안에 단독자로서 출현한다. 계시와도 같은 순간이다. 그리고 그때 나는 그것을 본다. 그는 내 안에 있고, 나는 그 안에 있다. 그는 더 이상 나와 분리된 존재가 아니며, 그것이야말로 순수한 현 존재라 부를 수 있을 것이다.

지복의 상태, 물론 우리는 그것을 찰나적으로만 느낄 뿐이지만 그것은 우리를 둘러싼 모든 경계와 한계 그리고 자의식으로부터 벗어나 단순하게 바로 지금 이 순간에 완성된다. 우리가 그런 현존의 상태를 보존하고, 연장하고, 우리의 의지에 통합할 수만 있다면 얼마나 좋을까?

물론 이런저런 모든 단계를 극복한 붓다는 자기 세계에만 빠져 살지 않았다. 그는 광활한 이 세상에 많은 관심을 가졌고, 타고난 천성대로 기쁨으로 충만했다. "기쁨에 대한 사유 속에서 붓다는 세계와 그 자신의 기쁨이 모든 방향으로 차츰 번져나가고 있다고 생각했다. 이어서 이루 말할 수 없고 무한한 기쁨으로 충만한 마음이 온 세상을 그 끝자락까지 감싸안았다."•

● 대승불교적 영감에 의해 씌어진 저작 《마하땃뜨나숫따 Maha Sadassana Sutta》에서 말하고 있듯이.

솔직히 종교 그 자체 때문에 내가 이 머나먼 땅까지 온 것은 아니었다. 내가 이 땅에 온 것은 오히려 이 땅이 미소의 발원지였기 때문이다. 물론 여기서 미소란 자기 내부에서 저절로 우러나오는 그런 것이다. 서구의 위대한 사상가들도 확실히 미소를 거부하지 않았다. 스피노자만 봐도 그렇다. "나는 기쁨을 통해 정열을 알고, 정열과 함께 내 정신은 더 위대한 완벽성에 다가가리라." 파스칼은 또 어떤가? "기쁨, 기쁨, 기쁨, 기쁨의 눈물." 이런 식으로 얼마든지 더 열거할 수 있다. 그러나 미얀마의 미소는 저 수많은 조각상들의 얼굴 위에 깃든 증언처럼 환한 빛을 발하며 나타났다. 부처님의 얼굴에서는 물론 스쳐 지나가거나 명상하는 스님들의 얼굴에서도 감지되었다. 그것은 하나의 약속이자 현실처럼 주어졌다. 머나먼 지구의 한귀퉁이에서 바라본 그 미소는 내게 새로운 의미가 되었고, 나는 그 새로운 윤회 속에서 한참동안 감격하지 않을 수 없었다.

한편 우리는 우선 목표를 크게 잡고 우리가 이미 직관한 바 있는 진리를 확인하는 데 필요한 새로운 경험을 겸비하면서 앞서 세운 그 목표를 견고하게 다질 필요가 있지 않을까? 이 나라에서는 그 자체로서 하나의 풍경을 이루며 여기저기 세워진 수많은 파고다들조차 전진의 자세와 확신에 찬 형태를 동시에 띠고 있다. 잠깐 쉬고 싶은 생각이 들면 그것들을 응시하는 것만으로도 충분하다. 의문은 넘쳐나나 걱정은 없다. 인간 활동의 기저에 깔려 있는 막연한 질문도 필요 없다. 이 말은 즉, 여기서는 그 무엇도 이런 일련의 활동을 조롱하면서 방해하지 않을 것이며, 우리로 하여금 그런 활동이 철저하게 무익하다고, 종국에는 시간조차 어찌할 수 없는 무익성으로 꽉 차 있다고 맥빠진 생각을 하게 만들지는 않을 거라는 뜻이다. 니콜라 부비에는 "아주 오랜 세월 동안 선량한 불교가 뿌리를 내린 그곳에, 불교는 매우 특별한 성질의 평화를 정착시킨다"고 말했다. 니콜라 부비에 식으로 우리도 이렇게 결론을 내릴 수 있으리라. "그 치유의 미덕은 여행자의 정신에도 곧바로 작용한다." 심오한 고요함과 평정심이라는 그 감정. 나는 풍경 속에서, 사원의 테라스에서, 파고다의 진입로에서, 기타 곳곳에서 그 감정을 느낄 수 있었다. 오랜 행군 후에 기진맥진하고 피곤과 더위에 온몸이 솜처럼 젖은 채 무심코 그들 장소의 언어에 귀를 기울일 때면 특히 그 감정이 생생하게 되살아났다.

그 감정은 단순히 일이나 분주함으로부터 벗어난 세계도 아니요 풍경에 대한 베르길리우스풍의 관조도 아니었다. 그것은 오히려 내면성과 집중이라는 격조 높은 세계요 나아가 사원을 사랑하고 시도 때도 없이 그곳을 드나드는 미얀마인들의 자세라 할 수 있었다. 이처럼 시간과 그 흐름으로부터 완전히 벗어난 영토를 우리는 다른 곳이 아닌 바로 이 미얀마 땅에서 발견했던 것이다. 마치 기나긴 종교의 역사가 투쟁의 힘으로 쟁취한 일종의 평화를 불어넣으면서 자연을 빚어냈듯이…

세월 속의 도시

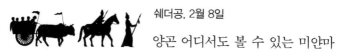

쉐더공, 2월 8일

양곤 어디서도 볼 수 있는 미얀마에서 가장 성스러운 성소. 그 성소는 언덕 꼭대기에 우뚝 서 있다. 야자수 위를 자욱하게 뒤덮은 안개 사이로 황금빛이 새어나온다. 저 멀리 기다랗게 경사를 이루며 겹겹이 늘어선 파고다의 뾰족한 첨탑들이 희미하게 보인다. 그것들은 기다란 도관 같은 거대한 종 모양의 파고다에 이를 수 있는 네 개의 입구 중 하나를 가리키고 있다. 금과 숭배심으로 물들여진 고색창연한 쉐더공 파고다는 곡선을 이루며 텅 빈 하늘을 향해 우뚝 솟아올라 양곤과 이 도시의 백만 영혼을 거느리고 있다.

첫날 저녁 폭염이 조금씩 사그라질 무렵부터 우리는 천 년 파고다를 방문하려고 했다. 천 년 전부터 아시아 땅은 세기를 거듭하면서 그 어디를 가도 신심으로 가득 찬 사람들로 넘쳐난다. 그들은 보석이나 금덩어리를 사원에 바치고, 멀리서도 그 빛을 보기 위해 거대한 파고다의 표면을 금판과 금잎으로 두껍게 입히고 싶어한다. 나뭇잎이 무성한 언덕 자락에 있는 입구는 어둠으로 통하는 문이다. 흰 돌로 만든 거대한 키의 두 괴수가 교활한 송곳니 사이로 쓴웃음을 지으며 그 문을 지키고 있다. 그 자태는 하늘의 용과 중국적인 어떤 것을 연상시킨다. 그 두 괴수의 임무는 의심할 여지가 없다. 멋모르고 찾아온 방문객들에게 무수한 정령과 미지의 것들로 가득 찬 이 세계로 조심해서 들어가라고 경고하는 것… 우리는 조각과 격자무늬가 새겨진 황금빛 합각슴閣 밑을 지나서 어두운 계단에 몸을 맡긴다. 맨발로 성큼성큼 걸어 올라간다. 계단에는 사탕, 조각 인형, 향, 꽃을 파는 노점들이 늘어서 있고, 붉은빛과 황금빛을 띤 어슴푸레한 빛이 감돌고 있다. 길고 긴 전진. 갑자기 자유의 공기와 강렬한 빛줄기가 우리를 덮친다. 드디어 환상적인 어느 도시에 당도했던 것이다. 수백 명의 부처님이 지키고 있는 황금 도시. 도시는 온갖 나무들, 커다란 잎사귀를 뿜내는 코코아 나무, 기둥처럼 매끈한 몸통을 가진 라타니아 나무, 인도산 보리수들에 에워싸여 거대한 풍광을 이루고 있다. 게다가 부처님의 광채를 증언했던 한 후예가 약간 떨어진 곳에서 시간을 초월한 일체성을 증명하고 있다.

큰 회랑 구실을 하는 둥근 통로에서는 미얀마 사람들의 일상이 평화롭게 펼쳐지고 있다. 기도와 노래, 명상과 수면이 뒤섞인 식사와 산책 그리고 놀이가 한창이다. 어떤 사람들은 생각에 잠기거나 재충전을 하기 위해 혹은 기도하기 위해 이곳에 오고, 어떤 사람들은 단순히 해질녘이 되어 산책을 하러 온다. 그냥 앉아 있거나 거닐기 좋은 이 적막한 곳의 아름다움을 만끽하러 온 사람도 있다. 이처럼 그들은 쉐더공 주변에서 그 거대한 광채에 힘을 얻으며 살고 있다. 쉐더공 주위에 는 불상군을 안치한 기묘한 모양의 덮개가 얹혀진 파고다들 이 있다. 다섯 개의 파고다 지붕은 일곱 개의 층을 이루며 다 양한 각주角柱와 첨탑들이 겹쳐서 허공에 뻗어 있다. 화살촉, 창, 기다란 봉, 불꽃, 침, 바늘, 칼날, 갈고리, 기둥 등등. 이 모든 것이 기호들로 이루어진 완벽한 춤사위 같다. 거기에 더 해진 나무와 금으로 된 레이스 장식, 하늘을 향해 필사적으로 펄럭이는 깨알 같은 글씨들에는 정신적 고양을 몹시도 갈망 하는 긴장감이 감돈다. 로티는 이렇게 지적한 바 있다. "저들 나라에서는 궁전이나 신들 또는 왕들의 관은 날카로운 것과 한없이 긴 것들로 삐죽삐죽 솟아 있어야 한다. 그것은 의심할 여지 없이 피뢰침이 우레를 흡인하듯 천상의 신비한 힘을 끌 어오기 위해서이다." 그러나 실제로는 보호 기능이 목적이라 는 것을 잊어서는 안 된다.

그 중앙에 모든 사람의 발걸음과 시선이 모이는 거대한 황 금 파고다가 있다. 파고다는 금으로 뒤덮여 있고, 그 정상에 는 티hti*가 장식되어 있다. 티의 형태는 방울 여러 개를 연이어 늘어뜨린 중국 악기에 가깝다. 또 깃발 모양을 한 풍향계 홍웻마나hngetmana*와, 다이아몬드, 루비, 토파즈, 사파이어, 어딘가 보이지 않는 곳에 감추어진 옥석 등 돈으로 가치를 환산할 수 없는 보석들로 장식된 쎄잉부seinbu*가 파고다 끝을 황홀하게 마무리하고 있다. 우리의 입장권에는 바람을 따라 움직이는 '3,154개의 종 모양의 황금 파고다'와 '79,569피스의 다이아몬드' 그리고 그밖의 고가 보석의 숫자들이 상세히 적혀 있다. 거대한 황금 파고다를 중심으로 주변에는 소첨탑을 거느린 작은 파고다들이 즐비하고, 그 다음 둘째 줄에도 역시 십여 개의 부속 전각들이 저마다의 첨탑을 뽐내며 불상들을 모시고 있다. 사실 이 모든 것이 황금 파고다들의 숲이요 태양빛 속에 어우러진 광채의 향연이 아닐 수 없다.

쉐더공. 사람들은 그늘진 어느 모퉁이에 앉아 빨려들어가고 완전히 융화될 때까지 쉐더공을 바라본다. 땅에 묵직하게 뿌리를 내리고 하늘을 향해 힘차게 뻗은 그것은 사람들을 향한 손짓이요 확신이다. 여기서 말하는 확신은 힘겨루기 사상이 아닌 풍요로움, 즉 평정심과 함께 찾아오는 완벽한 존재감에서 나오는 그런 풍요로움이다. 그외의 모든 영향이나 제안은 배제되고 오직 충만함만이 넘쳐난다. 정신적 수고나 이성같은 중개 수단을 쓰지 않더라도 사람들은 그것을 감지할 수 있다.

긴 회랑 끝에 있는 마지막 문을 지나가면서 나는 분명치는 않지만 날이 선 어떤 소리를 들었다. 처음에 나는 저 멀리서

종 모양의 파고다를 스쳐 지나가는 바람소리인가 보다 생각
했다. 그러나 그것은 사람의 목소리였다. 저쪽에 앉아 기도하
고 있는 어느 노부인의 목소리였다. 그녀는 그녀가 마주하고
있는 부처님처럼 미동도 없었다. 그저 입술만 움직일 뿐이었
다. 우리는 선황색 승복을 입고 젓가락처럼 야위고 광대뼈가
튀어나오고 눈이 가느다란 젊은 스님들 앞을 지나갔다. 그들
은 사람들에게 방해받지 않으려는 듯 근엄한 표정을 하고 있
었지만 얼굴에는 미소가 아름답게 내려앉아 있었다. 사람들
은 파고다의 쉼터인 '자얏Zayat'**에 몸을 누이고 있거나 테라
스에 앉아 있었다. 크리스털로 모자이크된 눈부신 기둥들 사
이에는 한 무리의 가족이 보온병에 담은 차, 볶음면, 새우절
임 등을 들고 나와 모처럼 소풍을 즐기고 있었다. 그들은 한
가하게 졸다가 산책을 하기도 했고, 그들이 선택한 부처님 앞
에 공물을 바친 뒤 뭐라고 중얼거리면서 엎드려 절을 하기도
했다. 몇몇 고독한 사람들은 구석진 전각을 골라 고독을 만끽
하는가 하면, 신심 깊은 신도들은 커다란 불상들 앞에 꽃과
향을 올린 뒤 기도를 올리고 있었다.

오후 5시 30분. 해가 저물고 있었다. 우리는 어느 파고다의
기단 위에 있었다. 나는 내 눈앞에 보이는 귓불이 날렵한 어
느 불상을 유심히 바라보았다. 권력의 상징인지 초록색과 빨
간색으로 반짝이는 불빛이 그 불상의 머리를 휘감고 있었다.
전구들이 앞을 다투어 색색의 신호를 보내고 있었다. 시골 장
터의 축제를 연상시키는 전구들의 깜박거림이 불상 앞에 엎
드린 신심 깊은 불자들을 성가시게 하는 것 같지는 않았다.

경제의 기적. 지나칠 정도로 돋보이고 강조된 금과 그 광채가 여기 성스러운 세계로 들어와 있다. 여기서 금은 단순히 장식이 아니라 경배 의식에서 가장 아름답고 가장 값진 수단으로서 부처님께 올려지는 것이다. 그러나 서양 여자인 내가 내 앞에 펼쳐진 그 모든 것을 이해하기까지는 약간의 시간이 필요했다. 어쨌든 이 가난한 나라 미얀마 전역은 황금의 세례를 받고 있다.

뼈쩍 마른 어느 노승이 잠시 쉬려는 듯 우리가 오른 지점에 멈춰 섰다. 그때 어떤 여자가 노승에게 다가가는 것이 보였다. 그녀는 두 발자국을 남겨두고 엎드렸다. 그런 다음 노승에게 몇 장의 지폐를 쥐여주었다. 노승은 그녀를 쳐다보는 대신 허공에 대고 서너 마디를 중얼거렸다. 그 의식은 그렇게 끝이 났다. 여자가 몸을 일으켰고, 노승은 그녀가 준 지폐를 조심스럽게 펼쳐 확인했다. 그런 장면을 보면서 나는 뭐라 딱 잘라 말할 수 없는 기분을 느꼈다. 그런 문제에 대한 궁금증은 나중에 이런저런 책을 읽어보고 사람들과 이야기를 나누면서 풀어보려고 했지만, 그들의 설명 역시 의문투성이였다. 우리가 가는 곳마다 아이들이 놀고 있었다. 아이들은 얼굴에 따나카thanaka*를 칠한 모습이었다. 그 가루는 아라비아에서 온 것으로, 분장용으로 얼굴에 바르기도 하고 햇볕으로부터 얼굴을 보호할 목적으로도 쓰인다. 따나카를 바르면 피부에 희끄무레한 상아빛이 감돈다. 그런 색조 때문인지 따나카를 바르면 그들의 눈은 커다란 검은 구멍처럼 움푹 패어 보였다. 어떻게 보면 유럽 사람들이 카니발 때 쓰는 작은 유령 가면처럼 보이기도 했다. 아이들 무리 중에 키가 매우 작고 겨우 걷기 시작한 한 아이가 우리 쪽으로 가까이 다가왔다. 아이의 과감한 행동에 놀라 우리가 어리둥절해하는 사이, 그 아이는 승리한 모험가처럼 뒤뚱거리며 사랑하는 자기 가족에게 돌아가는 것이었다.

양곤에서 지내는 동안 우리는 매일 저녁 쉐더공에 도취했다. 첫째 날이었는지 아니면 다른 날이었는지 정확히 기억나지 않지만 우리는 파고다들의 원주 뒤, 순례자들만 가끔 드나들 뿐 삶이 매우 고요히 흐르는 곳에서 일그러진 얼굴과 무시무시한 모습을 한 거대한 초록색 식인 정령을 발견했다. 그 정령은 정신적 고양을 말해주는 파고다들 사이에 은밀하게 끼어든 듯했는데, 어찌 보면 예부터 지금까지 전해 내려오는 애니미즘의 흔적이었다. 그 정령 역시 자신의 신봉자들을 갖고 있었다. 대부분 젊은이들로서 그들은 그 정령에게 향뿐만 아니라 담배꽁초도 바쳤다. 담배 연기가 정령을 향해 잘도 번져 올라갔다. 정령 앞에서 담배 연기를 피운다는 것은 작은 불경죄가 될 수도 있겠지만, 그것을 통해서라도 그 정령이 한 가닥 희망을 붙잡으려고 온 심각한 얼굴의 젊은이들에게 행운을 가져다줄 거라는 기대를 걸어봄직했다. 출구 쪽 길에는 한 노인이 기둥에 기대어 앉아 팔리어pali* 텍스트를 큰 소리로 읽고 있었다.

 술레와 술레 보보기, 2월 10일

애당초 양곤의 파고다들을 모두 방문할 생각은 없었
다. 그럴 만큼 체류 기간이 넉넉하지도 않았다. 내 생각이지만
'감상적 관광객'(나는 여기서 로렌스 스턴Laurence Sterne의 분류를 차용
한다. 그는 18세기 영국 작가로서 환상적이며 개인적인 여행기를 썼다)에
게 중요한 것은 많은 구경거리를 차곡차곡 쌓는 것이 아니다.
그러다 보면 종잡을 수가 없어져 시시콜콜한 밑바닥에만 집
착하고 전후의 다른 요소들은 하나둘씩 놓치기 십상이다. 내
게 중요한 것은 존재하는 것들과 우리 사이, 사물과 우리 사이
의 관계를 형성하고 그 사이에 존재하는 수많은 길을 발견하
는 것, 말하자면 우리가 본 것들을 서로 연결시키는 것이다.
다시 말해 대상들 간의 전율점 내지는 친근성을 찾고 휴지기
의 땅을 포함한 영토, 더 이상 방치해서는 안 될 영토를 조금
씩 넓혀가는 일이다. 나는 '꼭 봐야 할 곳'을 선택하기보다는
나 자신이 이끌리고, 정복되고, 물들어가는 대로 놔두고 싶었
다. 그런 분위기 속에서 어떤 장소 혹은 미소가 내 눈앞에 나
타나기를 원했다. 어쩌면 약간의 신비성이 개입할지도 모르지
만 그것이 아시아가 내게 보내는 작지만 강렬한 손짓임을 자
연스럽게 깨닫고 싶었다. 최근에 나는 한 여성을 만났다. 그녀
는 발리에 세 번 여행을 다녀온 후 거기서 살기로 작정한 사람
이었다. 그 여성이 내게 이런 말을 했다. "인생을 시詩로 다시 쓰
는 것, 나는 그것이 필요했어요. 독서나 산책 같은 일상적인 방
법들로는 충분치 않았어요. 그런데 거기서는 그 무엇도 상상력
을 속박하지 않았죠."

어쨌든 나는 술레Sule 파고다를 보고 싶었다. 내가 왜 그랬는지 점차 이해하게 될 것이다.

술레 파고다에는 쉐더공이 지닌 고도의 순수함 같은 것은 없다. 술레 파고다는 높이 48미터로 양곤 한복판에 우뚝 솟아 있는데, 식민 시대 영국인들이 그곳을 중심으로 도로망을 조성하려고 했던 일부터 팔각형 기저부의 측면을 급류처럼 무너뜨리려 했던 일 등 대혼란의 역사를 간직하고 있다. 의심할 여지 없고 마땅히 그래야 하듯 술레는 수많은 유물함과 시선을 아래로 하고 있는 백여 개의 불상을 비장하고 있다. 그런데 실제 술레는 낫nat* 사상의 영향 아래에 놓여 있다. 신성함이라곤 조금도 찾아볼 수 없는, 초월적 힘을 가진 이들 정령상들(이들 정령들 중 가장 진화한 것은 세 영역으로 구분되는 우주에서 가장 으뜸인 세계, 즉 감각과 욕망의 세계 깜마로까kamaloka*에 속한다)은 독살스럽고 속을 메스껍게 하며, 자기들을 조금이라도 소홀히 하면 서슴지 않고 우리를 곤경에 빠뜨릴 기세이다.

그 변덕이야말로 정령들에게는 일종의 에너지다. 고약하게 굴거나 너그럽게 응해주는 역사도 말해주고 있듯 그들의 욕심은 대단하다. 아주 오래전 일이지만 쾌락 외에는 그 어떤 법도 갖고 있지 않은 그 정령들은 거의 어디에나 존재했다. 그들은 산, 구름, 강, 호수, 숲 등 자연을 좋아했다. 또한 안개나 태양, 달, 별들을 기꺼이 집으로 삼았다. 개혁자 아나우라타Anawrahta* 대왕은 그런 몽환적 세상에 치를 떨었다.

그는 경건한 사람이었다. 지리적 차원은 물론 종교적 차원의 합일을 내세웠고, 필요에 따라서는 엄격한 규율을 주장했다. 그는 상좌부불교theravada*를 국교로 정하고 정령들을 위한 제단과 사원 들을 일제히 철거하라고 명했다. 그의 기세는 바람을 가두고 희망을 꺼뜨릴 정도였다. 그는 애니미즘 사상을 거부했다. 그러나 이 영리한 개혁자는 사태를 주시하면서 명쾌한 타협안을 내놓았다. 백성들이 숭배하는 수많은 정령 중 37위를 선택해서 버강Pagan에서 가장 성스러운 쉐지공Shwezigon 파고다의 부속 전각에 그들의 형상을 안치한 것이었다. 우리는 쉐지공 파고다의 부속 전각에서 몇 세기 동안 유리 상자 안에 갇혀 지낸 총 37위의 작은 정령상들을 보았다. 오랜 시간 속에 퇴색된 윤곽과 빛바랜 얼굴을 한 그 정령들은 전쟁의 신이자 브라만교의 범신deva* 중 최고 신인 인드라Indra*의 휘하에 배치되어 있었다. 아나우라타 대왕은 인드라 신을 더자밍Thagyamin*이라는 미얀마어로 고쳐 불렀다. 따라서 불교 교리가 결정적으로 작용한 개혁이었지만, 부처님보다 인간들과 더 가까웠던 정령의 사자들이 인간의 소원을 들어주고 필요할 때 손길을 뻗어주는 일이 중단된 적은 한 번도 없다.

파고다의 명칭이기도 한 술레는 실은 떼잉굿뜨라Singuttara 산의 수호신인 정령의 이름이었다. 그러나 나는 술레 파고다에 정착하지 못한 정령들이 떠돌고 있다는 생각보다는 파고다 주변에 몰려든 점성술사나 점쟁이들을 눈여겨보는 쪽이 낫다고 생각했다. 그들은 은밀한 영향력을 행사하며 장사를 하고, 손님들에게 공포와 희망 혹은 조잡한 원한 들을 불러일으키면서 그들의 운명을 곡식 낟알처럼 공중에 날려보낸다. 어쨌든 이 파고다의 진짜 신을 우리는 조만간 만나게 될 것이다.

우리는 기도를 하는 전각, 즉 드자웅·tazaung* 언저리에 있는 휴식의 집 자얏zayat* 이곳저곳에 앉아 쉬면서 중앙의 성소 주변을 돌았다. 모든 통행인에게 공짜로 제공되는 물 한 모금(일종의 우주적인 공양물. 물론 관광객 중에는 바이러스 균이 어쩌고 하면서 이 물을 불신하는 사람도 있다)을 갈망하며 걷노라니 어느새 우리는 외진 구석에 당도하여 극적이고 환상적인 어떤 것 앞에 서게 되었다. 그를 위해서만 예비된 홀 안에서 냉소적인 얼굴을 한 어느 모델이 마치 연극 무대에 서는 듯한 자태로 우리 앞에 모습을 드러냈다. 남자 정령이었다. 바로 술레 보보기로 사람들의 말마따나 이렇다 할 메시지는 전혀 전달되지 않았다. 그는 극도로 배고픈 얼굴을 하고 있었고, 무겁고 값비싼 귀걸이 때문에 축 늘어진 커다란 귀와 찌푸린 얼굴 표정에 어울리는 무시무시한 눈을 하고 있었다. 여러 번 휘감은 원색의 베일 덕분에 무시무시한 효과가 배가되고 있었다.

신도들은 그 정령의 발치에 제물을 바쳤다. 세 개 또는 다섯 개(항상 홀수였다)의 바나나 송이 주변에 코코넛이 장식되어 있었다. 여기서 중요한 것은 끝이 뾰족한 우산 모양의 제례 배치인데, 그것에는 모든 불행이 무너져내리리라는 의미가 담겨 있었다. 맨 앞줄에는 꼭대기가 새빨갛게 칠해진 매우 하얀 법랑질의 커다란 달걀이 두 개 있었는데, 그것들은 루이스 캐럴 Lewis Carroll*과 험프티 덤프티 Humpty Dumpty**의 불운

■ 루이스 캐럴 Lewis Carroll(1832~1898) 동화 《이상한 나라의 앨리스》, 《거울 나라의 앨리스》의 작가.
■■ 험프티 덤프티 Humpty Dumpty 루이스 캐럴의 동화 《거울 나라의 앨리스》에 나오는 의인화된 계란.

한 그림자를 막연히 연상시켰다. 하지만 그들은 왕국의 백성들이 잘 따라할 수 없었던 동요들 속의 등장인물들과는 달리 아주 소중한 능력을 지니고 있었다. 그들은 거꾸로 서기도 했고 때로 균형을 잃기도 했지만 완전히 쓰러지거나 산산조각 나지는 않았다. 그들은 다리 없는 오뚜기인 일종의 다루마 인형에 가까웠고, 더 일반적으로 말하면 운명의 장난에 끊임없이 놀아나지만 결코 무너지지 않는 인간에 비유해도 좋을 듯했다.

종이 울렸다. 한 여자가 엎드려 기도를 했다. 정령과 인간을 이어주는 제사장이 큰 소리로 그녀의 기도를 낭독했다. "복권에 당첨되고 싶어요." 향이 타들어갔고 연기가 모락모락 피어올랐다. 이번엔 간절한 청원을 받은 정령이 그녀의 기도를 들어줄 차례였다.

항구에서

그날 밤 우리는 양곤 항에 갔다. 빛이 사위어가면서 우리를 조금씩 색의 세계에서 끌어낸다. 우리는 우뚝 솟아 있는 강둑에서 주름살 하나 없는 흐린 강과 강 주변에서 일하는 사람들을 바라본다. 금속으로 된 봉들이 탄탄한 지면과 선박들이 계류하는 부교 사이를 연결해주고 있다. 정말 믿기 힘든 일이지만 그 선박들은 식민 시대 이후 몇십 년 동안 간신히 유지되어온 탓에 낡을 대로 낡은 것은 물론, 여기저기 찌그러지고 이리저리 수선된 흔적이 역력하다. 그것들은 키플링의 시에서 나오는 '이라와디의 소형선flottille de l'Irrawady'일 때만 해도 굳은 신념에 찬 도약의 대명사가 아니었던가? 그 잔재들은 과거의 세계로 떠나는 영웅담을 이야기하는 책에서나 볼 수 있는 빛바랜 이미지들과 닮아 있다. 그러나 사람들은 그 선박들에 짐을 싣고 있다. 잡다한 꾸러미, 트렁크, 상자, 상품, 여행객 들을 막무가내로 채워넣는다. 배들의 낡은 골조가 부러질 정도로 짐을 꽉꽉 싣는다. 둔중한 배의 허리춤이 미동도 없는 물 속으로 미끄러져 들어간다. 특히나 우리 눈에 띈 것은 그 꾸밈없는 창의력 혹은 기적으로부터 쌓아올려진 믿기지 않는 산더미 같은 짐짝들이다.

다리를 따라 남자들이 달리고 있다. 그들의 허리는 무거운 짐에 눌려 완전히 꺾여 있다. 마르고 뒤틀린 다리, 노동에 시달린 얼굴, 빛바랜 누더기⋯ 오직 한 끼를 해결하기 위한 노동일 것이다. 몇몇 남자는 다리에 앉아 그들이 왔다갔다하는 모습을 관찰하고 있다. 오늘 일거리를 찾지 못한 모양이었다. 매우 따뜻한 눈빛을 한 깡마른 노인이 어린아이의 손을 잡고 우리 쪽으로 다가온다. 아이가 미소 없이 "Hello!" 하고 우리에게 말을 건넨다. "Where do you come from?" 누더기 차림의 무리 한가운데에 선 노인은 자신감으로 빛이 난다. 그는 천천히 멀어져간다. 그 노인의 보물과 다름없는 소년이 노인 곁에서 우리를 다시 돌아보며 미소를 보낸다. 배 한 척이 닻을 올린다. 배는 강물을 거슬러 올라가 여러 마을에 가 닿고, 만달레이Mandalay까지, 아니 그보다 더 멀리까지 긴긴 시간 동안 항해할 것이다.

초록 옷의 여인

사람들이 흥미로운 역사를 가진 어느 정령을 방문해보라고 우리에게 권했다. 그 정령의 사원은 보떠타웅Botataung 파고다 정면에 있다. 그곳의 알현 절차는 매우 단순하다. '초록 옷의 여인'이라고 불리는 그 정령에게 할애된 홀의 밋밋함은 진실과 어긋난다. 그녀는 하잘것없는 존재가 아니다. 그녀에게는 전설도 있다. 때는 19세기, 어느 날 마을에 한 외국 여인이 나타났다. 그녀는 온몸을 초록색 옷으로 휘감고 있었다. 당시 여성들은 대개 여러 색깔을 배합한 옷을 입었으므로 그녀의 옷차림은 생소했을 뿐만 아니라 심지어 비난의 대상이 되었다. 그녀는 그 기묘함에 또 다른 결정적인 행위를 보탰다. 그녀는 진짜 보물, 금, 진주, 다이아몬드, 루비 목걸이, 브로치, 팔찌와 귀걸이, 긴 항해 동안 얻은 전리품 등 상상을 초월하는 재산을 은밀하게 사원에 바쳤던 것이다. 그 보석들이 바로 내 눈앞에 있다. 그 보석들은 진열창 안에 있는 조각상의 몸을 온통 휘감고 있다. 나는 그 보석들의 존재를 증언할 수 있다. 그리고 그녀는 처음에 왔을 때처럼 신비하게 사라져버렸다. 확실히 그 마을에서는 그녀만큼 돋보이는 존재가 없었고, 결정적으로 그런 어마어마한 재산을 가진 사람도 없었다. 이런저런 추측이 항간에 떠돌았지만 부질없는 일이었다. 초록 옷의 여인은 자신이 출현한 정기精氣의 왕국으로 돌아갔거나 연기 속으로 사라져버린 듯했다. 그래서 사람들은 그녀가 정령이었다고, 즉 인간에게 복을 주는 정기였다고 여겼다.

미얀마 동전 한가운데를 보면 그녀의 초상이 새겨져 있다. 대자연의 대변자이자 미소 짓는 그 선녀 혹은 요정의 조각상은 매우 아름다운 형광초록빛 모자를 쓰고 있었는데, 그 모자는 처음부터 그런 놀라운 색깔이 아니었기에 프리지아 모자 bonnet phrygien로 착각할 정도다. 한 무리의 경배자들이 초록 옷의 여인을 에워싼다. 그들은 손에 은행권 지폐를 들고 그 조각상에 매달려 열렬히 청원을 하는 것이다.

초록 옷의 여인은 어쩌면 은자였는지도 모른다. 그녀의 출신 성분과 부는 파괴될 수밖에 없는 허망한 세계에서 그녀를 떼어놓았다. 그녀는 고독했고, 적들에 둘러싸여 있었으며, 허망한 인생을 살아갈 기분이 도무지 들지 않았다. 어느 날 그녀는 자신이 가진 황금과 모든 구속들로부터 벗어나기로 결심했고, 다른 신분이 되어 사람들 속에 섞여 살고자 자신의 세계를 뛰쳐나왔다. 어찌 보면 그것은 붓다가 이미 보여주었듯이, 진리와 평화를 찾아 출가하기 전에 자신이 속한 속세의 소유물을 모두 벗어던지고자 한 일종의 헌신이었다. 내게는 이 마지막 설명이 만족스럽게 보였다. 그녀는 불교의 막강한 영향력과 공덕을 스스로 쌓고자 하는 끈질긴 욕망에 대해 잘 알고 있다. 우리는 그런 식으로 자신의 업, 즉 자신이 짊어지고 살아가는 사슬과도 같은 속박의 무게를 가볍게 하기를 희망할 수 있다. 또 우리는 살아가는 동안 우리 자신이 의도했건 아니건 불가피하게 이끌리며 살게 되는 인과 관계들로 점철된 사슬에서도 벗어날 수 있다.

어쨌거나 우리는 초록 옷의 여인이 갑작스럽게 사라진 이유를 위와 같이 추측할 수 있다. 그것은 19세기 이래 소설가나 시나리오 작가들에게 익숙한 테마이기도 하다. 19세기 사회는 갖은 방법으로 여성들을 가둬놓고 여성들의 표현의 가능성을 제한시켰기 때문이다. 우리 시대에 와서 상황이 조금 나아지긴 했지만 탈주는 여전히 유효하다.

여행을 예로 들어보자. 요즘은 어느 누구도 여행을 탈주라 여기지 않으니 천만다행이다. 여행길에 나설 때 우리는 유년기부터 나를 따라다니는 모든 기억의 타래, 그리고 그것에 연결된 아무개의 배우자, 아무개의 어머니, 아무개의 고용주, 아무개의 고용인 등등 일생 동안 우리를 옭아매는 모든 역할에서 잠시 벗어나게 된다. 따라서 여행은 우리가 갈구해 마지않는 새롭고 변모된 삶을 되찾는 데 그 무엇보다도 유익한 수단이 될 수 있다. 반면 그 이면, 즉 너무 잘 차려입은 옷과 같은 일상은 우리를 음산하고 답답하고 진절머리나게 했다. 이처럼 일상은 타인들의 요구 때문에 진절머리나고, 속 시원히 표현되지 않아서 가끔 너무 무겁게 느껴지면서도, 일찌감치 훈련된 죄의식에 대한 정확한 기준에 의해 처단되고 말았다. 지난날 모든 양질의 교육이 여성들에게 심어주었던 죄의식만 봐도 그렇다. 그 죄의식은 우리 여성들로 하여금 착취와 부역에 기꺼이 공조하게 만들고 있는 것이다.

그러므로 여행은 자기 자신을 찾기 위해 일상의 굴레에서 벗어나려는 욕망의 표현이라고나 할까? 혹은 변신이 무수히 이루어지는 공상만화에서처럼 나 아닌 다른 존재가 되어보고 싶은 아찔한 유혹과 상통한다고나 할까? 어쨌거나 여행은 일종의 해방이며 모든 관계의 매듭을 푸는 것이다. 따라서 자기 자신이 되기 위해서는 폭넓은 아량으로 모든 관계의 매듭을 풀거나 그 관계를 다르게 조율할 필요가 있다. 또한 이 대목에서 우리는 우리 스스로 갖고 있는 지배적 이미지, 가족 또는 부부에 대한 개념은 물론 사회가 날조하는 데 일조했던 불가항력적인 이미지에서 벗어날 필요가 있다. 우리는 사랑받을 필요가 있는 것과 마찬가지로 우리가 사랑하는 사람들로부터 벗어날 필요도 있다. 또 우리는 사람들의 기대에 보답하려는 마음과 그들이 원하는 대로 되고자 하는 욕망에서도 벗어날 필요가 있다. 그런 것들이야말로 우리의 한계와 역할을 정의하고 우리를 옭아맨다. 이렇게 하여 얻어진 이 자유가 제발 고독과 통하기를! 고독을 받아들인 만큼.

여행을 떠나면서 나는 약간 색다른 목표를 하나 가지고 있었다. 그 목표는 바로 내가 된다는 것이었다. 정확히 말하면 풍경의 발견과는 상관 없는 다른 발견들이야말로 내가 이곳저곳 떠돌기 시작할 무렵 나에게 큰 도움이 되었다. 개인적인 틀을 강요하는 것은 엄밀히 말하면 나 자신을 온전히 걸 만큼 큰 목표가 될 수 없고 충분치도 않다. 오히려 그 틀을 벗어나는 것이 나의 목표다. 나는 다음과 같은 용어들에 대해 즐겨 질문하곤 한다. 이를테면 '엘라르지르élargir'라는 단어에는 '감옥의 수인을 풀어주다, 해방시키다'라는 의미가 있고 '풀어주다'라는 의미가 있다. 그렇다. 감옥의 벽 속에서 살아가는 사람을 열린 공간에 놓아주는 장면을 머릿속에 그려보자. 마지막으로 자유가 중요하다. 나는 지리적 결별의 형태를 띤 여행은 사실 순간적일 수밖에 없지만, 그것 역시 결별을 기반으로 한 오랜 자기 성찰과 똑같은 결과를 가져올 수 있다는 말을 듣고 감격한 적이 있었다.

내가 속한 사회보다 더 경직된 사회와 맞닥뜨렸던 초록 옷의 여인은 거기서 사라지기로 마음을 정했던 것이다. 그럴법한 것에만 관심을 기울이는 서양 작가들에게는 그 신기한 세계는 거의 관심의 대상이 아니었다. 그들 중에는 가벼운 판타지나 너무 부자인 한 여인을 정령으로 승격시켜 그녀가 어디든 존재한다고 믿는 미얀마인들 식의 신속한 재치를 지닌 작가가 거의 없다. 하지만 그런 대오에서 벗어난 몇몇 영국 소설가들이 있다. E. M. 포스터E. M. Forster의 소설에서는 한 여인이 나무로 변신했다. 데이비드 가넷David Garnett은 한 야생동물인 여우를 선택했고, 사키Saki는 로라를 수달로 변신시켰는데, 그것은 로라가 소심하고 무뚝뚝한 자신의 시형제에게 복수할 수 있도록 하기 위해서였다.

수계식

신심 깊은 어느 신도가 치는 은은한 종소리가 초록 옷의 여인을 모신 사원의 벽 사이를 뚫고 퍼져나갔다. 그 순간 사원 밖에서는 요란한 소음이 터져나오고 있었다. 불협화음과 스피커에서 흘러나오는 심벌즈, 북, 기타 등 오케스트라 소리가 뒤엉킨 소리였다. 그 소음에 종소리가 묻혀버렸다. 온 거리가 광기에 휩싸이고 요란함에 점령되었다. 그 소음은 테크노 클럽에서 흘러나오는 소리였는데, 우리의 넋을 앗아가고 의식의 기능을 정지시키기에 충분했다. 완전한 탈선. 우리는 어디에 있었던 것일까? 나는 거기서 현실이 물처럼 동요하고 목표가 희미해지면서 나 자신이 상반된 논리 속에 휩싸여버렸음을 다시 한 번 절감했다. 우리는 서둘러 거리로 나갔다. 승용차와 트럭 들이 줄지어 도착했고, 그 주변으로 소규모의 군중이 모여들었다. 띠를 두른 탈것들이 매 순간 새로운 사람들의 물결을 토해내고 있었다. 부모, 삼촌, 아주머니, 사촌 들이 합세한 온 가족, 거기에 이웃사람들까지 합세하고 있었다. 그들은 한결같이 그들 최고의 의상인 실크로 만든 롱지longyi*를 입고 있었다. 남자들의 어깨에 올라탄 여섯 살에서 여덟 살 정도로 보이는 소년 세 명은 머리며 온몸을 화려한 색깔로 치장한 채 최대한 바르고 위엄 있는 자세를 취하고 있었다. 검게 패어들어간 눈과 붉은 입술을 가진 그들은 자기들에게 고정된 시선 앞에서 겁을 먹은 작은 파라오들 같았다.

그것은 바로 수계식 풍경이었다. 수계식은 미얀마인의 인생에서 가장 중요한 행사라고 할 수 있다. 그날 그들은 붓다에 의해 닦인 완벽한 길 위에 자신의 첫발을 내딛게 된다. 그날 아이들 한 사람 한 사람은 싯다르타 자신이 된다. 싯다르타는 히말라야 기슭에 있는 어느 왕국에 살고 있었다. 그 왕국의 왕이었던 싯다르타의 아버지는 생의 슬픔과 병마 그리고 늙음의 흔적을 자신의 왕국에서 모두 추방했다. 덕분에 싯다르타 왕자는 모든 인간이 언젠가는 존재의 고통스러운 현실 앞에 서게 된다는 무시무시한 사상과는 거리를 두며 살아갈 수 있었다. 그는 눈부시게 호화로운 생활을 했다. 그는 활쏘기 대회 때 일곱 그루의 나무를 관통시키며 얻은 승리의 대가로 어여쁘고 감미로우며 양순한 야쇼다라 공주를 아내로 얻을 수 있었다. 그들 사이에는 조만간 아이도 태어날 예정이었다. 그러나 충만함으로 가득 찬 보금자리를 떠나게 될 운명을 가진 싯다르타는 어느 날 산책을 하다가 깡마른 노인을 만났고, 그 다음에는 병들고 늙은 사람을 만났으며, 세 번째로는 시체와 대면했다. 싯다르타는 충격에 까무러치고 하늘이 무너지는 듯한 동요에 휩싸였다. 다음으로 그는 발우를 들고 구걸하는 어느 수행자를 보았다. 싯다르타는 자신이 지금까지 소유하고 향유하던 모든 기득권을 포기함으로써 정신적 평화를 얻을 수 있을 것이라는 생각을 하게 되었다. 그의 아들이 태어나던 날 밤, 싯다르타는 길을 떠났다. 그의 아내와 아들이 조용히 쉬고 있을 때, 그는 자신의 말 칸타카를 불러내고 자신의 충성스런 마부 찬다카와 함께 궁전을 빠져나갔다. 그는 숲속 깊은 곳으로 가서 실크 옷을 벗고 초목의 껍질로 몸을 감쌌다. 그러고 나서 말 칸타카를 마부와 함께 돌려보냈다. 그는 고독 속에 살면서 인간의 불행에 대한 원인을 밝히고 거기서 해방되는 방법을 찾고자 했던 것이다. 붓다의 완벽한 인생은 풍요로움 속에서 시작되어 무소유로 귀결되었다.

바로 이런 이유로 고대하던 수계식 날이 오면 부모들은 정반왕 숫도다나의 예처럼 각자 자신의 처지에 맞게 보물이나 화려한 장식품으로 소중한 자신의 아들을 꾸며주려고 애쓴다. 마을에는 수많은 깃발이 휘날리고 있고 오케스트라와 내빈들이 참석한 가운데 축제 준비가 한창이다. 정성스럽게 분장하고 금으로 치장한, 실크 옷을 입고 보석으로 띠를 두른 작은 소년들은 이제 백마를 타고 긴 행렬을 따라 마을을 돌게 될 것이다. 사람들이 소년들을 이렇게 치장하는 것도 알고 보면 소년들을 더욱 돋보이게 하기 위함이었다. 저녁이 되어 소년의 부모와 친구들이 지갑이 바닥날 정도로 비용을 들여 베풀어준 연회가 끝이 나면, 가족들은 자기 자식이 머물게 될 사원까지 동행한다. 거기서 소년은 세 번 엎드려 절한 뒤 자신의 서원을 읊조린다. 그것은 종교 공동체인 상가sangha*에 들어가는 것을 허락받는 절차이다. 그러고 나면 스님들은 소년의 머리를 깎아주고, 소년이 입고 있는 화려하고 아름다운 의상은 단순한 선황색 승복으로 대체된다. 그날부터 소년은 스님들 속에 끼어 자신에게 허용되는 영역인 2미터 이내의 공간에 시선을 내리깔고 살게 된다. 또 그 순간부터 그는 손에 발우를 들고 거리로 탁발을 나서게 된다. 그리고 그의 부모는 더 이상 그를 자신의 자식으로 여기지 않고, 붓다의 제자로 섬기며 그에게 존경의 마음을 보내게 된다. 그는 그 길고 긴 은둔의 여정에서 스님의 역할을 수행하면서 사원 생활의 엄격한 계율을 따르게 된다(특히 평범한 사람들의 상상력을 자극하는 계율이 하나 있는데, 정오 이후에는 금식한다는 계율이 바로 그것이다).

수행 생활은 몇몇 선택받은 사람들에게만 허락된 것도 아니요 일상의 인간 존재와 격리된 것도 아니다. 그것은 인간 존재의 최고로 고양된 표현일 뿐이다. 잠시 멈추고 휴식을 취하거나, 어느 날 승려가 되거나, 영원히 그 상태에 머물거나 선택은 각자의 자유다. 본질적인 자유는 이 생에서 다른 생으로 넘어가고, 떠나고, 다시 돌아오고, 자기 차원에 존재하고, 또 다른 차원으로 가는 과정에 존재한다. 미얀마에서 인기 있는 소설 《사랑받지 못한 여자La Mal Aimée》*는 바로 그런 인생을 그리고 있다. 그 책을 읽으면서 내가 눈물을 흘린 것은 단순히 여자 주인공의 슬픈 운명 때문이 아니라 그녀의 어머니가 그녀에게 비구니가 될 것을 허락하는 대목 때문이었다. 그녀의 어머니는 그녀가 모든 책임으로부터 벗어나 아주 멀리 떨어진 사가잉Sagaing* 언덕에서 비구니의 계를 따를 것을 허락했던 것이다. 소설의 결말부에서 서양적인 것에 눈 먼 남자와 결혼한 여주인공이 비극적인 죽음을 맞이하는 것에 반해, 그녀의 어머니는 행복을 찾는다는 스토리는 내가 갖고 있던 가치관을 뿌리부터 뒤흔들어놓았다.

원시불교 그리고 미얀마에서 존속되어온 소승불교**는 초창기 불교의 특징을 거의 그대로 보존해왔는데, 소승불교에서는 투영된 이미지로서의 신이나 영혼을 중시하지 않는다. 스님은 존재하지 않는 신의 중재자 역할을 하는 기독교 사제와는 다르듯이 사명도 다를 수밖에 없다. 또한 은둔하는 삶이라 할지라도 그 의미는 기독교의 은둔과 다르다. 스님들은 공동체에서 가장 진보적인 그룹에 속해 있으며, 두말할 것 없이 사회의 본보기이자 붓다의 이상적인 삶을 지상에 드러내는 화신이다. 그러면서도 그들은 다른 사람들과 섞여 살아가는 사람들이기도 하다. 언뜻 보기엔 가난하고 매우 고된 삶을 살아가는 것처럼 보인다. 그러나 그들에게선 항상 몸에 밴 위엄

● 《사랑받지 못한 여자La Mal Aimée》 미얀마의 저명한 문필가이자 기자, 페미니스트, 열렬한 민족주의자이며 사후 국장이 치러진 데지오마마레이De Gyaw Ma Ma Lay(1917~1982)가 쓴 소설. 1955년에 출간된 이 소설은 식민화로 인해 미얀마의 사회적 균형이 점차 붕괴되는 모습을 묘사하고 있다. 서구적 가치관을 신봉하는 한 영웅이 자기 아내의 근원적 뿌리마저 잘라내려 하자, 그녀는 죽게 된다는 내용을 담고 있다.

●● 소승불교 중국, 한국, 베트남, 일본, 티베트 일부 지역에 보급된 대승불교가 불교의 가르침을 넓은 의미에서 해석하는 반면, 소승불교Hinayana*는 궁극적인 해탈에 이르려는 존재들의 편에 선다. 이들 불자들은 '소승파hinayanistes'라는 입장에서 인도, 스리랑카, 동남아시아의 종교를 자연스럽게 아우르고 있다. 상좌부불교는 소승불교에서 갈라져 나온 것으로, 궁극적으로 인간 구원에 역점을 두고 있다.

이 묻어나오기 때문에 사람들은 그들이 특별한 계급에 속한 이들이라고 느끼게 된다.

사실 사람들의 귀감이 되는 역할은 제의를 관장하거나 죄를 감해주는 것과 같은 정신적 권력이 부여할 수 있는 특권보다 한층 더 우위에 있는 특권이다.* 대중들은 스님들에게 무한한 신뢰를 갖고 있다. 그들이 스님들에게 바라는 것은 그들의 정신적 지주가 되어주는 것이다. 그리고 경우에 따라 스님들은 대중들의 치유자, 조언자, 스승, 드물게는 마술사, 점쟁이, 연금술사가 된다… 사람들은 기부, 작은 선물, 계속되는 접족례接足禮 등을 통해 자신들의 신심을 스님들에게 보여주고 싶어한다. 어느 날 우리는 버고Bago 근처의 대로변에 있는 싸구려 중국 식당에서 점심을 먹고 있었다. 손님들이 각자 자기 접시에 고개를 숙이고 묵묵히 식사를 하고 있었는데 젊은 스님 한 분이 더운 식당 안으로 들어왔다. 이가 빠지고 배가 나온 주인 노부부가 그 스님을 향해 급히 달려나가더니 몸을 완전히 엎드려 절을 하고는 재빨리 의자를 건넸다. 젊은 스님은 미소를 띤 채 놀라워하거나 귀찮아하는 기색 없이 그들의 성의를 자연스럽게 받아들였다. 두 명의 외국인인 우리만 빼고 아무도 그 장면을 특별히 눈여겨보지 않았다. 이윽고 스님은 기쁨에 어쩔 줄 몰라 입이 찢어질 정도인 왜소한 노부부가 건네준 오렌지 넥타 한 병을 단아한 표정으로 받아들였다. 그곳에 스님이 방문한 것은 그들에게는 일대의 행운이자

---

* 스님들은 설교나 성례聖禮와 같은 정신적 권력을 갖지 않는다. 계시를 본다든가 신비로운 힘을 가진 것도 아니다. 그들은 공동체를 위한 다른 임무, 즉 아이들에게 종교의 기본교리를 가르친다거나 그들과 함께 경전을 읽는 임무를 수행한다.

기쁨인 것 같았다. 그리고 젊은 스님은 헛된 영광을 거드름 피우며 누리려는 기색 없이 그들의 기분을 잘 헤아려주고 있었다.

오래전에 미얀마 땅에 정착한 외국인 친구들은 우리의 맹목적인 열정에 찬물을 끼얹으려고 애썼다. "스님들은 절대 겸손하지 않아. 순박한 서민들이 절대적인 존경심을 바치는 바람에 그들은 우월 의식에 사로잡혀 있어… 서민들이 그들을 우러러볼수록 스님들의 권위는 높아질 수밖에 없지. 또한 서민들이 스님들에게 기대하는 것은 스님으로서의 그들의 역할이지 스님 개인에 대한 기대가 아니야. 결국 미얀마에서는 아주 가난한 사람들의 경우를 빼고는 겸손 따위는 존재하지 않아." 대사원 주지스님들의 권력은 굉장했다. 왜냐하면 그들은 정치에 직접적으로 영향을 끼치기 때문이었다. 사실 그것을 무조건 나쁘다고만 생각할 것은 아니었다. 그들의 지혜가 정치에 훌륭하게 작용하기 때문이었다. 정부 고관들은 주지스님들에게 기꺼이 조언을 구했던 것이다. 그러니 이 모든 과정에 어떻게 겸손의 흔적이 존재할 수 있었겠는가?

우리가 가진 뿌리 깊은 개념들이 그런 식으로 뒤흔들린 경우는 허다했다. 매우 일반적인 맥락에서 봤을 때, 위의 겸손은 즉각적으로 모순을 일으켰다. 내가 간직한 단편적인 몇 가지 기억만 떠올려봐도 알 수 있었다. 스님들은 거리에서 또는 가판대 앞에서 서민들과 섞여 스스럼없이 이야기를 나누고 사원에서는 명상을 했다. 그리고 그들은 그들의 근엄함을 더욱 돋보이게 하는 후광 같은 미소를 지니고 있었다. 그렇지 않은가? 진리란 언제나 그렇듯이 에피날Epinal의 이미지˙나 회의적인 형상들과는 결코 닮지 않은 어떤 뒤섞임 속에 깃드는 법이었다.

사람들은 매일 아침, 도시 시골 할 것 없이 햇볕으로 뜨거워진 아스팔트 위에서 또는 아름다운 풍경 속에 가려진 시골길에서 선황색 승복을 몸에 휘감고 손에는 발우를 든 채 긴 행렬을 이루며 탁발을 나가는 스님들을 만난다. 사람들은 그들에게 먹을 것을 주지만 그것을 자선이라 생각하지 않는다. 여기서 오해하지 말아야 할 것은 오히려 스님들이 그들에게 봉사를 하고 있다는 점이다. 스님들은 그들에게 공덕의 가치가 있는 선한 행동을 할 수 있도록 해주는 것이다. 그러므로 그것은 모든 스님들에게 마을 사람들이 보이는 열의라고 말할 수 있겠다.

인레Inle 근처의 쉐양뻬Shwe Yan Pye 파고다의 넓은 법당에 50여 명 되는 어린 스님들이 여기저기 무릎을 꿇고 앉아 팔리어 텍스트를 큰 소리로 낭송하고 있었다. 그곳에서 들려오는 목소리의 힘과 성량은 너무나 조화로워 이해의 차원을 뒤바꿔놓았다. 누군가 이야기하기를, 종교인이 아닌 사람은 팔리어로 거의 한 문장도 이야기할 수 없지만 스님들은 대부분 팔리어로 된 설법에 몇 시간이고 몰두할 수 있다고 했다. 우리는 법당 안으로 들어갔다. 어린 스님들은 막 경전을 독송

■ 에피날Epinal의 이미지 에피날은 프랑스의 지명으로, 19세기 에피날 지방은 대중적인 상상력의 메카였다. 그러므로 '에피날의 이미지'란 깊이 없이 고정관념에 따라 만들어진 형상들을 의미한다.

하기 시작한 참이어서 그런지 우리가 들어가는데도 우리에게 눈길 한 번 주지 않았다. 그들은 마치 어른처럼 자기 앞에 놓여 있는 책을 리듬을 타며 계속 읽어댈 뿐이었다. 보석과 유물함, 위패로 넘쳐나는 법당 한가운데에서 행해지는 끊임없는 기도의 합송은 우리를 압도하기에 충분했다. 이런 경건한 열창 앞에서 입을 열어 말을 한다는 것은 금물이었으므로, 우리는 그만 나가겠다는 의미의 제스처를 해보인 후 한쪽 귀퉁이에서 스님들의 수행을 지켜보고 있는 가장 나이 많은 스님 앞에 존경의 표시로 몸을 구부렸다. 그 스님이 우리에게 미소를 보냈다. 바로 그때, 나는 다소 생경한 미소가 스님의 얼굴을 살짝 스치는 것을 느꼈다. 잔뜩 구겨진 옷을 입은 채 모자라보일 정도로 허둥지둥 서둘러대는 우리 두 미련퉁이를 보고 있자니, 솔직히 나조차도 웃음이 나올 뻔했다.

황금 바위

2월 14일 일요일 아침, 우리는 버고(또는 페구Pegu)로 차를 몰았다. 버고는 미얀마의 남쪽에 위치해 있고, 원래 지명은 한따와디Hanthawady로 몽môn족*의 옛 수도이다(혹은 '기러기 왕국'이라고도 불렸는데, 그 전설은 마따반Martaban 만에 있는 작은 섬의 한 마을에 기원을 두고 있다. 그 마을은 너무 작아서 겨우 기러기 두 마리 정도나 살 수 있었다. 그나마 많은 조각상들이 보여주듯이 암놈이 숫놈 위에 올라간 자세라야만 가능할 정도였다).

우리는 우선 버고에서 조금 떨어져 있는 짜익티요Kyaik-tiyo, 즉 황금 바위 사원으로 향했다. 그곳은 가장 성스러운 불교 유적지 중 한 곳이며, 그곳을 향한 힘든 등정登頂은 미얀마 사람들에겐 일종의 정화 행위나 다름없었다. 짜익티요에 가보면 알겠지만, 인내심을 갖고 올라가볼 만한 가치는 충분히 있었다. 우리도 그 도정에 합세했다.

양곤에서 버고까지 가는 길은 그다지 험하지 않았다. 길은 끝없는 평원 한가운데를 가로지르고 있고, 비교적 완만한 일직선이다. 바나나나무 넝쿨이나 잡초 더미 또는 그늘에 자라는 작은 나무의 가지들이 간간이 길을 끊어놓고 있을 뿐이다. 그렇지만 버고를 지나고 나니까 길에 대한 우리의 각오가 너무 안일했음을 깨닫게 된다. 도로는 흠집과 툭 튀어나온 부분 투성이고 오랜 세월에 닳고 닳았을 뿐만 아니라 덕지덕지 이어붙여져 있다. 누더기를 걸친 젊은 여자 토목공들이 엄청난 양의 돌가루로 도로를 손보고 있는 모습이 보인다. 마치 유령처럼 얼굴에 그늘이 지고 먼지를 잔뜩 뒤집어쓴 그녀들은 하얀 마스크로 검은 눈동자 아랫부분을 감싼 채 무거운 돌판을 머리에 이고 나르고 있다. 가끔 트럭들이 하늘을 찌를 듯이 키가 큰 대나무들을 싣고 지나간다. 마을 사람들이 집을 짓는 데 사용할 대나무들이다.

킨몬 베이스 캠프Kinmon Base Camp에서는 자동차를 포기해야만 한다. 언덕이 너무 가파르기 때문이다. 육중하고 원시적인 트럭들이 자동차를 대신하여 사람들을 태우고 산을 향해 돌진한다. 얼추 열두어 명 되어 보이는 승려, 농부 들과 함께 트럭 짐칸에 앉은 우리는 길의 험난함보다는 몸과 몸이 서로 부대끼는 데서 더 큰 충격을 느끼게 되리라. 우리를 태운 트럭은 굉음을 토해내며 심하게 흔들린다. 어렸을 때 어른들이 나를 박람회 같은 곳에 데려가면 나는 두려움 때문에 제트코스터를 타는 것을 항상 거부했었다. 그때에 비하면 지금 우리에게 주어진 놀이는 전혀 위험하지 않고, 느껴지는 기분도 싱겁기만 하다. 길 전체를 꿰고 있는 운전수는 미얀마어로 된 록 카세트를 데크에 넣었다. 그렇게 계속 돌진하다가 어느 순간에 다다르자, 사람들은 몸이 움츠러들면서 녹초가 되어버리고, 트럭의 리듬과 강렬한 음악의 리듬에 한데 어우러져버린 듯하다. 그 리듬에 압도되어 정신이 반쯤 멍해져버린 우리는 별다른 두려움 없이 현기증 나는 비탈길에서 헤어핀 커브[*]를 경험한다.

그렇게 사십오 분쯤 갔을까? 간신히 도착은 했지만 워낙 급경사를 이루는 지대여서 각자 알아서 기어올라가는 것 외에는 다른 방법이 없다. 가마와 가마꾼들이 우리를 집요하게 따라온다. 그들은 확신과 협박이 담긴 몇 마디("you, very tired, you, kill")를 우리에게 건네면서 땀으로 뒤범벅되고 완전히 녹초가 된 우리의 몸을 단돈 2달러에 실어날라주겠다고 성화를 부린다. 그들은 살아남기 위해 필요한 집요한 근성과 힘겨루기에 익숙한 사람들이다. 그런 상황이다 보니 그들이 항상 우위에 설 수밖에 없다. 소극적인 관광객들은 궁지에 몰리고 마는 것이다. 물론 그들은 관광객들에게 악의가 없다. 단지 손님을 한 명이라도 더 끌어모으려고 산중턱에서 기다리고 있는 것이다. 탈까 말까 주저했던 사람들조차 그들의 상투적이고 집요한 간청에 기가 질려 괜찮다는 말로 그들의 성화를 일축해버린다.

날이 저물기 직전, 우리는 드디어 분화구 언저리에 다다라 그 막다른 곳에서 황금 바위가 빛을 발하고 있는 것을 본다. 우리는 장엄한 광경을 연출하고 있는 두 절벽 사이에 걸쳐진

---

[*] 헤어핀 커브 자동차 경주에서 주행로가 U자 모양으로 급하게 구부러진 커브. 여자의 머리핀 모양을 닮았다고 해서 붙여진 이름이다.

넓은 구름다리를 밟으며 전진한다. 사방이 조금씩 희미해지고, 산들의 어슴푸레한 형체가 오렌지색과 연보라색이 뒤섞인 하늘 속으로 숨어버린다. 그리고 갑자기 밤이 된다. 모든 색깔들이 휴식을 취한다. 우리는 지금 가로등 불빛에 반짝이는 호수처럼 드넓은 암석 테라스 위를 걷고 있다.

저기, 손상된 경사면 위에 매달린, 빛의 보석으로 휘감긴 채 검은 하늘 속에서 번득이는 반딧불 같은 것이 보인다. 바로 그 황홀한 황금 바위다. 그 꼭대기는 멀리서 보면 마치 타오르는 촛불처럼 위로 뾰족한 모양이다. 전설에 따르면 짜익티요 파고다는 붓다가 생존해 있었던 2,500년 전, 어딘가 달걀 모양을 연상시키는 거대한 바위 꼭대기에 세워졌다고 한다. 그 바위는 금방이라도 절벽을 향해 굴러내려갈 듯한 지점에 위치해 있다. 자태가 단연 돋보이는 돌기둥 위에 놓여 일시적인 균형을 유지하며 서 있는 그 파고다는 지금이라도 당장 허공으로 미끄러질 기세다. 아니나 다를까, 돌덩이의 절반은 이미 파손되어 허공 속으로 사라져버렸다. 기적이 아니고서야 저 바위가 어떻게 추락하지 않고 수세기 동안 살아남을 수 있었을까. 그 기적은 바로 붓다의 머리카락(성발聖髮)에 연유한다고 미얀마인들은 믿고 있다.

한 은자가 붓다에게 그 보물(성발)을 받았고, 그는 성발을 닮은 바위를 발견하는 날까지 그것을 자신의 머리채 속에 감추어두었다. 때가 되자 그는 성발을 닮은 바위 위에 그것을 안치하기에 적합한 파고다 한 채를 건립했다.

번쩍이는 바위 자락에는 무릎을 꿇은 자세의 작은 그림자들이 바위를 굴려놓기라도 할 심사인지 젖 먹던 힘까지 내고 있다. 그들은 다름아닌 바위에 금잎을 덧붙이는 순례자들이다. 사람들이 기도를 올리고 엎드려 절을 한다. 어떤 이들은 산책을 하고, 몇몇 젊은이 무리는 이리저리 배회하거나 수다를 떤다. 갑자기 크고 둔탁한 종소리가 울려퍼진다. 밤하늘에 드넓은 정적을 선사하는 평화롭고 친밀한 분위기가 감돈다. 그림자들이 지나가자, 속삭이는 목소리들이 새어나온다.

우리는 순례자 무리 속에 섞여 있다. 광장 한복판에 자리잡은 유리로 된 경당에 넓은 홀이 있는데, 백여 명의 스님들이 연꽃처럼 둘러앉아 허공을 바라보며 차례를 기다리고 있다. 스님들은 신도들이 보는 앞에서 한 사람 한 사람 높은 상단으로 올라가 자리를 잡으려는 참이다. 스님들은 신도들이 바친 보시물에 예를 갖춘다. 황금 바위가 있는 건너편에는 비좁은 도로가 있는데, 그곳은 작지만 현란한 빛을 발하는 백여 개의 노점상들로 붐비는 곳으로, 일정에 쫓기는 사람들의 주의를 나름대로 끌고 있다. 사람들은 자기 자신을 위해 또는 부처님을 위해 꽃, 과일, 옷가지, 그 외에 기쁨을 누릴 수 있는 작은 물건들을 산다. 이곳은 성과 속, 기도와 기쁨 등이 긴밀하게 어우러진 곳이다. 동전과 금이 오가는 이 신성한 장소에서 '헌신'의 몸부림은 확실히 인간의 정신을 자유롭게 해주고, 지갑을 비워내는 것만큼 그것을 가볍게 해준다. 수세기 동안 이곳의 관행이 그랬던 것처럼, 사람들은 이곳에 있으면 일종의 경쾌함 내지 축제의 열기에 물든다. 그 축제에는 편안함과 유쾌함, 향냄새뿐만 아니라 자비로움을 향한 약속처럼 허공에 홀로 서서 기도와 경배를 받으며 더운 밤에도 찬란하게 번쩍거리고 있는 황금 바위의 마법 등 온갖 것이 동참하고 있다.

이윽고 우리는 밝기가 시원찮은 손전등으로 길 위를 빙글빙글 비추며 칠흑 같은 밤을 뚫고 하산한다. 전통적인 승복을 입고 기묘한 모자를 쓴 두 명의 은자가 뜻밖의 좋은 기회를 누리고 있다. 은자들은 일반 스님들과는 달리 정글이나 산 속에서 고독하게 산다. 혹독한 실존이지만 그렇다고 그것이 그 두 은자의 유쾌한 기분마저 앗아가는 것은 아니다. 서로 몸을 바짝 붙이고 어둠침침한 불빛을 따라 주저하며 걸어가는 우리 커플과의 만남도 그들의 흥을 깨지는 않았다. 황금 바위의 족적을 더듬는 방문이 그들의 일상 속에 존재하는 깨끗한 물, 고독, 기원, 구걸에 대해 다시 한 번 음미할 수 있는 기회를 주었음에 틀림없다. 일 분쯤 지났을까? 그 두 사람이 우리에게 너그러운 미소를 띤 얼굴로 이해할 수 없는 몇 마디를 던진다. 그러더니 그들은 머뭇거리다 굴러 떨어질지도 모르는 곳에 우리를 남겨둔 채 재빠르게 어둠 속으로 사라져버린다.

마을은 대부분 움푹 패어 성치 않은 땅 위에서 불규칙한 단을 따라 오르막을 이루다가 다시 내리막길로 이어지고 있었다. 시류에 뒤떨어진 몇몇 마을 사람들을 기쁘게 하기 위해서는 거기서 미끄러지고 질주하는 것보다 더 쉬운 일은 없으리라. 이곳 사람들은 외국인을 쳐다보지 않으려고 애쓴다. 사실 일일이 예의를 차리다 보면 가끔 서로 억지로 웃어주어야 하고, 또 그러다 보면 마음을 열고 즐거움을 나눠야 할 것 같은 처지에 놓이기 때문이다. 사샤가 한마디 배웠다. 그의 좌우명으로 여겨질 수도 있는 독특한 한마디 '밍글라바Mingala Ba', 즉 '안녕'이라는 말이었다. 그는 어떤 장소를 가든 그 '안녕'이라는 말을 내뱉었다. 마치 말도 안 되는 질문에 대한 대답으로 '이봐, 친구' 하고 외치는 듯한 투였다. 고독한 산책자에게도 '밍글라바', 길가에 있는 작은 무리에게도 '밍글라바', 신경이 곤두선 상인들에게도 '밍글라바'… 가끔 몇몇 사람이 그 말에 응수했다. 그들의 세계와 언어 속에 갑작스럽게 끼어드는 것을 두고 그들은 과연 어떻게 대응해야 했을까? 그들은 우리에게 똑같이 대답했다. 또 어떤 이들은 마치 농담을 들은 것처럼 유쾌하고 사심 없게 웃었다. 그것은 우리 여행의 막간에 생긴 폭소 연작물이었다. 사샤는 하나로도 모자라 여러 개의 생활 수칙을 어겼다. 그들만의 고유성을 존중하는 침묵이나 거리두기 같은 수칙 말이다. 어쨌든 기존의 질서를 무심코 깨뜨리는 그의 단순한 해소 행위가 이곳 사람들에게는 너무나 웃겨 보였던 모양이다. 미얀마 사람들은 기대하지 않았던 것, 부조리한 것, 관례와 엄격한 금기의 규율에서 벗어난 비약 등을 매우 즉각적으로 낚아챈다고 할 수 있다. 말하자면 그들은 그런 잠시 동안의 탈주에 즐거워할 줄 아는 사람들인 것이다.

그러나 오늘 밤 마을 사람들은 벌써 자기들 집으로 돌아가 버리고 말았다. 커다란 별들이 우리 머리 위 칠흑 같은 하늘 속에서 빛나고 있었다. 노점의 커튼도 내려졌다. 커튼 사이로 촛불이 타들어가는 것이 보였다. 사람들의 중얼거림도 간간이 들려왔다. 보이지 않는 무리들이 노점 안, 나무 바닥의 칸막이 안에 살고 있었다. 그 주거 공간은 날이 새고 커튼이 걷히면 다시 가게로 변신할 것이다. 뭔가를 구경하거나 살 생각보다는 앞으로 전진하는 일에만 골몰하던 나는 문득 어느 가게에 진열된 물건들에 어쩐지 호기심이 일어 눈이 번쩍했다. 나는 그 가게 안으로 들어섰다. 장사꾼들은 스님들과 그칠 줄 모르는 잡담 삼매경에 빠져 있던 탓에 나라는 희귀한 손님의 존재는 안중에 없었다. 물건들이라고 해봐야, 약재 가루, 성냥, 고인의 두상, 맨드레이크*의 뒤틀린 뿌리, 검고 뾰족하고 이국적인 잡동사니들, 거친 자태와 털 색깔로 미루어 짐작건대 곰의 잘린 다리, 새 부리와 조개류, 완벽한 살인 장비들, 경우와 필요에 따라 사람을 살리고 죽이고 사랑 혹은 복수를 부르면서 온갖 종류의 묘약을 만들어낼 수 있는 주술가의 낡은 도구들이 있었다. 그것들은 행운과 건강을 기약하는 물건일까? 물론 정령과 생명을 무엇보다도 신뢰해야겠지만, 그다지 신통치 않은 이들 잡동사니 물건들에도 약간의 힘을 실어줄 필요는 있었다.

■ 맨드레이크 지중해와 레반트 지방이 원산지인 허브의 한 종류. 뿌리가 둘로 나뉘며 마치 사람의 하반신과 같은 모습을 하고 있다. 이런 뿌리 모양 때문에 좋지 않은 미신과 전설이 많다. 고대 아랍인과 게르만인은 '만드라고라'라는 작은 남자의 악령이 이 식물에 산다고 믿었고, 교수대 밑에서 자라는 풀이라고 알려져 그 뿌리에 죄수의 죽은 영혼이 숨어 있다고도 믿었다.

버고, 그 전설

"오너라! 네가 아직 알지 못하는 내 성城 안의 집을 너에게 보여줄 테니!" 18세기 영국의 기인 奇人 윌리엄 벡포드William Beckford[*]는 늘 이와 같이 편지를 써서 멀리 떨어져 있는 마음속의 친우를 자신의 성 안으로 끌어들이곤 했다. 그 성은 폰트힐Fonthill에 있는 엄청난 대저택으로 탑을 갖춘 환상적인 신고딕 양식의 건조물인데, 실속은 거의 없어서 건물이 계속 붕괴되었다. 벡포드는 폐쇄적이면서 널찍한 영지 중앙에 자리한 고립된 피난처에서 마신魔神들처럼 세상과 야만적인 세속으로부터 격리되어 고통스럽게 살고 있었다.

그 신비한 건물의 가장자리에 있는 테라스의 난간 밑에는 쇠로 된 반지가 감춰져 있었다. 사람들은 그 반지를 손에 쥐

[*] 윌리엄 벡포드William Beckford(1760~1844) 영국의 소설가, 예술비평가, 기행문 작가, 정치가. 부친에게서 잉글랜드 남부 월트셔 주의 폰트힐 영지를 상속받아 제임스 와이어트에게 설계를 맡겨 '폰트힐 애비'라는 중세풍의 대저택을 지었다. 그는 말년을 영국 바스에 있는 랜스다운 크레센트에서 보냈는데, 그곳 랜스다운 힐에서 건축가 헨리 굿리지에게 호화스런 아방궁 설계를 맡겨 랜스다운 타워, 일명 '벡포드 타워'로 불리게 되는 건물을 축조했다. 그는 그곳에 많은 보물들을 비장하고 있었다.

고 바닥에 있는 은밀한 쪽문을 들어올리며 해독할 수 없는 글자가 새겨진 정문으로 이어지는 계단을 발견하곤 했다.

나는 그 쪽문을 들어올리고 계단을 내려가 미지의 세계로 통하는 문들을 활짝 열어젖혔다. 그 장소는 모든 외관이 참으로 생경하고 이국적이었다. 그때 나는 입구에서 잠시 머뭇거리며 혹시 내가 꿈의 제국에 있는 건 아닌지 혼잣말을 했다. 나는 금색과 자주색으로 된 거대한 방을 가로지르게 되었는데, 기둥머리가 신화 속의 과일들로 장식된 무수한 기둥들이 그 방을 받쳐주고 있었다. 그곳은 사막처럼 삭막하고 휑했다. 이어서 나는 입구 맞은편 벽에 있는 계단들과 그 위에 있는 거대한 단상을 향해 나아갔다. 그런데 두 개의 날카로운 뿔로 장식된 거대한 황금 왕좌가 단상 바로 위에서 천장 끝까지 우뚝 솟아 있는 것이 아닌가. 나는 계단에 새겨진 알아보기 힘든 기호들과 꿀벌들을 재현한 모티브를 구별할 수 있을 거라고 믿었다. 그런데 막상 가까이 다가가보니 전체적으로 상당히 육중하고 장엄할 뿐만 아니라 금과 보석 들로 너무 번쩍거리고 있어서, 나는 말 그대로 장님이나 다름없었다. 나는 왕좌 가까이 다가가기도 전에 주변 장식들에 압도되어 아무것도 아닌 존재가 돼버린 듯한, 예견했던 현기증에 가까운 느낌이 들었다.

벡포드는 자기 제자의 상상력을 자극했다. "눈 깜짝할 사이에 전혀 새로운 감각이 너의 감각기관에 들어올 것이다. 그러면 너는 바나나 향이 섞인 아라비아 재스민 향과 비슷한 달콤하고 감미로운 향기를 맡게 되리라. 또한 너는 자신들의 깃

털처럼 신기한 곡조로 노래하는 새들의 속삭임을 듣게 될 것
이다. 또 너는 세상에서 가장 아름다운 카펫 위를 밟고 (…)
한 대상에서 다른 대상으로 긴긴 시간 동안 방황하리라…"
벡포드가 자기 제자에게 묘사한 이 미문美文은 오감을 찬양하
기 위한 것으로, 한 미학자의 광적인 상상력에서 나온 동양적
몽상이었다. 또 그의 미문은 지긋지긋한 세상에서 거리를 둔
일종의 피난처였다. 그러므로 그곳에서는 모든 걱정이 금지
되고, 모든 불안이 추방되며, 공상의 나래를 가장 과감히 편
제안들만 환영받았다. 우리는 현실의 한계를 비웃는 그 세계
속에서 아무런 지장 없이 정신적 몽상을 부추기는 사유, 자유
를 만끽하는 사유에 몰두할 수 있었다.

그러나 이곳 한따와디의 옛 도시 심장부에 있는 버잉나웅
Bayinnaung 왕의 궁전에서는 그런 상상력을 구가할 필요가
없었다. 내가 보고 있는 것의 현실은 가장 광적인 공상의 세
계에서 비껴나도 한참 비껴난 것이었다. 말하자면 나는 과거
에 대한 회상에 골몰하던 시대에 재현되었던 요소들, 즉 옛
왕들의 꿈과 권력, 아름다움, 위대함에 대한 망상을 마주하고
있었던 것이다. 오늘날 한따와디의 중세풍 궁전은 방문객들
에게 개방하지 않고 복원중이다. 고독하게 강렬한 인상을 뿜
어내는 찬란한 궁전은 철조망이 쳐지고 말라비틀어진 야자수
가 널브러져 방치되다시피한 공원에 우뚝 솟아 있다.

우리는 그곳을 도둑처럼 뚫고 들어갔다. 우리는 아침의 더
위 속에서 메마른 그 갈색의 땅을 가로질렀다. 그리고 일하는
사람들이 무관심해진 틈을 타서 '벌왕좌관', 즉 'Bee Throne

Hall'과 전체적인 구조로 봤을 때 두 번째 누각이라고 추정되는 곳으로 침입했다. 그 누각은 약간 떨어진 곳에 위치해 있었다. 그곳의 왕좌는 계단 맨 꼭대기에 있었고, 처음에 본 왕좌보다 훨씬 더 위압적으로 보였다. 기둥머리에 파인애플 형상이 새겨진 그 거대하고 찬란한 왕좌들은 무수한 기둥들에 에워싸여 있었다. 호화로운 홀은 벌거벗고 메마른 풍경 속에서 휑하니 비어 있었다.

그러나 놀랄 필요는 전혀 없었다. 우리는 과거 피렌귀스Firenguis 족*과 별로 사이가 좋지 않았던 나라들 쪽까지 전진해 나갔다. 당시만 해도 피렌귀스족은 자신들의 지배력이 그곳까지 미쳤다는 사실에 대해 의기양양해했다. 그들은 세상

● 피렌귀스Firenguis족 윌리엄 벡포드가 〈에스플렌덴테와 다른 이야기들 L'Esplendente, et autre contes〉에서 세속인들을 가리키기 위해 이 용어를 사용했다. 특히 신도법에 벗어나는 행위를 하는 유럽인 (피렌귀스탄Firenguistan 혹은 프란귀스탄Franguistan 출신)을 가리킨다.

에서 그다지 고립되지 않은 인도 해안 지방에 정착했다. 그리고 그들은 칭기즈 칸 제국을 재건설할 것을 꿈꾸었던 트란속사니아Transoxania의 왕 타메를란Tamerlan, 즉 "티무르Timur의 아들의 재산을 약탈했다." 그러나 벡포드에 따르면, 그 어떤 정복자도 페구(또는 버고. 최근 우리가 있었던 미얀마 남부 지방)의 야성적인 숲을 샅샅이 누비고 다녔다고 자랑하지 못했다. 접근하기 힘든 저 여카잉Rakhine 산맥을 질주했다고 아무도 뽐내지 못했고, "가장 냉혹하고 야성적인 사람들이 사는" 친산Chin의 무시무시한 협곡들을 피했다고 아무도 장담하지 못했다. 심연의 깊이를 지닌 절벽, 숲의 웅대함, 깊숙한 곳에 물러선 계곡들의 고독, 우리의 호흡을 멎게 하는 기라성 같은 암반들. 그곳에는 상상의 나래를 펴도록 내버려두면서도 범속한 정복은 허용되지 않는 처녀지들이 있었다. 즉, 우리는 더 이상 지도상에 표시되지 않는 지점에 당도했던 것이다. 그곳에서 온갖 공상이 시작되었고, 그때부터 모든 것이 가능해졌다.

오후 1시. 도시와 도시의 기념비들이 마치 환영처럼 녹아내릴 것만 같은 무더위였다. 우리는 쉐모도Shwemawdaw 파고다로 피신했다. 동서남북 방향으로 뻗어 있는 그곳의 계단들은 약간의 선선함을 약속하는 회랑과 연결되어 있었다. 쉐모도는 텅 빈 느낌이었다. 그곳은 익은 과일이 떨어지듯 해가 수직으로 단번에 떨어지는 저녁까지 긴 기다림 속에 파묻혀 있었다. 작고 둥근 나무들로 무성한 그늘 아래에는 디오스피로스 비르마니카Diospyros Birmanica 혹은 미라빌리

스 잘라파Mirabilis Jalapa, 더 간단히 말하면 분꽃Four O'
Clock Flower(이 꽃 이름은 이른 새벽 시간을 연상시킨다) 같은 식물
들이 자라나고 있었다. 신심 두터운 몇몇 미얀마인들이 나무
기둥 주변의 벤치 위에 누워 단잠을 자고 있었다. 또 어떤 이
들은 연화좌에 앉아 명상에 잠기거나 기도를 하고 있었다. 그
자태가, 완전히 얼어붙어 미동도 하지 않는 것이 마치 밀랍인
형처럼 보였다. 한 번 휘두른 요술 방망이가 불안하게 머물
러 있는 생을 붙잡아놓은 것만 같았다. 그 어떤 움직임도 없
었다. 이런 불가마 더위라면, 그 누구도 이 테라스를 가로지
를 엄두를 내지 못할 것이다. 아무리 빠른 동작으로라도 말이
다. 처마 밑의 그늘이 삽시간에 사라져버린다. 어느새 그곳에
잠시 머물 수 있을 정도의 광도를 뿜어대는 태양이 우리 머리
위를 내리쬐었다. 때는 오후 3시. 우리가 깔랴니시마Kalyani
Sima(1476년 스리랑카에서 돌아온 행자 스님들을 위엄 있게 맞이하기 위
해 건립한 수계식용 방. 그때 스리랑카에서 상가를 개정한 경전 교리가 그
들에게 도입되었다)의 정원에 들어갔을 때엔 그 초자연적인 부
동성은 마을의 길과 공원 들을 꼼짝 못하게 하고 있었다.

　말뚝 위에 세워진 목재 누각들 역시 잠에 빠져 있었는데,
그 누각들은 진짜로 그럴 리는 없겠지만 정신이 번쩍 들게 할
어떤 미인을 기다리는 중이었다. 울타리 속에서 배회하는 배
고픈 두세 마리의 개를 빼고는 그곳엔 아무런 인기척도 없었
다. 수계식이 행해지는 경당 역시 썰렁했다. 날개 달린 갑옷
을 입고 거울의 광채로 번쩍이는 모자를 쓴 커다란 천사들이
지혜롭게 열을 지은 채 머지않아 열릴 축제를 대비해 멋지게

꾸민 자태로 사방 벽에서 보초를 서고 있었다.

조금 외진 어느 법당에서 스님들의 목소리가 울려퍼지고 있었다. 그들은 팔리어로 된 부처님의 경전을 큰 소리로 낭송하는 중이었다. 한여름 오후의 무더위 속에서 우리에게 들리는 것이라고는 깊고 완고하고 끊이지 않고 들려오는 저 목소리였다. 그것만이 오직 살아 있음을 알려주는 신호였다.

왕들의 광기에서 나온 마지막 환각의 세계는 그 도시 외곽에도 모습을 드러내고 있었다. 그곳은 대지를 깡그리 집어삼키는 정글이 시작되는 곳이었다. 그 마지막 환각의 결과는 과거의 것들과 마찬가지로 자신의 현실을 우리에게 보여주고 있다. 시간은 내 실존을 보장해주면서 흘러가고 있다. 말하자면 수세기라는 세월의 두께가 나를 서기 천 년경으로 데려갔다. 그렇다고 순순히 믿을 우리가 아니었다. 서기 994년, 몽족의 왕 미가디빠Migadhipa는 불교로 개종한 것을 축하하기 위해 전대미문의 거대한 불상, 즉 쉐떨랴웅Shwethalyaung을 세웠다. 그런데 정글은 그 위대한 불상의 아름다움을 빼앗고 결국 그것을 삼켜버렸다. 그러나 세월이 흘러 철도가 열대 초목을 가로지르며 완공될 즈음, 산산조각났던 미가디빠 왕의 꿈이 다시 세상의 빛을 보게 되었다. 높이 16미터, 길이 55미터의 그 '거대한 와불상'은 표정이 선량하다거나 얼굴에 번진 미소가 만족스러워 보인다거나 누워 있는 자세가 안락해 보인다든가 하는 느낌이 전혀 없었다. 그 불상은 자신의 욕망을 채우고 주인을 겁주려 했던 알라딘의 램프에서 나온 악한 요정을 닮았다고 하는 게 차라리 나으리라.

이제 계절풍이 몰고 오는 비로부터 보호되어 유리와 주철로 된 법당 안에 편안히 누워 있는 그 거대한 불상은 더 이상 위협받을 일이 없다. 그 전대미문의 크기에 압도된 신도들이 공경심을 담아 피운 수백 대의 향이 불상 쪽으로 나선형 연기를 피워올리고 있다. 불상의 무릎은 다마스크 천으로 된 거대한 사선 방석 위에 얹혀 있고, 마술 카드의 문양이 조각된 발바닥은 세계의 역사와 세상의 비밀을 방문객들에게 전해주고 있다. 한편 군중 주변을 날아다니는 친숙한 새들이 불상의 크게 벌어진 콧구멍 속으로 들어가 지친 몸을 달래고 있다.

2

만달레이

나는 미얀마인들이 무사태평하고, 유쾌하고,

걱정 없는 사람들이면서 또한 즐겁고, 겸손하고,

만족할 줄 아는 사람들이라는 사실을 끊임없이 깨닫는다.

그들은 항상 미소를 짓고 있다.

욕심에서 벗어난 그들은 자기들끼리 평화롭게 살고 있다.

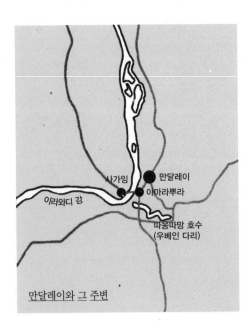

사가잉 만달레이
아마라뿌라
이라와디 강

따웅따망 호수
(우베인 다리)

만달레이와 그 주변

만달레이로 가는 길

양곤에서 이 나라의 중심지이자 먼지 자욱한 넓은 평원 한가운데에 자리한 만달레이Mandalay까지는 약 7백여 킬로미터 거리다. 식민 시대의 산물인지 우리가 탄 프로펠러 비행기는 그다지 신뢰가 가지 않았다. 우리는 플라스틱 상자 몇 개가 의자를 대신하고 있는 공항에서 전형적인 미얀마의 이미지들이 방영되는 작은 TV 화면을 잠자코 바라보고 있다. 청동 주조공들, 실크와 면을 짜는 여인들, 칠과 금잎 제조 과정, 흰 코끼리들 그리고 이라와디 강변을 표류하는 한 척의 배가 등장한다. 불안에 떨고 있는 몇몇 관광객이 제비뽑기 상자에서 꺼낸 것인 양 접힌 종이 탑승권을 유심히 쳐다보고 있다. 좌석번호 같은 것은 있지도 않다. 우리를 실은 비행기는 잠시 격렬하게 요동을 치고 나서 하늘로 날아오른다. 하늘에서 바라본 평지는 일정하게 잿빛을 띠고 있고, 여기저기 창백한 초록빛의 음영이 감돌고 있다. 또 모래로 메워진 드넓은 강줄기와 짙은 안개 속에 가려진 굽은 도로들도 보인다.

만달레이라는 지명의 음절에는 노스텔지어의 흔적이 묻어 있는데, 그것은 확실히 키플링 때문일 것이다. 하지만 키플링은 만달레이에 한 번도 발을 디딘 적이 없다. 1889년 양곤에 며칠 동안 머물렀고, 몰먀잉Moulmein 파고다를 방문한 적은 있지만 말이다. 그러면서도 그는 〈만달레이로 가는 길 위에서On the road to Mandalay〉라는 유명한 시를 썼다. 그 시에는 추위와 안개 속에서 런던으로 귀환하는 한 병사의 추억과 잃어버린 낙원인 벵골 만에 대한 찬탄의 감정이 뒤섞여 있다. "네가 동양으로부터 부름을 받았을 때, 네게는 그 무엇도 중요하지 않았다/그렇다, 그 무엇도 더 이상 중요하지 않았다/마늘과 향신료의 냄새들만 유일할 뿐/그리고 태양과 야자수들, 사원에 울려퍼지는 종소리/만달레이로 가는 길 위에서…" 이처럼 〈만달레이로 가는 길 위에서〉라는 시 한 행 한 행에는 어딘가를 향한 욕망이 넘쳐흐르고, 마침내 그 세계를 발견하고 두 번 다시 그것을 잃지 않겠다는 우울한 분위기가 엿보인다. 일상이 펼쳐지는 현실로 돌아가는 길에서 권태로운 눈을 한 애인을 그리던 영국 병사처럼, 만달레이라는 이름은 나로 하여금 그 어떤 여행으로도 채워지지 않는 공간을 파고들게 했다. 그것은 상상의 세계로부터 현실적인 것을 분리해내는 이름이었던 것이다.

게다가 만달레이는 꿈에 기원을 두고 있다. 그 마술적인 꿈은 왕조의 끝에서 두 번째 왕인 밍동Mindon 왕에게 먼 옛날의 불교 예언자의 말을 따르라고 명했다. 약 2,500년 전, 붓다는 자신의 충실한 제자 아난다Ananda*와 동행하여 그 지방을 방문한 적이 있었다. 언덕 꼭대기에 이르렀을 때, 붓다는 자기가 선 곳을 손으로 가리키며 언젠가 위대한 불교 도시가 이곳에 번성할 것이라고 선언했다. 밍동 왕은 사실 금욕과 지혜의 가르침을 따르지 않았다. 그는 한 무리의 왕비들을 거느렸고 슬하에 70명의 아들을 두면서 비난받아 마땅한 부정한 짓을 많이 했다. 그러나 그는 붓다가 가리켰던 지점에 경탄할 만한 사원들을 건립한다면 지난날의 과오를 용서받고 순식간에 열반에 이를 수 있을 거라 생각했다. 여기에 생각이 미치자, 그는 그 생각을 곧바로 실행에 옮겼다. 밍동 왕은 아마라뿌라Amarapura 왕궁의 티크 통나무로 된 건조물들을 하나하나 해체하게 한 뒤, 그 자재들을 그곳에서 멀지 않은 성지로 옮기게 했다. 견고하게 다져진 그 '황금 도시'는 넓은 도랑과 총구를 겨눌 수 있는 성벽으로 둘러싸였고, 우아한 누각(일설에는 그 밑에서 사람들을 처형하여 많은 희생자를 냈다고 한다)과 그 누각으로 올라가는 다리와 문으로 구성되어 1859년 마침내 완공되었다. 그것은 밍동 왕의 부계 혈통 간의 암살극에 가담한 띠보Thibaw 왕이 영국 침입자에게 그 기념물을 양도하기 바로 직전의 일이었다. 영국군이 점령하면서 전설의 도시 만달레이는 영국 식민지의 단순한 전초기지가 되어버렸다. '우주의 중심'인 메루Meru* 산을 모델로 하여 건조된 그 훌륭한 궁전은 전혀 다른 뉘앙스를 풍기는 명칭, 즉 더프린 요새Fort Dufferin로 둔갑했다. 이어서 만달레이 주변을 포진하고 있던 일본 병력에 떨어뜨린 영국군의 폭탄 세례는 그 도시를 잿더미로 만들고 말았다. 전쟁은 영국군의 승리로 끝났다.

이 모든 일을 겪고 보니 예견은 정확했다. 미얀마에서 가장 큰 도시 중 하나가 몽상의 세계 위에 마술적으로 아니, 이 나라만의 적절한 논리에 따라 세워지게 될 거라는 예견 말이다. 어디에서든 작용하는 보이지 않는 영향력은 모든 결정적인 사안에 개입하고 있다. 조금만 주의를 기울여보면 그것을 감지할 수 있다. 내가 그것을 단정짓는 이유는 비단 정령의 웃음소리나 하루 종일 내 머릿속을 떠나지 않는 그것, 즉 정글 한복판에 숨어 움츠려 앉은 스핑크스의 장난기 어리고 충격적인 얼굴 때문만은 아니다. 오히려 이런 은밀한 존재들이야말로 비이성적인 것에 부합하는 공간을 보장해주기 때문이다. 즉 사방에 퍼져 있는 불가사의함이 보기만 해도 흉측한 반半천사, 반半악마의 모습으로 아무 때나 마구 끼어들고 되살아나는 것을 두고 하는 말이다.

물론 이곳이 보이지 않는 것과 특권적인 관계를 형성하고 있다고 해서 이곳 사람들이 엉뚱한 공상에만 사로잡혀 있다는 말은 아니다. 그들 역시 다른 사람들처럼 자연스런 절제 감각을 발휘하여 주어진 순간을 정확히 판단하고, 재고, 계산할 수 있는 사람들이다.

만달레이, 즉 붓다의 손가락이 가리킨 방향에서 등을 돌려 본연의 사명을 변질시키고 있는 이 도시가 때를 맞아 시장경제에 문을 열고 오늘날 번영된 모습으로 자신을 드러내고 있다면, 그것은 미얀인들만의 탓이 아니라 도시를 집어삼킨 화재와 뒤따라온 외국인들의 물결 탓이라고 해야 옳다. 그곳엔 마약의 대부들과 폐허와 격랑을 이용한 부동산업자 같은 무

일푼의 부랑자들이 정착했다. 그들은 과거의 모험가들, 신용 불량자들, 탈주병들, 퇴역 군인들, 전과자들 또는 피난처를 찾아 만달레이로 들어온 운 없는 방관자들을 다른 차원에서 대신했다. 그들 중 과일 시럽을 만들어 선장들에게 내다 파는 자칭 어느 귀족이 백작 왕관이 수놓인 손수건을 호주머니에서 꺼내 자신의 더럽고 거무튀튀한 손가락 마디마디에 살아 숨쉬는 소중한 영국 땅의 흔적을 통행인들에게 보여주었다. 어쨌든 이 도시를 물려받은 계승자들은 더 잔혹하고 덜 웃기는 사람들이다.

우리는 자동차로 만달레이를 누비고 다녔다. 줄을 맞춰 서 있는 콘크리트 블록 사이로 사무실, 레스토랑, 시장, 고급 호텔, 백화점 등 현대 도시가 필요로 하는 모든 것이 갖추어져 있다. 아니, 오히려 수많은 불만의 목소리가 들끓고 있다고 해야 할까? 여기에 보이는 관광객을 위한 쇼윈도, 저기에 보이는 진열대들만 해도 그렇다. 그 속에 진열된 물품들은 중국인 부유 상인들 – 미얀마와 중국을 잇는 길이 다시 개방됨에 따라 대규모로 이 땅에 이주해온 사람들 – 에 의해 배타적으로 관리되는 것들이다.

하지만 모든 민족과 종족들이 뒤섞여 살았던 식민 시대의 만달레이야말로 훨씬 더 매력적이지 않았을까? 조지 스콧 경 Sir George Scott은 쉐요Shway Yoe라는 필명으로 쓴 흥미로운 저작 《버마 사람, 그들의 삶과 의지 The Burman, His Life and Notions》(1882)에서 다음과 같이 묘사했다. "미끈하고 신수가 좋은 그 중국인은 마땅히 그래 보이듯 운남성이나 쓰촨성

(뼈가 굵고 야윈 타입) 출신 혹은 양곤이나 데트루아Detroits(유연하고 강인한 기질) 출신으로, 공무원을 상대로 한 경쟁에서 항상 승자고 지독하게 탐욕스럽다. 게다가 차를 마시고 아편을 피우며 변덕스럽지 않고 대단히 침착하다. 또한 근엄한 얼굴에 수염을 기른 쑤라띠Surati 출신의 사람이 한 명 있는데, 그의 장사 수완 역시 둘째가라면 서러울 정도로 뛰어나다. 대나무 뗏목을 타고 북방에서 오는 빨라웅Palaung 사람은 검은 빛깔의 진한 차를 가져 온다. 넓은 바짓단 밑으로 언뜻 보이는 복사뼈까지 문신을 한 용맹스러운 산족 사람은 칼자루와 양철을 실은 긴 대상隊商과 그 뒤를 터벅터벅 걷는 당나귀 무리를 이끌고 여기까지 온다. 또 선량하고 무게 있어 보이는 까렌Karen족 출신이 있고, 밤에 공격할 마을들을 정찰하기 위해 낮에 선물을 싸들고 그 마을을 찾아간다는 배반적이고 약삭빠른 기질의 까친Kachin족* 사람도 있다… 어쨌든 이 모든 부족들이 너나 할 것 없이 이 환희의 도시에 모여 살고 있다." 스콧 경은 영국의 미얀마 점령기 동안 북쪽의 샨 주 그리고 남쪽의 통치자이기도 했다.

물가인상으로 인해 중심에서 쫓겨난 미얀마인들은 만달레이 주변의 위성도시로 이주했다. 또 하나의 예견은 백 년도 훨씬 더 이전에 그 도시의 전복을 알려주고 있었다. 그것 역시 스콧 경에 의한 예견이었다. 그의 예견은 단순한 몽상에 의한 것이 아니라, 경제와 관련한 이성적인 판단에 의한 것이었다. "적어도 에너지가 기적적으로 분출되어 미얀마인들의 성격을 완전히 바꾸어놓지 않는다면, 지칠 줄 모르고 집요한 중국인들이 이 도시를 좌지우지하게 될 것이 거의 확실하다." 인간성에 대한 세심한 관찰자 스콧 경의 분석은 그 이후 꾸준히 확인될 뿐인 진보의 이성을 제출한 것이다. 우리도 그것을 증언할 수 있다. "물론 미얀마 사람들도 장사를 한다. 하지만 그것은 소규모의 행상에 불과하다. 또 장사는 관례상 여성들의 몫이다. 많은 미얀마 여성들이 시장에 점포를 소유하고 있고, 거기에 머무르면서 물건을 판다. 그녀들은 더 많은 이윤을 챙기려는 욕망이 전혀 없다. 돈을 벌 생각이 거의 없다는 말이다. 그것은 중국인들이 뿜어대는 정력적인 에너지와 장사에 대한 본능적인 감각과는 거리가 멀다. 현실이 그런지라 그녀들은 팔 물건들을 보관해두기는 하지만 그것을 정말로 필요로 하는 사람들에게 번번이 퍼주거나 신심이 발동하여 내줘버린다." 우리는 이 대목에서 이윤 추구 정신과 베풂의 정신이라는 두 자세를 명확하게 대립시킬 수도 없고, 미얀마 민족의 기호와 습관이 과연 어디를 향해 가고 있는지를 정확하게 지적할 수도 없다.

정확히 짚고 넘어갈 수 있었음에도 불구하고 스콧 경이 굳이 세부로 들어가지 않았던 이유는 그런 요소들이 그의 관찰을 근본적으로 바꾸어놓지도 않을 것이고, 점령하의 미얀마인들이 경제성장의 물결에 적극적으로 참여하거나 경쟁심을 발휘할 그 어떤 가능성도 갖고 있지 않았기 때문이다. 경쟁으로 말하자면, 우리의 관점에서는 태어나서 죽을 때까지 고무될 수밖에 없는 자세가 아닌가? 그 경쟁 앞에서 사람의 인생은 처음부터 경주가 되는 것이다. 104세, 아니 120세까지 살지 말라는 법도 없다고 생각하며 그 나이에 이른 인생의 행복한 승자는 어느 날 훈훈한 방송 매체에 의해 열렬한 축복을 받기도 한다(물론 이 나라에서는 그런 기록에 도달하는 것은 불가능하다).

어쨌든 스콧 경의 기록은 당시 이 도시를 장악한 중국인들을 이해할 수 있는 단초를 마련해준다. 사실 이 도시는 어제오늘 탄생한 곳이 아니지 않은가? 미얀마인들이라고 그런 빼앗김 앞에 무심하게 있을 사람들은 아니다. 깨달은 어느 스님이 내게 말했다. "만달레이… 그곳은 모기들만 윙윙거리고 있어요."

미얀마의 하프

만달레이 부근. 공항에서 빠져나오는 길은 온갖 종류의 수송품으로 넘쳐나고 있다. 저 멀리엔 이곳에서 매우 발달한 교통수단인 자전거가 진을 치고 있다. 나는 허리를 둥글게 굽힌 채 규칙적으로 페달을 밟으며 빽빽한 차량들 사이를 누비는 세 명의 달관자를 눈여겨본다. 그들은 오직 자기들만 이 세상에 살고 있는 것처럼 천천히 그리고 조용히 달리고 있다. 영원함만이 그들 앞에 가로놓여 있다. 그들의 동작은 자전거 위에서도 여왕의 자태를 연출할 줄 아는 여성들의 그것과는 전혀 딴판이다.

여제처럼 위엄 있고 쌀쌀맞아 보이는 젊은 여성이 긴 머리를 자전거 안장까지 내려뜨리고 한 손엔 양산을 높이 받쳐든 채 전혀 그런 것 같지 않게 자전거 페달을 밟고 있다. 어떤 사람들은 바나나 송이를 핸들에 걸었음에도 불구하고 곧은 자세로 그녀의 뒤를 쫓고 있다. 또 다른 한 여성은 왕좌를 대신하는 짐 바구니 위에 걸터앉아, 활기차게 페달을 밟고 있는 자신의 동승자를 우산과 미소로 보호하고 있다. 노력과 땀을 요구하는 그 기계야말로 이곳에선 어떤 사람들의 타고난 풍모를 더욱 돋보이게 해준다. 초연한 태도와 먼 곳을 바라보는 시선 그리고 일종의 도도한 비애의 흔적이 새겨진 이들 미얀마인들은 망명한 왕자들을 쏙 빼닮은 모습이다.

불교의 수행에서 강조하거나 설명하는 그들의 그런 명백한 초연함을 보면서 우리가 감히 그들을 향해 판단의 잣대를 들이밀고 가설을 세울 필요가 있을까? 미얀마를 점령하고 취미 삼아 불교를 공부했던 유럽인이나 다른 동양인들이 그랬던 것처럼 말이다. 미얀마인들의 생활을 잘 묘사하고 있는 한 점의 삽화가 있다. 그 삽화는 세상과 소음으로부터 멀리 떨어져 벽촌의 농토에서 땅을 일구며 행복하고 평화롭게 살아가는 그 민족의 삶을 담고 있다. 그들은 명상적이고 무사태평하며 언제나 웃음과 유쾌함을 보여주는 민족으로, 불교 교리에서 중시 여기는 계율인 보시를 사심 없이 베풀며 얻는 것보다는 주는 것을 더 좋아한다. 미얀마인들도 부유하지는 않았어도 편안한 시절이 있었다. 하지만 이제는 더 이상 그렇지 못하다. 그들은 배고플 때 먹었고, 우리의 사려 깊은 해설자들의 말에 따르면 그 이상의 것을 요구하지 않는 지혜를 가지고 있었다. 그러나 지금까지의 분석은 착오의 여지가 있는 것과 마찬가지로 진실로 받아들이기에도 모호한 구석이 너무 많다.

이곳에 온 관찰자들은 모두 미얀마 사람들에게서 뭔가 희귀한 것을 발견하고자 한다. 그런 특별한 취급은 욕망이 들끓는 인간 세계에서 이 민족을 고립시키고, 이들을 늘 따로 떼어놓는다. 사람들은 자신들이 살아온 진보된 사회의 가치 관과 이들의 가치관이 너무나 다르다고 놀라워하면서 경탄 과 막연한 비난이 섞인 어조로 이러네 저러네 주장하다가 원 점으로 되돌아가곤 한다. 이 대목에서 나는 다케야마의 소설 《미얀마의 하프》로 돌아간다. 왜냐하면 그 소설은 두 문화 사 이에 가로놓인 대립을 발전시키고 있기 때문이다. 소설의 결 론부는 근본적인 질문으로 끝난다.

점령된 미얀마 땅에서 스님이 된 그 일본 병사는 자신의 조 국이 패전하게 된 것에 대해 깊이 생각한다. 그는 불교를 공 부하면서 자신의 문제에 대한 해결책과 일본이 무너지게 된 이유를 찾는다. "나는 미얀마인들이 무사태평하고, 유쾌하 고, 걱정 없는 사람들이면서 또한 즐겁고, 겸손하고, 만족할 줄 아는 사람들이라는 사실을 끊임없이 깨닫는다. 그들은 항 상 미소를 짓고 있다. 욕심에서 벗어난 그들은 자기들끼리 평 화롭게 살고 있다. 그런 사람들 사이에 끼어 살아가노라니, 이것이 바로 인간적인 중요한 가치라고 생각하게 되었다."

"우리 일본은 전쟁을 일으켰고 전쟁에서 졌다. 그리고 지 금은 고통받고 있다. 이유는 다름아닌 우리의 욕심 때문이다. 너무나 거만하게 굴었기에 우리는 우리도 모르는 사이에 인 간의 가치를 잊고 말았다. 사실 우리는 문명이란 무엇인가에 대해 극히 피상적인 생각만 갖고 있었다. 이 나라 사람들처럼 의기소침해야 한다거나 이들이 자주 그러는 것처럼 우리의 인생을 명상하면서 시간을 흘려보내자는 말은 아니다. 우리가 욕심을 덜 부리면서 동시에 기운을 낼 수 있는 방법은 없을까? 인류의 모든 자손은 물론 일본인들에게도 본질적인 것이 거기에 있지 않을까?"

정말이지 본질적인 것이 거기에 있지 않을까?(비록 이 완곡한 문장 속엔 모순이 있어 보이지만).

본질적인 것? 또는 어떻게 살 것인가? 일반적인 규범(이것은 이 규범을 준수할 수 있는 수단을 가진 사람들을 위한 것이다)이 우리를 늘 욕심과 욕망으로 몰고 가는 사회에서 우리는 어떻게 하면 그 욕심으로부터, 나아가 더 갖고 싶은 욕망으로부터 우리 자신을 추스를 수 있을까? 이런 질문은 어딘가에 버려진 세계 혹은 숨겨진 세계, 아마도 아시아만의 독특한 징표인 검소함이 지배하는 미얀마 땅을 여행하는 동안 발을 내딛을 때마다, 매 순간마다 집요하게 나를 따라다녔다. 관용의 종교 불교는 바로 이런 이유 때문에, 또 사람들이 흔히 생각하듯이 인도나 인도네시아에 조금씩 뿌리를 내린 정복적이고 공격적인 이슬람교 같은 다른 종교들 때문에 저만치 뒤로 후퇴해버렸다. 인도네시아에서는 인구의 80퍼센트가 불교와 힌두교를 몰아냈다. 불교는 오늘날 이슬람교처럼 제국주의에 반기를 들 수 있는 또 다른 '가치의 축'을 대대적으로 보여준 적이 한 번도 없었다(적어도 이슬람 교도들은 그렇게 믿고 있다). 어쨌든 중요한 것은 '공격적'인 이슬람 교도들 – 물론 이들과 뜻을 달리하는 절제의 이슬람 교도들은 별개지만 – 은 생각보다 적과 매우 가까이 있고, 그들이 추구하는 목적이 지배 욕망과 밀접하게 연결될 수도 있다는 사실이다. 게다가 그들이 사용하는 수단은 근본적으로 적들의 그것과 다르지 않다. 약간의 변수는 있지만 그들 역시 무력으로 끝을 보려 한다. 이런 이중의 협박 속에서도 미얀마에서 고수해온 불교의 가치는 폭력 없는 세계, 즉 편협심과 돈의 힘에 지배되지 않는 세계를, 최선이자 가장 아름다운 세계를, 즉 인간이라는 가장 오래된 가치를 우리로 하여금 꿈꾸게 한다.

그러나 내가 여기서 내리려는 결론은 이런 식의 것과는 거리가 멀다. 내가 여기서 상상하는 것은 오히려 역가능성이다. 만약 세계적 규범이 되어버린 경쟁과 이윤 추구 정신을 기반으로 한 서구 사회가 이들 과묵한 국민들을 전염시키고, 자신들의 독기毒氣를 그들에게 뿜어대고, 동시에 그들에 대한 정복을 정당화하려 한다면, 그 두 세계의 관계는 더욱 밀접해질 수밖에 없다는 것이다. 부질없는 생각일 수도 있겠지만 몇몇 예들만 봐도 그것을 잘 알 수 있다. 서구 사회는 지구본의 수많은 점 속에 존재하는 나라들이 가진 고유한 민족문화를 말살하고, 그것을 박물관의 진열품, 즉 관광객을 위한 쇼윈도의 진열품으로 가둬버렸다. 거기엔 이미 박제된 무의미한 제스처만 있을 뿐 문화를 창조하고자 하는 성취의 혼은 온데간데없다.

군사정권의 지배하에서 과거에 묶여버린 미얀마 전체는 폐허가 된 사원 혹은 글로벌화를 부르짖는 세계에 포위된 작은 섬 같다. 물론 이 나라 역시 그들의 문화나 전통을 정의하는 정신을 잃어버리지 않는 범위 내에서 생활 수준이 향상되고 자유가 보장되어야 한다. 두 번째 요점은 더욱 본질적이다.

정치 운동을 포기한 뒤 가톨릭으로 개종한 시인 W. H. 오든 W. H. Auden은 이렇게 썼다. "말만 하는 인간을 믿지 말자. 먼저 긴급 사태에 서둘러 대비하자! 우선 서민들의 물질적인 생활 수준을 높이는 일부터 시작하자. 그 다음에 정신적 영역에서 우리가 무엇을 할 수 있는지 진단하자."* 인간은 내면적으로는 자신을 견고하게 지키되 외적인 변혁의 물결에 발을 맞춰야 하는 것인지도 모른다. 바로 여기에 모든 문제가 존재한다. 사실 우리는 외부 세계에 적응하면서 상상 이상으로 개조되고 있다. 그러는 사이 우리는 정체성의 핵심 혹은 '변형되지 않는 그 무엇'의 의미를 잊어버린다. 그것은 기도일 수도 있고 종교일 수도 있으며, 예술 작품 혹은 성전聖典일 수도 있다. 무엇이든 각자의 등대가 되는 것들이다.

너무 걱정하지는 말자. 미얀마는 오랜 기간 그들을 저항하게 만들었던 독소들에 대한 효율적인 처방책을 갖고 있다. 점령자들이 이미 알고 있었듯이, 미얀마인들은 뭔가 채우고, 저장하고, 축적하는 것에는 관심이 별로 없다. 미얀마인들의 상업적 두뇌가 다른 민족들에 비해 모자란다면, 어쩌면 그것 또한 그들이 숭배하는 부처님의 영향이며, 삶은 환영이라는 불교 사상에 영향받은 탓이리라. 니콜라 부비에는 이렇게 말했다. "고통과 질투로 넘치는 유일신을 직립 자세로 추대하는 유대-기독교와 이슬람교는 상업에 이루 말할 수 없이 호의적

● W. H. 오튼 W. H. Auden의 《번식력과 탐식가Le Prolifique et le Dévoreur》에서 인용.

이다. 반면, 힌두교와 불교는 그렇지 않다. 이를테면 가게 주인이 산 속에서 이 년간 명상하기 위해 예고도 없이 자신의 본업과 가족을 떠났다가 돌아오는 길에 뭔가 특별한 것을 새삼스럽게 발견하는 것은 극히 드문 일이다. 시간이 직선적인 것이 아니라 순환적인 것이라면 무엇 때문에 굳이 책을 등대 삼고 성과 따위에 연연하겠는가?…" 사실 타밀tamoul 식료품 가게를 운영하는 가게 주인의 장사 수완을 높이 평가했던 니콜라 부비에의 이 말(《물고기-전갈Le Poisson - scorpion》에서 인용)은 틀리지 않았다. 그리고 우리는 여기서 불교가 해탈의 의미로 쓰이고 있음을 인정하자. 그러면 우리는 이 땅을 오랫동안 지배해온 무심함에 대해 더 잘 이해할 수 있으리라.

또 군주가 대내외적으로 상업을 권장하고, 유럽인, 인도인, 중국인 들이 차츰 신용과 자본을 독점하고 경제라는 근대적 부문을 마음대로 휘둘러대던 시절, 쥐꼬리만 한 돈은 벌어서 무엇하고 또 어디에 써야 옳았을까? 물론 오늘날 이런 질문은 더 이상 통용되지 않는다. 분명히 말해 오늘날의 상황은 식민 시대보다 더 열악하다. 정부 그리고 멀리 혹은 가까이서 정부를 보좌하고 지원하면서 이익을 챙기는 사람들은 또 하나의 잔인무도한 계급을 주저 없이 형성하고 있다. 정부 관계자들은 쥐꼬리만 한 월급을 받거나 간간이 능력껏 수단을 동원하여 두 배의 월급을 버는 말단 공무원부터 장관급(의자 뺏기 게임처럼 자기들끼리 부서 이동을 하는 군부 출신들)에 이르기까지 국민을 희생시켜가면서까지 한 푼이라도 더 벌고자 안간힘을 쓰고 좀더 나은 자리를 마련하기 위해 상당한 재산을 모으려고 머리를 쥐어뜯고 있다. 이처럼 이용당하고 따돌림당하고 빼앗기기만 하는, 하루하루 생존을 위해 몸부림칠 수밖에 없는 서민들은 과연 어떻게 돈을 모으고, 또 어떻게 그러기 위한 계획을 세울 수 있단 말인가? 오히려 그들은 가지고 있는 얼마 안 되는 돈마저 파고다에 보시해버린다. 그런 식의 돈의 축적은 수세기 동안 미얀마인들을 실망시키지 않았다. 사실, 수지가 맞는 투자다. 그런 식의 투자에는 망설임도 없고 세금도 없다. 오로지 미래를 위한 확실한 보장만 있을 뿐이다. 그 우주 은행은 주식시장에 잠재한 위험성 따위를 알지 못한다. 그곳에 예탁한 자금은 반드시 그를 최상의 자리로 데려갈 것이며, 당장은 안 된다 해도 적어도 다음 생엔 그를 반드시 그곳으로 데려갈 것이다. 특별 이자는 별도로 치더라도 말이다.

그들의 역사가 그것을 증명했다. 겉보기엔 미얀마인들이 무사태평해 보여도 자기 밥그릇 이상의 재주를 갖고 있고, 자신을 잃지 않으면서 새 환경에 적응하는 능력도 지니고 있다. 그럼에도 불구하고 외부인들은 전쟁, 위기, 빈곤 속에서도 그들만의 도덕 정신을 오랫동안 신중하게 계승해온 이 땅의 사람들에게 새로운 도덕 의식을 무신경하게 강요하고 있는 것이다.

마흐닝킹, 독립적인 여성

이 대목에서 그 인격이 사람들 입에 구구절절 오르내리기에 안성맞춤인 그녀를 소개해도 좋을 것 같다. 우리가 이 땅을 처음 여행할 때였다. 일부 여정에서 가이드 한 명이 우리와 동행했는데, 그녀는 바로 그 가이드였다.

그녀는 작고 강인했다. 그녀는 이를테면 아무도 예견하지 않은 어느 순간, 사막 같은 어느 정원에 마치 작은 요정처럼 홀연히 나타났다. 그녀는 갑자기 나타나 우리를 즐겁게 해줄 수 있는 자신의 재량과 호기가 기쁘다는 듯 장난기 섞인 해맑은 미소를 지으며 우리 앞에 다가섰다. 그녀는 자신의 경이롭고 뛰어난 재능으로 우리를 장악해볼 심사였는지 우리를 가만히 놔두지 않았다. 성공은 이미 보장되어 있었다. 그녀의 솜씨는 가히 마술의 경지라 할 만했다. 그러나 보이지 않는 기운에 모든 것이 생동하는 이 나라에서 그것은 놀라운 일이 아니라 오히려 당연한 일이었다. 무엇보다도 흥미로운 이 우발적 사건이 우리를 매혹했고 결국 그것에 대해 음미하게 만들었다. 고독이라는 귀중한 정신 상태는 거기서는 하나의 담보물에 불과했다.

그녀는 한 장소에 도착하기 무섭게 그곳에 떠도는 소문을 수집했다. 그 어떤 세부 사항도 그녀의 감시망을 벗어나지 못했다. 더욱 놀라운 것은 그녀가 마치 두꺼운 벽들 사이를 뚫고 다니거나, 가만히 앉아서 방과 복도를 넘나들기라도 하는 것처럼 멀리서 일어나는 대화를 모두 알고 있다는 사실이었다. 아무리 귀가 밝아도 그렇게 하지는 못할 것이다. 그녀는 세부적인 것에서 눈을 떼지 않는 인류학자처럼 멀리서 일어나는 대화들을 우리에게 낱낱이 전해주었다. 그것은 말 그대로 주술의 경지였다. 신비로 가득 찬 이 지방 사람만 가질 수 있는 또 하나의 재능이었다. 우리는 넋을 놓고 경탄해 마지않았다. 그러나 시간이 흐르면서 우리의 행동이나 제스처가 그녀의 지칠 줄 모르는 호기심의 첫 표적이 되었을 때, 우리는 그것이 혹시 우리를 향한 좀더 신중히 행동하라는 신호가 아닌지 의심하기도 했다. 아무래도 우리의 자유를 제한하려는 수작 같아 보여 은근히 신경이 쓰였다. 누가 알겠는가? 사실 한 건 올릴 작정으로 어수룩한 사람들을 쫓아다니는 가이드(스파이) 또는 관광 개발자들에 대한 소문이 여기저기 파다했기 때문이다.

어디든 출몰하고 모든 것을 꿰고 있는 재능 넘치는 그녀의 이름은 마흐닝킹Ma Hnin Khin*이었다. 그녀는 빠른 어조로 프랑스어, 영어, 독일어를 말했다. 그녀는 그 무엇도, 그 누구도, 대놓고 하는 공격도, 숨겨진 비웃음도 끼어들 틈 없는 완벽한 평정심을 갖고 부자와 가난한 사람 모두에게 말을 건넸다. 따라서 모든 사건에 그녀가 개입되었다. 사람들이 웅성대는 속에서도 그녀는 냉담함을 유지했다. 그녀의 강인함과 권위는 그녀를 더욱 돋보이게 했다. 밭, 사원, 호텔 등 모든 곳이 그녀의 집이었다. 그 모든 곳에서 그녀는 스승 행세를 했다. 문이 자동으로 열리면 호텔 지배인들이 그녀를 향해 굽신거리고, 농민들이 그녀를 특별 대접하며 그녀의 귀에 뭔가를 소곤거리는 광경만 봐도 잘 알 수 있었다. 보통 사람은 감히 엄두도 못 낼 그녀만의 재능이 어디를 가나 인정을 받았던 것이다.

그녀가 우리에게 조금씩 이야기하는 것으로 미루어볼 때, 그녀는 강한 도덕 의식과 흔들리지 않는 확고한 신념을 갖고 있었다. 남자들은 그녀의 적이었다. 그녀 역시 회사에서 상급자로 일하고 있었지만, 회의 시간에 그녀가 한마디 할라치면 남자들은 아무리 훌륭한 의견이라 할지라도 그녀의 말을 경청하기보다는 신뢰받아 마땅한 그녀의 입을 막아버리거나 시종일관 계획적으로 그녀를 무시하고 약 올렸던 것이다. 최악의 경우 그들은 그녀의 사기를 완전히 꺾어버리기 위해 그녀를 향해 묘한 말을 던지기도 했다. "어느 날 그들은 나에게 내가 꾀가 많다고 했어요." '꾀가 많다'라는 표현은 곰곰이 생각해보면 비아냥거리는 찬사에 지나지 않음을 그녀가 모를 리 없었다. 사실 사람들은 그다지 마음이 내키지 않아도 상대방을 칭찬하고 기분을 맞춰주는 경향이 있지 않은가? 하물며 그녀의 경우 사실이 그렇듯이 '똑똑하다'고 솔직히 말해주면 될 것을 굳이 왜 그런 식으로 표현했을까? 임시변통에 능하다 혹은 약삭빠르다는 의미로 쓰이는 '꾀가 많다'는 표현 대신 간단명료하게 똑똑하다고 말하면 될 것을, 굳이 왜 여우처럼 '약삭빠르다' 원숭이처럼 '꽤가 많다'는 식의 표현을 그녀에게 했느냐 말이다. 그녀는 그 일을 생각할 때마다 분통을 터뜨렸다. 사실 그녀는 단호한 페미니스트였다. 그녀는 밤낮을 가리지 않고 보수도 진정한 즐거움도 없이 집안을 보살피고 바람이나 피우는 남자들을 묵묵히 내조하는 이 땅의 가난한 여성들처럼 한 남자의 아내가 되어 아이들을 낳고 살림만 하기엔 너무 똑똑했다. 그래서 그녀 주변엔 남자들이 없었다. 물론 그녀는 젊고 멋진 남자들과 마주하고 이야기를 주고받는 것을 거부하지는 않았다. 그녀는 동의의 표시로 자신의 대화 상대자들의 머리를 다정하게 쓰다듬어주곤 했다. 아니, 엄밀히 말하면 그녀가 사심 없이 쓰다듬어주어야 했던 것은 남자가 아니라 그녀의 집에 있는 20여 마리의 고양이와 여덟 명의 형제자매로 구성된 대가족이었다. 그들은 모두 관광지나 바다 저 건너편에서 일하고 있었다. 그녀는 독립한 여성이었다.

그녀의 말에 따르면, 미얀마에서 여성의 독립은 아직 불충분하긴 하지만 최근에 대두된 이슈도 아니었다. 어떤 시대에도 여성들은 자기가 번 돈을 모아둘 수 있었고, 결혼을 한 후에도 자신의 성姓과 재산을 지킬 수 있었다. 그런 점에서 보면, 과거의 서양 여성들이야말로 남편에게 전적으로 의존해 지내는 수인들이었다. 미얀마의 경우 결혼한 여성이라 할지라도 새로운 환경이 그들에게 맞지 않으면 보따리를 싸들고 주머니엔 돈을 챙겨 친정으로 돌아갔다. 또 여성들은 남성들을 향해 마음껏 주장을 펴기도 했다. 그녀들은 "당신들의 나라가 그랬던 것처럼" 사회가 강제로 가둬버린 역할로 인한 제약을 전혀 느끼지 않았다. 그녀가 수긍했듯이 양성 간의 차별적 권리는 확실히 종교적 관례에서 왔다(이를테면 불상에 예를 올릴 때). 하지만 그 어떤 텍스트에도 그런 이야기는 다루어지고 있지 않았다.

여성들의 지위에 관한 한 나는 그것을 굳게 믿고 싶었다. 나는 스콧 경이 1882년에 쓴 텍스트 중 다음의 구절을 유익하게 읽었다. "여성들의 완전한 자유, 그리고 그녀들이 우리에게 질문하거나 우리가 그것에 대답하는 자연스러운 태도가 나를 흐뭇하게 감동시켰다." 그러나 내가 미얀마에서 지내며 느낀 것은, 그럼에도 불구하고 여성들은 조금 더 투쟁할 필요가 있다는 사실이었다.

전반적으로 볼 때 마흐닝킹은 자기 나라에 대단한 자긍심을 갖고 있었다. 그녀는 군부의 등장과 정치체제에 대해 이야기할 때도 좋은 부분만 언급했다. 체제 비판이 그녀를 위험하게 만든다는 것을 알고, 또 그녀를 곤란하게 할 생각이 없었던 우리로서는 그런 문제에 대해 아무런 질문도 하지 않았다. 그녀가 그렇게 행동한 것은 세뇌 때문이었을까? 기회주의 때문이었을까? 아니면 현실적인 확신 때문이었을까? 그러나 다른 요소들까지 합세하여 모든 것이 수수께끼로 남았을 뿐이다.

저녁 무렵 일이 끝나면 그녀는 롱지를 벗어버렸다. 그녀는 여성성과 의무에 해방되어 군복 스타일의 헐렁한 카키색 바

지로 갈아입었다. 머리를 묶고 긴 드레스를 입은 가녀린 소녀
들 사이에서 그녀는 짧고 헝클어진 머리와 둥근 얼굴, 조소
섞인 웃음이 젊은 반항자의 풍모를 연출했다. 어찌 보면 자기
긍정, 주의 환기 또는 반항의 제스처라고 해석할 수도 있었
지만, 그녀 자신의 해명은 그렇지 않았다. 그녀는 그런 차림
을 하고 있으면 자기도 솔직히 '눈치 보일' 때가 있다고 우리
에게 말했다. 왜냐하면 사회가 사람들의 일거수일투족을 감
시하고 있어서 자신이 원하는 옷 스타일이나 머리 모양을 마
음대로 할 수가 없기 때문이었다. 상황이 그렇다 보니 그녀는
사람들의 눈 밖에 나는 것 외에 달리 어쩔 도리가 없었다. 아
니, 꼭 그런 것만은 아니었다. 이렇게 사람들의 눈에 거슬리
는 그녀의 행동은 그녀가 '존경'하는 사람들의 영향이 컸다.
존경! 그녀의 어휘 가운데선 핵심적인 단어였다. 그렇다면 그
녀는 누구를 존경하는 것일까? '권좌에 있는' 사람들? 아니
면 부자들? 사장들? 물론 아니었다. 그 사람들은 그녀에게
중요하지 않았다. 그렇다면 돈? 돈은 존경의 대상이라기보다
는 욕심의 대상일 뿐이었다. 돈을 좋아하는 것은 지극히 인간
적일 수 있지만 결코 존경받을 만한 것은 아니었다. 그녀가
이런 묘한 옷차림으로 감히 접근할 수 없는 사람들이 있었다.
첫째로 스님들, 그 다음은 선생들이었다. 말하자면 신성과 지
혜를 대변하는 사람들이었다. 그 사람들은 어릴 적부터 이 사
회의 가치관을 그녀에게 심어주었다. "불교는…" 하면서 그
녀가 약간 설교조로 말했다. "모든 사람을 같은 차원에서 보
거든요. 가난한 사람은 다음 생에 아마도 왕이 될 것이고, 부

자들은 만약 그들이 잘못 살았다면 다음 생에는 하찮은 미물로 태어나겠지요. 정신적 우위에 따른 차이가 있을 뿐 인간들 사이에는 그 어떤 차별도 있을 수 없어요." 이처럼 불교는 생을 하나가 아닌 여러 겹의 차원에서 또는 지금 바로 이 촌음의 차원에서 이치를 따지는 이점을 갖고 있다. 마흐닝킹이 하는 말을 듣는 동안 누가 한 말인지 잊었지만 "내 안에 있는 나는 욕망, 정열, 현재의 기분 외에는 아무것도 아니다"라는 말이 내 머릿속을 스쳤다. 삶과 시간에 대한 또 다른 개념이 바로 여기에 있었다. 세계에 대한 자신의 관점에 나름대로 만족하고 있던 마흐닝킹에게 좌절로 점철된 우리(서구) 사회는 그저 갑론을박하는 불신의 세계에 지나지 않았다.

그때 우리가 그녀와 나누었던 간단한 대화는 그녀가 하는 말을 전부 믿고 싶어질 정도로 우리를 일거에 무너뜨렸다. 모든 것을 당연하다는 듯 너무나 자연스럽게 말하는 그녀를 보면서, 또 우리가 그녀에게서 스님들을 향한 경외감을 발견할수록 우리는 할말을 잃었다. 또한 내가 읽은 책들을 돌이켜보면 그녀의 확신이 그저 뜬 구름 잡는 주장만은 아니었다. "국민들은 스님들을 존경하고 그들의 말에 귀를 기울일 준비가 되어 있다… 그늘의 충성심은 그늘의 마을과 공동체를 위한 것이다. 거기에는 두 개의 현실을 놓고 다투고, 완벽한 이성으로 그 분열을 초월해야 한다고 떠벌리는 이데올로기 따위는 존재하지 않는다."* 여기서 파스칼 쿠 트웨Pascal Khoo

---

* 파스칼 쿠 트웨Pascal Khoo Thwe의 《초록 유령의 땅으로부터From the Land of Green Ghosts》에서 인용.

Thwe가 말하는 이데올로기는 군부 지도자들 그리고 최고의 권력을 스스로 부여하면서 이 땅의 전통과 무관한 생소한 메시지를 심으려는 새로운 이주자들의 사상을 가리켰다. 그렇다. 천 년 기준으로 이치를 따지며 살아온 이 땅의 사람들에게 그들은 그저 '새로운 이주자들'에 불과했고, 따라서 이 땅의 사람들은 그들을 존경할 수가 없었다.

지도자들은 마흐닝킹에게 존경심이 아니라 두려움을 불러일으켰다. 오랜 세월 동안 미얀마 사람들에게 심어진 바로 그 두려움이었다. 군중을 흩어지게 한 뒤 길을 내고 싶으면 장군이나 고관 들이 그저 그곳에 발걸음을 하기만 하면 된다. 기강을 잡기 위한 경찰도 필요 없다. 즉각적인 그들의 반응은 격세유전을 연상시킨다. "각 고관 앞에는 반쯤 벗은 정찰대원이 수행했는데, 그들은 몸을 굽히라고 군중에게 소리를 지르고 곤봉과 회초리를 공중에 마구 휘둘렀다." 영국인들은 먼지 구덩이에 엎드리느니 인근 거리로 도망갈 수단이라도 있었다. 하지만 미얀마 사람들은 그대로 머물러 있어야 했고, 최악의 경우는 감옥에 가야 했다. 마흐닝킹이 이야기하는 이 땅의 오랜 복종 철학에 대해 들으면서 나는 스콧 경이 쓴 구절들을 생각했다. 한편 그녀는 미얀마 사람들은 '나'를 표현하는 수많은 방법을 가지고 있다고 덧붙였다. 그러나 가장 빈번히 쓰이는 공식적인 '나'는 글자 그대로 말하면 '나=노예'를 의미한다고 했다. 물론 그것을 확인할 길은 없었다. '나'를 표현하는 수단이 다양하다는 것은 어쩌면 미얀마 사람들이 매우 섬세하다는 증거일 수도 있겠다는 생각이 들었다. 사실 우리는 다양한 종류의 '나'로 구성되어 있어서 경우에 따라 이 '나' 혹은 저 '나'가 연극 무대의 등장 인물들처럼 등장하며, 저 구석에 웅크려 앉은 남은 '나'들은 그저 지켜보면서 입을 다물고 있어야 한다. 여기 자기 가족들 사이에서 '나'는 작은 추장이지만, 또 다른 상황에서는 열혈 노예나 아니면 군주의 하인이 된다. 오직 하나의 '나'만 존재한다고 생각하는 것은 세상이 조화롭고 단일하다고 생각하는 것과 같은 환영일 뿐이다. 그것도 불교에서 말하는 환영 말이다. 그런데 사람들은 굳이 '나=노예'라고 써야 할 이유들을 정말 갖고 있는 것일까? 내 생각에는 그렇다. 먼지 구덩이에 뒹군다는 말이 서구 사회에서는 비유에 지나지 않을지 모르지만 이곳에서는 엄연한 현실이다.

왕의 시대 이후 군부의 시대에 이르기까지 사람들은 수세기 동안 그 '나'의 용법을 반복해서 쓰지 않을 수 없었던 것이다.

한때 영국인들이 휴양차 드나들던 작은 산간 마을 껄로 Kalow에서 우리는 프랑스 친구들과 만나기로 되어 있었다. 나는 자동차에서 그 친구들에 대해 조금 이야기했다. 이들 예기치 않던 친구들의 신선한 등장은 마흐닝킹의 신경을 곤두서게 만들었다. 그들이 누구인지, 어디에 사는지, 직업은 무엇인지, 주소는…? 판에 박은 질문들이 그녀의 입에서 흘러나왔다. 그런 저돌적인 집요함 앞에서 여행객은 이 나라의 위험에 대해 사전에 들은 것도 있고 하기 때문에 아무 말 없이 근엄하게 입을 꽉 다물고 있어야 했다. 그렇게 아무런 반응을 보이지 않고 그 상황에서 잘 빠져나왔다고 스스로 대견하게 생각한다면 아직 시기상조다. 별로 신뢰가 가지 않는 눈을 한 인도인 부부가 운영하는 작은 호텔에 도착하기 바쁘게 마흐닝킹은 주인에게 질문을 퍼부었다. 짤막한 대화가 오간 뒤, 그녀는 짐가방을 맡기려고 기다리고 있는 우리에게 와서 우리 친구들이 사는 지역 이름을 우쭐대며 이야기하는 것이었다. 그녀의 집요함은 도가 지나쳐도 너무 지나쳤다. 마침내 분노가 폭발하여 우리는 가차 없는 태도로 돌변해버렸다. 우리는 그날 오후는 쉬자고 그녀에게 통보했다.

날씨가 화창했던 어느 오후 우리는 특별한 일 없이 인적 드문 썰렁한 시장을 배회하면서 시간을 보냈다. 프랑스 친구들은 없었다. 더위를 피해 들어간 작은 카페에서 우리는 며칠 전 스쳐 지나가며 몇 마디 나눈 적이 있는 벨기에 커플을 만났다. 그리고 얼마 후 우리는 마을에서 조금 떨어진 고지대에 있는 우리 호텔로 기진맥진해서 돌아왔다. 시원하게 샤워를 한 마흐닝킹이 입가에 큰 미소를 머금은 채 다정한 태도로 우리를 기다리고 있었다. 그녀가 말했다. "선생님들이 만나기로 했던 프랑스 사람들이 혹시 벨기에 커플 아니었어요?"

그날부터 우리는 보이지 않는 존재들이 우리를 둘러싸고 있음을 깨달았다. 눈들이 우리를 감시하고, 귀들은 우리의 말을 엿듣고, 말들은 우리 주변에 퍼져 딱히 꼬집어 말할 수 없는 사슬처럼 둥둥 떠다니고 있었다. 잎사귀들이 술렁이는 소리와 바람 소리가 함께 뒤섞인 집요한 웅성거림 같다고나 할까. 우리의 직감은 꽤 예민한 편이었지만 삶의 그 모든 자잘한 반란을 포착할 만큼 예리하진 않았다. 삶이 우리에게서 빠져나가버렸다. 때때로 와 닿는 천체의 영원한 활동만이 우리에게는 유일하게 구체적인 신호였다. 우연은 연속적으로 일어났다. 우리는 발길 닿는 대로 가자고 마음먹고 어떤 장소로 갔는데, 거기에서 마흐닝킹이 우리를 기다리고 있었다. 우연이었을까? 조작이었을까? 우리는 그녀의 꼭두각시 인형에 지나지 않았단 말인가?

그러고 보니 꼭두각시 인형은 이 나라에서 가장 유명한 예술품 중 하나다. 우리는 인형을 조작하는 복잡한 줄, 말하자면 무대 뒤에서 행해지지만 밖에서 보면 원인 없는 결과, 즉 결과물만 보이는 그 신기한 기능을 이해하려고 애썼다. 그러나 아무리 알려고 해도 부질없었다. 우리를 움직이는 줄은 보이지 않는 어딘가에 꼭꼭 숨어 있었다. 그런데도 우리는 별로 필요 없는 것들을 위해 분석에 분석을 거듭하고, 충분한 근거도 얻지 못하면서 부질없는 해석에 갇혀 헤맸던 것이다. 우리는 독재의 악행이 어떤 것인지 흐릿하게나마 감을 잡게 되었다. 독재는 고전적인 방법으로 우리를 감옥에 처넣는 것이 아니라, 존재들(모든 의심스러운 것들), 모든 불신과 계산에 따라오는 생각들, 심지어 우리가 들이마시는 공기까지 복잡미묘하게 조작하는 방법을 택하고 있었다. 단도직입적으로 말하면, 마흐닝킹이 우리에게 수차례 증명해 보인 전지성은 우리를 꽤나 혼란의 도가니로 몰아넣었다. 마을에서 멀리 떨어진 곳에 위치한 그 한산한 호텔에서 우리는 한밤중에 일어나 그들의 어쭙잖은 음모에 대해 나름대로 결론을 내보려 했다. 낮게 중얼거리는 그녀의 목소리가 전화선을 통해서 누군가에게 전달되고 있었던 것이다.

상상의 작업 속에서 빚어지는 불확실성은 자칫하면 우리로 하여금 3류소설을 쓰게 만들 수도 있었다. 3류? 대체 어떤 점에서 그렇단 말인가? 대답하기 어려운 질문이었다. 마흐닝킹은 내게 도쎄잉 Daw Sein을 연상시켰다. 언젠가 나는 그녀의 생애를 담은 소설(《도쎄잉, 한 미얀마 여성의 만 번의 생Daw Sein, les dix mille vies d'une femme birmane》)을 읽은 적이 있었다. 그녀는 과감하고 엄청나게 생동감이 넘치는 여성이었다. 산파가 직업이었던 그녀는 젊은 서양 여자를 제자로 두었다. 그 제자가 바로 그 소설을 쓴 작가였다. 도쎄잉은 스승인 자신의 손으로 직접 그 제자를 조종했다. 무질서에 빠진 세상에 대해 제자에게 설파하는가 하면, 자신의 철칙에서 조금이라도 벗어난 실수는 인정하지 않았다. 일종의 완전한 장악이자 독점이었다. 도세인은 한 순수한 여성을 잘 양성하여 그녀가 전통이라는 보배에 눈을 떠주기를 간절히 바랐다. 그러므로 그 제자는 스스로 생각을 하거나 다른 곳을 기웃거리는 행동을 해서는 절대 안 되었던 것이다.

미얀마 여성인 도쎄잉의 예처럼, 아마도 마흐닝킹 역시 우리의 세계 따위는 거들떠보지 않으면서 우리 두 여행객을 자신의 제자로 삼았던 것이리라. 그녀야말로 우리를 이 땅 미얀마에 눈뜨게 하고 이 나라를 열어볼 수 있는 열쇠를 우리에게 건네준 주인공이었다.

이처럼 우리는 그녀의 두 손에 쥐어진 물건에 불과했고, 그녀의 지식에 노출된 작은 웅덩이에 불과했다. 그녀의 영향력은 철저해야만 했다. 그녀는 자신의 능력에 열정을 갖고 있었고, 사람들이 그것을 무시하는 것을 견디지 못했다. 그녀는 우리의 가이드였고 자신의 역할을 합법적으로 해냈다. 우리가 절대 복종의 자세로 우리의 가이드인 그녀를 받아들인 것은 어떻게 보면 최소한의 예의라 할 수 있었다. 여행객들은 확연한 지배 질서 밑에 아무렇게나 자리를 배정받은 사람들이다. 그런 정의를 피하고 싶다면 지금까지의 모든 규칙을 모조리 깨는 수밖에 없다. 그런데 그녀는 규칙과 명확한 정의를 좋아했다. 실제로도 그녀는 자신의 직업을 통해 남의 입장이야 어떻든 간에 알고 거느리려는 한도 끝도 없는 자신의 욕망을 채워나갔다. 바로 그 지점에서 그녀의 호기심, 매 순간의 철저한 감시, 정해진 노선에 우리를 처넣고야 마는 남다른 수완이 생겨났던 것이다.

우리는 그녀를 다른 식으로도 설명할 수 있었다. 그녀는 심리학적인 자질은 있었지만 정치학적인 자질은 없었노라고. 그러나 정부의 특별 지령과 우리의 반항 의지로 인해 악화된 독점욕 사이에서 그녀는 과연 어떻게 행동해야 옳았을까?

황금 도시 주변에서

만달레이에서 그리 멀지 않은 곳에 시골 묘지와 같은 적막감이 감도는 밍동 왕의 꾸도더Kuth-odaw 사원이 있다. 우리는 사원 경내로 들어간다. 백선토로된 수백 개의 작은 파고다, 정확히 말해 729개의 파고다들이 우리를 에워싼다. 어느 지점에선가, 주위를 빙 둘러보던 우리의 시선이 마치 무한을 향한 반복 운동을 하듯 똑같은 모양으로 수렴되면서 일정한 간격으로 배치된 파고다들의 행렬 속으로 빨려들어간다. 첨탑이 얹혀진 돔을 떠받치고 있는 정방형의 작은 전각들. 사실 그것들은 가운데가 불룩한 꽃받침과 짤따란 줄기를 지닌 연꽃들처럼 보여 부처님을 떠오르게 한다. 저 멀찍이 우뚝 선 거대한 보리수들은 이곳의 평화와 질서를 돈독하게 지켜주면서 그 연꽃들의 그늘이 되어주고 있다.

꾸도더 사원 바로 맞은편에 거의 똑같이 설계된 또 한 채의 사원이 서 있는 것을 보고 우리는 이 낯선 단일성의 세계에 다시 한 번 어안이 벙벙해진다. 산다무니Sandamuni의 파고다들은 다 똑같은 형태들이지만, 더 정교하고 수가 많다. 그 파고다들은 1,774개의 대리석 서판을 보존하고 있다. 신비로움 그 자체다.

사실, 이 두 사원은 적어도 대리석 서판에서는 세계에서 가장 큰 도서관이다. 물론 고려의 《팔만대장경》이 있긴 하다. 그것은 1236년에 만들기 시작하여 십오 년 후에 완성된 것으로 서판의 수가 81,000개에 달하고, 역사적으로는 몽골의 침략뿐 아니라 일본의 침략과 심지어 한국전쟁에서도 살아남아 지금껏 잘 보존되어 있긴 하지만 목판으로 되어 있다. 꾸도 더 사원의 729개의 대리석 서판은 그보다 좀 나중에 만들어 진 것으로, 불교의 경·율·논 삼장(트리피타카Tripitaka)*의 결정 판을 담고 있다. 기록을 보면 삼장을 암송하기 위해 2,400명 의 승려가 6개월 동안 교대로 그 일에 전념했다고 한다. 나는 잘 보존된 대리석 서판 뒷면에 빈틈없이 새겨진 오밀조밀하 고 둥글고 우아한 글씨들을 바라본다.

산다무니 정면의 표지판에는 호기심 많은 방문객을 위해 그 위대한 업적이 소개되어 있다. "경(수트라Sutura),* 율(위나 야Vinaya),* 논(아비달마Abhidharma)*을 포함한 부처님 가르침과 그 주석 및 보족 들이 은자 우칸띠Ukhan Ti에 의해 다듬어져 1,774개의 대리석 서판에 새겨져 있다." 그 사원은 보수 공 사중이다. 보호해야 할 서판들의 숫자를 감안하면 납득이 간 다. 하얀 먼지를 뒤집어쓴 탓에 유령처럼 보이는 젊은 여자들 이 무릎을 꿇은 채 머리에 벽돌을 산더미처럼 이고 다시 일어서고 있다. 마흐닝킹에 따르면 그 여자들은 시골 출신이고 대부분 결혼한 애 엄마들이다. 그 여자들은 농사일이 끝난 뒤 생활비를 벌기 위해 건기 동안 허드렛일을 찾아 도시로 온다고 한다. "그 여자들은 밭일이 몸에 배서 머리에 무거운 짐을 이고 날라도 끄떡없을 정도로 강인해요. 남자들은 절대 그런 일을 하려 들지 않으니 여자들이 가정을 꾸려나갈 수밖에 없죠." 두말할 필요 없이, 잘 단련된 목을 가진 그 여자들은 두 가지 일을 해야 한다. 그 여자들이 두 가지 일을 하려면, 남편들이 목 말고 다른 신체 부위를 사용해서 내는 힘만큼의 신체 조건을 갖추고 있어야 한다. 마흐닝킹은 그런 여성들에게 불만을 품는 것은 아니지만 자기 나름의 여성론에 귀착하는 하나의 증거를 거기서 보고 있다.

밍동 왕은 1878년 황금 도시 한가운데에 있던 자신의 황금 정자에서 숨을 거두었다. 그의 뒤를 이은 아들 띠보 왕은 쉐낭도Shwenandaw 파고다를 성 밖 조금 멀리 떨어진 곳으로 옮기게 했다. 그는 우리가 이미 알고 있듯 그 장소에 깃들어 자신을 끊임없이 쫓아다니는 악몽의 기억들로부터 벗어나기를 원했다. 심지어 그는 사람들이 말하듯 아버지의 망령이 나타날까 봐 두려워하고 있었다. 그의 두려움은 내가 생각해도 매우 수긍이 간다. 그도 그럴 것이 죽은 자들은 때로 우리에게 불리한 방법으로 계속 나타나기도 하고, 그들이 생전에 살았던 장소가 그 불행한 존재를 다시 불러들이기도 하기 때문이다. 문득 우리가 전혀 새로운 존재인 띠보 왕이 되어 그가 살았던 시대로 되돌아가 이 모든 현실을 접어버리고 먼 옛날의 그 시간들을 되돌려놓고 싶은 기분이 든다. 그렇다면 그가 유년 시절을 보냈던 집에 한 번쯤 발을 디뎌보는 것으로(그럴 기회만 있다면) 충분하지 않을까? 그렇게 할 때 우리는 우리가 완전히 벗어났다고 믿었던 과거의 육체와 다시 만난다. 그러면 마치 우리가 그 시절 이후 아무것도 하지 않았던 것 같은 느낌이 들고, 또 우리가 지금껏 해온 모든 일이 아무 것도 아니었음을 깨닫게 되어 과거의 육체가 호박으로 변해버린 신데렐라의 마차보다도 더 부질없었음을 알게 될 것이다. 하지만 우리가 짐작할 수 있듯이, 띠보 왕은 그런 변신 욕망에 매달리거나 과거의 고독한 아이로 돌아가고 싶다는 욕망을 갖지 않았다. 왕이 된다는 것은 순수한 기쁨과는 거리가 멀었다. 하지만 그는 그 상황을 잘 이용했다. 그는 자신의 정신과 영혼을 헛되이 짓누르는 그 어떤 것으로부터도 벗어나고 싶어했다. 그가 부왕의 그늘에서 성공적으로 벗어났는지 어땠는지 나는 잘 모르지만 그는 결심을 했고, 결과적으로 연합군의 폭탄 세례로부터, 또 궁을 파괴하는 화재로부터 황금 정자를 지켜냈다. 그는 오랫동안 거기서 명상을 했다. 마침 어느 모퉁이에 흐릿하게 퇴색한 분위기의 그의 초상화가 보인다. 그는 자신의 본성을 다스리는 마음 자세로 스님들 틈에서 행복하게 살았다. 그러면서도 익히 짐작할 수 있듯 왕이 되겠다는 진부한 욕망만은 버리지 못했던가 보다. 결국 그는 그 황금 정자를 승가에 기부하게 된다.

쉐낭도 파고다의 나무 정문은 양식화된 문양으로 장식되어 있다. 가까이에서 보면 그 문양은 태양과 미얀마의 상징인 공

작의 몸체를 잘 재현해내고 있음을 알 수 있으리라. 아래에서
부터 물결을 이루면서 양쪽으로 균형 있게 타오르는 태양의
불꽃에 둘러싸인, 당당한 자태로 우뚝 선 공작의 모습을 상상
해보라. 거기에 우주가 있다. 즉 흙, 물, 공기, 불과 같은 우주
의 본질적인 요소로 집약되어 있다. 그런데 너무나 한데 모
이고 간결화되어 있어서 아마라뿌라와 사가잉 사이에 조성
된 승려들의 부도 위처럼 음각과 양각이 어우러진 규칙적인
운동으로만 간신히 파악될 뿐이다. 일종의 춤사위 같다고 할
까? 아니면 바다의 리듬 혹은 달이 사위었다가 다시 풍만해
지는 하늘의 리듬 같다고나 할까.

　붉은 태양이 지기 시작할 즈음, 우리는 마을에서 그다지 멀
지 않고 널찍한 모래사장 쪽으로 통하는 길을 따라 이라와디
강변으로 간다. 우리는 희미한 쓰레기 냄새를 맡으며 강물이
훤히 내다보이는 난간 위에 앉았다. 저 아래에 사람들이 한
창 집을 짓고 있는 광경과 함께 말뚝 위에 세워진 마을이 보
인다. 남자들 여러 명이 대나무들을 들쭉날쭉하게 쌓고 있다.
내일 그 대나무들은 강변을 따라 늘어선 부락 상인들에게 흥
정될 것이다. 검붉은빛을 띤 물 위에는 단순하고 희끄무레한
작은 나룻배가 떠 있다. 저녁이 다 되어가는데도 제방 위에서
는 햇볕에 검게 그을린 어린아이들이 강물 속에 뛰어들어 헤
엄을 치고, 몸을 바들바들 떨고, 돌 던지기를 하는 데 열중하
고 있다. 태곳적 이래 결코 변하지 않은 이 광경, 이것이 바로
삶이고, 이 거대한 강은 그렇게 인간의 삶을 잉태하고 조직해

왔던 것이다.

삐쩍 마른 아이들이 우리를 둘러싼다. 두툼한 입술에 붉게 화장을 한 조그만 계집아이와 까까머리 아기를 등에 업은 대나무만큼보다도 더 마른 소년이 눈에 띈다. 소년이 우리 곁에 와 앉더니 우리가 하는 이야기에 귀를 기울인다. 이윽고 소년이 쉰 목소리로 〈프레르 자크Frère Jacques〉*를 부드럽게 읊조린다. 소년이 우리를 뚫어져라 쳐다본다. 뭔가 기대하는 표정이다.

당연한 것, 돈

예불을 드리는 장소에 공공연히 돈이 난무하는 것이 무엇보다도 나의 심기를 건드렸다. 관리인 혹은 회계원이 지키고 있는, 지폐로 가득 찬 커다란 유리함들. 권유 혹은 호소의 손길 아래 그 어느 사원을 가도 우선적으로 보이는 것… 돈, 모든 헌신의 중심이 되는 물건. 평범한 서양인으로 성장하면서 의심이라는 교리에 단련되어온 나지만, 황금과 기도가 서로 이토록 끈끈한 관계인 것을 보면서 이것이야말로 이 땅에 널리 퍼진 신앙의 형식이라는 것을 인정하지 않을 수 없었다. 그것은 종교와 스님들을 향한 사람들의 열성적이면서도 꾸밈없는 몸짓이었다. 우리 서양의 교회에서 돈은 적어도 겸허하고 사려 깊게 취급되며 봉헌함은 항상 어두운 구석에 놓

* 프랑스의 동요.

인다. 그것도 우리가 미처 모르고 지나쳐버릴 수도 있는 아주 작은 크기로 말이다. 일요일이면 예배도 드리지만, 예배는 짧은 시간 내에 치러진다. 하지만 여기서는 돈이 여봐란 듯 노출되고, 한 발자국 움직일 때마다 눈에 띄고, 시간마다 출현하고, 심지어 봉헌함에 직접 집어넣으라고 아이들에게도 돈을 주기도 한다. 돈, 그것은 일종의 강박관념이었을까?

내가 그런 인상을 가장 강하게 받은 곳은 인레 호수 위, 황금 오불五佛을 모신 파고다에서이다. 새롭고 기념비적인 그 파고다는 은행 혹은 금고에 비유할 수 있다. 지폐로 가득 찬 금고는 바람이 통하는 빈자리라면 어디에든 놓여 있으니, 어디를 가나 돈이 말을 한다. 파고다 벽에는 그곳 책임 스님들의 사진이 걸려 있다. 그들의 꽉 다문 입과 딱딱한 시선을 보고 있노라니 스탈린 시대의 공식 초상화들이 떠오른다. 그리고 한가운데에 마련된 불단 위의 윤곽이 뚜렷하지 않은 다섯 개의 형상은 언뜻 보면 금방이라도 녹아버릴 듯한 버터 덩어리처럼 보인다. 바로 황금 오불이다. 알려진 바에 따르면, 12세기에 알라웅싯뚜Alaungsithu*가 그것들을 말레이시아 반도에서 직접 가져왔으며 수세기 동안 인레 호수의 동굴 속에 잊혀져 있다가, 비로소 용선龍船(디즈니랜드의 환상적인 작품을 연상시키는 것으로, 나는 그것을 아주 가까이에서 봤다)에 실려와 이곳 불단에 신성하게 모셔졌다고 한다. 하지만 파웅도우Phaung Daw U 파고다에 스며들기까지에는 불편한 진실이 적지 않게 있다. 몇몇 신도들이 그 윤곽이 뚜렷하지 않은 형상 앞에 엎드려 절을 하고 있다. 그러나 아무것도 이해하지 못하고 그저 바라만 보고 있는 순진무구한 사람에게는 그 행위가 황금 송아지에 대한 맹목적인 숭배 정도로 비칠 뿐이다.

그럼에도 불구하고 이 나라는 자신들의 가치와 법칙 들을 우리에게 보여주면서 조금씩 우리를 사로잡고 있었다. 우리는 마하무니Mahamuni 파고다에서 그 설명의 단초를 찾을 수 있었다. 마하무니 파고다는 만달레이에서 대표적인 성소이자 이 나라에서 쉐더공 다음으로 중요한 파고다이다. 시장 골목길처럼 비좁고 감춰진 길이 우리를 그곳으로 이끈다. 그 길에는 좁긴 하지만 운치 있는 가게들이 늘어서 있다. 가게마다 자르고, 못질하고, 닦아내고, 파고, 조각하느라 여념이 없다. 노인에서 어린아이에 이르기까지 온 가족이 심혈을 기울이며 섬세한 작업에 몰두하고 있다. 우리가 따라가는 이 길은 온통 의자만 전문으로 만드는 가게들로 이루어져 있다. 의자? 이렇게 말하면 사실 너무 평범하다. 왕좌를 비롯한 안락의자, 가마용 의자 들은 금과 보석으로 경합을 벌이는 특별한 의자들이며, 《천일야화》에 나오는 술탄들의 부러움을 사고도 남을 만큼 사치스럽고 현란한 의자들이다. 스님들의 교육용 의자나 수계식용 의자도 바로 그런 특별한 의자에 속한다.

그렇게 주지스님들과 정부의 행복을 위해 쓰이는지 지폐는 투명한 유리함에 그냥 쌓이는 법이 없다. 지폐는 돌고 돌아, 의식에 쓰이거나 뭔가 수리하거나 장식하거나 개금改金하거나 혹은 수많은 파고다를 건립하는 데 쓰인다. 불상 같은 숭배 대상들도 가족 전체 혹은 동네별로 이루어진 공동체들이 태어나서 죽을 때까지 그것을 만드는 일에 종사한다. 폐쇄 회로. 그러니까 돈은 사원으로 가고, 언제나 가장 아름답고 빛나는 완성품이 되어, 거대한 불상과 황금 사리함과 황금 의자들이 되어 사원으로 돌아온다. 정신적인 삶. 이것은 그런 삶을 유도하는 장소의 평화로운 분위기나 부동 자세로 기도하는 행위만을 일컫지 않는다. 일상적인 일들, 생업, 공예, 장사도 정신적 삶의 일부이다. 여행객들이 그것을 이해하고 싶다면 주위를 조금만 둘러보라. 그러면 그 말에 수긍이 갈 것이다. 모든 것이 정신적인 것을 향해 존재하고 있음을 말이다.

여기서 돈은 결코 내밀한 것이나 부끄러운 것이 아니다. 그냥 당연한 것이다. 마치 돈 자체가 성사聖事에 일조하고 조각상과 사원만큼이나 영예로운 황금색을 뽐내는 듯하다. 부처님을 기리기 위해서라면 그 무엇도 지나치게 아름답거나 지나치게 많을 수 없다. 그렇다고 다음 생이 이번 생보다 더 행복할 거라는 희망을 걸고 '공덕'을 쌓기 위해 돈을 쓰는 것도 아닌 듯하다. 그렇게만 된다면야 얼마나 좋으련만…

그 대목에서 또 하나의 생각이 내 머릿속을 스쳤다. 그것은 바로 보이지 않는 것들의 영향 속에서 파생된 미얀마인들의 신앙과 관련한 것이다.

불교적 관점에 따르면 그런 관념은 그 자체로서 결과를 초래하고 타인에게 영향을 미칠 수 있는 에너지이다. 풍성한 결과물은 그런 관념을 발산하는 힘에 좌우된다. 가령 우리가 파고다 하나를 세우고 있다는 생각, 더 정확하게는 일종의 외피처럼 사용되는 파고다 안에 어마어마한 가치를 지닌 보물을 숨겨놓는 화려한 공훈에 몸을 내맡겼다고 하자. 이런 관념은 공훈이 위대한 만큼 진실로 천재적인 에너지로부터 나오는 것이다. 그 보물과 유골 들(유골들은 파고다 상단에 안치된다. 흉부, 복부, 두 팔뚝 등 정신적 에너지를 보유한 신체 기관들도 거기에 보관된다)로 가득 찬 기념비는 그렇게 하여 강력한 힘을 뿜어내게 된다. 그것은 그것을 보시한 사람과 그의 윤회에만 득이 되는 것이 아니라 인류 전체에게 득을 가져온다. 감추어진, 그래서 버려진 것이나 다름없는 그 보물들은 이를테면 지구의 인력과 같은 질서의 힘을 내포하고 있다. 그러므로 그 행위, 즉 가장 눈부신 정신적 찬란함에 도달하려는 전대미문의 완전한 단념은 강력한 구원의 빛인 저 보이지 않는 돌들을 사이에 두고 계속 진행되고 있는 것이다. 그것이 바로 파고다를 건립하는 사람들이 가진 신앙이었다. 그 기념비들을 가까이서 보면 평범한 사람들조차 그들의 행위가 부질없는 것만은 아니었다고 생각하게 될 것이다. 비록 그것들이 세월의 흐름 속에서 파괴로 점철된 역사를 갖고 있다 해도 말이다. 보이지 않는 영향력에 대해 별로 민감하지 않았던 파괴자들, 17세기와 18세기에 해적질을 하며 이라와디 강가를 어지럽히던 몽족 혹은 버마족의 병사들은 신성한 불상들의 배를 갈라 그 안에 있는 보물들을 가로채가고 그것들을 파괴하기도 했다.

보시를 하는 것과 승려가 되는 것. 그것은 더할 나위 없는 행위이며, 스승 곁으로 가까이 다가서는 행위이기도 했다. 스스로 선택한 희생과 획득된 공덕들만으로도 그 진정한 값어치를 매길 수 있었다. 돈은 정신적 권력과 밀접하게 연결되어 있다. 하지만 세속적인 가치와 신성한 가치를 모두 지닌 돈은 획득이 아니라 나눔에 의해 그 진가를 발휘한다.

이런 문제와 관련해서 스테판 츠바이크Stefan Zweig가 써내려간 이론들은 거기서 내가 한 생각을 정리해주고 있다. 그는 《어제의 세계Le Monde d'hier》에서 이렇게 말했다. "일반적으로 우리는 유대인의 생애에 적합하고 전형적인 목표는 부富라고 전제한다. 그러나 그것은 말도 안 되는 생각이다. 부는 그들에게 단지 중개 수단일 뿐이다. 그것은 그들의 진정한 목표를 성취하기 위한 수단이지 결코 그 자체가 목적은 아니다. 그들의 내면적인 이상이라고 할 수도 있는 유대인의 실질적 의지는 정신적으로 깨어 있으면서 문화적으로 최고의 수준에 도달하는 것이다." 이런 가치에 대한 보고는 내흥미를 자극했다. 츠바이크는 부, 즉 '돈의 냉정한 추구'는 지상 너머의 진정한 목표에 도달하는 수단이 될 수 있다고 인정하고 있었다. 물론 여기서 그가 말한 '정신적'이라는 표현은 미얀마 사람들이 생각하는 종교의 세계보다는 정신의 세계에 더 기울고 있는 것도 사실이다. 중개 수단으로서의 돈. 나는 서양 사회에서 그것에 대해 한 번도 깨닫지 못했지만, 이곳에서 조금 진전된 깨달음을 맛본다. 서양에서 정신성이라고 하면 일반적으로 궁핍과 연결된다. 돈과 정신성이라는 용어는 서로 관련이 없고 타협의 여지가 존재하지 않는다. 하지만 미얀마적인 것의 진정한 목적은 정신적으로 고양되고 고도의 정신 세계에 도달하는 것이며, 그때 돈은 거기에 다다르기 위한 수많은 길 중 하나라는 것은 분명한 사실이다.

회의주의자들은 단순히 돈이 현세와 내세, 두 세계의 가장 최상의 것을 보장하는 수단이라고 믿고 싶어한다. 성인聖人이 될 확률이 거의 없는, 멸망할 수밖에 없는 자들의 공통된 수단으로서 말이다. 최근에 내린 내 결론이지만 그들이 틀렸다고만 할 수는 없을 것 같다.

사려 깊고 시간적 정신적 이해 관계에 민감한 미얀마 사람 중 부유한 사람들은 보시 행위를 통해 행운과 구원을 모두 얻으려 애쓴다. 고급 호텔을 경영하는 어느 사장은 자신의 친구인 스님들의 영혼을 위해서라기보다는 자신의 영혼을 구제하는 데 급급한 나머지 사원의 주지스님에게 화려한 도요타 승용차 한 대를 선사했다. 그 승용차를 받은 그 주지스님이 얼마 지나지 않아 새 모델을 사기 위해 그것을 팔았다고 소문이 나도 상관없다. 우리의 샨족 친구가 말했듯이, 그것도 '인간적인' 귀여운 몸부림이 아닐까? 또 어떤 이들은 한 치의 흔들림 없이 붓다의 길을 선택하기도 한다.

마하무니 파고다, 2월 18일

세 개의 황금 회랑이 최고의 권좌로부터 우리를 아직 떼어놓고 있다. 우리가 지금부터 보게 될 것은 높이가 4미터인 선정禪定 자세의 불상인데, 그것은 정령들의 왕인 더 자밍에 의해 살아 있는 모델을 본떠 만들어졌고, 그만큼 전설도 깃들어 있었다. 서쪽에 있는 여카잉Rakhine 주 단나바띠 Dhannavati 왕국에 잠시 체류했던 붓다는 떠나기 전 그곳 백성들에게 자신의 형상을 남기는 것을 허락했다. 그렇게 하여 남겨진 그의 형상에 초자연적인 힘이 깃들어 있다는 것을 사람들은 일찌감치 간파했다. 그 불상은 그것을 소유한 사람에게 무적의 힘을 심어주었던 것이다. 그때부터 너도나도 그 불상을 손에 넣으려고 혈안이 되었다. 그리고 12세기, 실패를 맛보았던 아나우라타 왕의 후손 알라웅싯뚜의 병사들은 마침내 불상의 다리 한쪽을 가져오는 데 성공했다. 그런데 그 노획물을 실은 배가 벵골 만에 가라앉아버렸다. 거기다 정글이 띠리굿따Sirigutta 산을 삼켜버렸고, 다이아몬드를 박아 만든 대좌에 앉은 불상은 얽히고 설킨 정글 속에 묻혀버리고 말았다. 그러나 여카잉 민족은 용기를 잃지 않았고, 12세기 말엽이 되어 비로소 불상을 다시 찾아냈다. 그러나 1784년 버마족이 승리하여 그 지방을 결정적으로 합병하자 마하무니 파고다는 세 조각으로 동강났고, 아마라뿌라에 옮겨지는 신세가 되고 말았다. 그때 왕은 자신의 궁전에 버금가는 휘황찬란한 파고다를 건립하게 했다. 여카잉 사람들은 원래의 불상은 숲 한가운데에 있고 아마라뿌라의 그것은 복제품에 지나지 않는다고 주장하지만, 두껍게 금을 입힌 표면에 가려 보이지 않는 부드러운 윤곽, 거대하고 온화한 얼굴, 봉긋한 육계肉髻를 가진 아마라뿌라의 불상은 그 자체로 너무나 압도적이어서 그 형상 앞에서 정통성 운운하는 발언은 그다지 설득력이 없어 보였다.

어디 그뿐인가? 주변 민족들은 그들 사이에서도 상징적 가치로 인정받은 마하무니 파고다의 예술품들을 끊임없이 약탈해갔다. 마하무니 파고다는 전쟁의 수문장(세 마리의 사자와 세

개의 머리를 가진 코끼리 한 마리)인 그 유명한 드바라빨라dvarapa-
la를 전시하고 있다. 그것들은 과거에 캄보디아의 앙코르와트
사원을 지키던 수호신들이었다. 오늘날 우리가 보는 잘려나
가고 아무 말 없는 저 불행한 크메르 전사들은 처음엔 1431
년 시암Siam*에 의해 도난당했다. 그러나 1564년, 이번에는
시암족이 강탈당할 차례였다. 거대한 도시 아유타야Ayuttha-
ya를 파괴한 버마의 왕 버잉나웅Bayinnaung은 청동으로 된
전사 조각상 30개를 약탈해갔다. 그 직후, 사람들은 미얀마
남부의 버고에서 그것들을 다시 발견했고, 여카잉 사람들은
그 조각상들을 약탈해가는 대신 그 자리에서 마구 동강내버
리려 했다. 마침내 1784년 버마 민족이 그것들을 손에 넣었
다. 세상에 이럴 수가! 띠보 왕은 영국군을 몰아낼 작정으로
그 조각상 중 24개를 녹여 대포알로 쓰게 했던 것이다. 크메
르 전사들의 운명은 파란만장한 원정과 모험을 겪은 뒤 그렇
게 끝이 나버렸던 것이다. 지금은 보잘것없는 형상들만 마하
무니 파고다의 한 모퉁이를 장식하고 있다.

　드디어 우리는 그 불상에 가까이 다가갔다. 양 옆에 황금
산개傘蓋 아랫바닥의 어둡고 거대한 감실龕室 안에 모셔진 그
성스러운 불상이 눈부시게 빛나고 있다. 신도들이 불상 발치
에서 너나 할 것 없이 분주하게 움직인다. 각자 약간의 불전佛
錢이나 꽃다발을 들고 앞으로 나아가고, 무릎을 꿇은 대중 사
이에 끼어 절을 하고 있다. 여성들은 불단의 정면과 측면 귀

■ 태국의 옛 지명.

퉁이에 오밀조밀 모여 있는 반면, 불족佛足에 접근이 허락된 남성들은 불상이 놓인 상단을 향해 올라가고 있다. 나 역시 가이드에게 떠밀리고 남자들과 여자들을 따로 배치하느라 여념이 없는 군인들의 도움을 받아가며 불상 앞에 엎드려 절을 올린다. 뻣뻣한 무릎을 접었다 폈다 하는 것 말고는 별 어려움은 없다. 내 앞에 있던 넉넉한 표정의 어떤 미얀마 여성이 몸을 돌리며 나에게 미소를 던진다.

한쪽 모퉁이에는 자신의 주위에서 일어나고 있는 세상 일에 무관심한 듯한 노스님이 돌처럼 굳은 얼굴로 명상에 잠겨 있다. 우리가 막 나가려고 할 때, 스님들 무리 중 가장 어려 보이는 한 동자승이 갑자기 눈에 띈다. 동자승은 기도를 올리고 있고, 그의 앞에 놓인 발우에는 밥과 반찬들이 담겨 있다. 그는 그 중 일부를 부처님께 올리고, 정오가 되기 전 사원으로 돌아가 자신이 얻어온 음식물을 동료들과 나누어 먹을 것이다. 그리고 나면 다음날까지 그 어떤 음식도 입에 넣을 수 없다.

신성함. 신성함이 깃든 조각상이 있다. 비록 그 자체는 보석들로 꾸며진 가슴을 지닌 형상이지만, 그것을 향해 올려진 기도들의 총체는 이루 셀 수가 없다. 그래서 그 신성함의 깊이는 기나긴 세월 동안 축적되어 헌신과 두려움, 욕망, 지혜를 향한 팽팽한 사고 훈련 그리고 존재의 흔들림마저 보여주게 되는, 내면의 어두운 밑바닥까지 모두 드러내는 인간 감정들로 어우러져 있다. 되찾은 평정심의 경지라고나 할까? 뭔가 특별하고 피부로 느낄 수 있는 평화의 기운이 이들 성소를 떠돌고 있다. 아무런 주의를 기울이지 않는 여행객이라도 보이지 않는 은공에 저절로 감복하게 된다. 미얀마인들은 보이지 않는 것을 믿어서 그런지 사원의 규모나 건축미를 으뜸으로 치지 않는다. 그들은 오히려 눈에 보이지는 않지만 인간의 정신을 깨우쳐온, 사람들의 희망과 열정이 어려 있는 사원에서의 시간을 훨씬 더 중요하게 여긴다.

사원의 벙어리 소녀, 2월 19일

따웅따망Taungthaman 호숫가는 평화롭고 창백한 빛을 발하고 있다. 무심하게 잊혀진 중세의 채색삽화 같은 아서Arthur 왕의 성들 중의 한 채가 그 광막한 호숫가에 고립된 채 서 있다.

우리는 아마라뿌라를 떠나 호수 건너편, 마을을 향해 뚫려 있는 정글 속의 차욱탓찌Kyaukhtatgyi 파고다를 보러 갈 생각이다. 우리가 지름길 삼아 건너려는 다리는 18세기의 관리 우베인U Bein이 세운 것으로, 흔들거리는 나무다리다. 지름길치고는 너무나 길고 높게 솟아 있어서 그곳을 가로지르는 것 자체가 일종의 행군이다. 한낮의 무더위 속에 긴 짙은 안개가 그 다리를 아련하게 떠 있는 검고 가느단 선으로 축소시켜버린다. 풍경이라고 해봐야 넓고 하얀 배경에 마치 그림자 놀이를 하는 것처럼 사람들이 얇은 버팀목 위를 드문드문 오갈 뿐이다. 자전거를 타고 가는 사람의 두 뺨, 인력꾼이 나르는 짐, 롱지로 몸을 감싼 이들의 윤곽… 허공의 그 가느다란 행렬 위에 펼쳐진 세심하고 고독한 선들. 인간의 삶과 미세한 동작들이 기호들의 놀이로 단순화해버리고 알파벳을 닮은 검은 선의 연속으로 보이는 세계가 거기에 있다.

그러나 우베인 다리를 건너면서 우리는 다리를 따라 연출되는 새로운 광경과 또 다른 현실을 목격하지 않을 수 없었다. 바로 나병 환자들이었다. 그들은 거기에 앉아 자기들의 변형된 육체를 통행인들에게 내보이면서 하루의 일용할 양식과 재물을 구걸하고 있었다. 지름길치고는 길었고, 나병 환자와 맹인 들이 부지기수였다. 우리는 가이드와 업무를 분담했다. 우리의 가이드는 몇 푼의 동전을 위해서라면 한시도 눈을 팔지 않을 정도로 영특했다. 그리하여 그녀는 지름길 입구까지 함께 갈 동행인으로 그곳 출신의 한 소년을 고용했다. 바로 그 소년이 이번 모험에서 우리의 안내역을 맡게 되었던 것이다. 소년은 학업을 지속하기 위해 한 푼이라도 더 벌어야 했고, 그녀는 그런 자비를 베풂으로써 다음 생에 좀 더 나은 곳에 태어나고 싶어했다. 두상이 크고 이빨이 베텔넛*에 물든 그 꾀죄죄한 소년은 우리가 나병 환자들에게 한 푼 줄 때마다 우리에게 고마워하는 미소를 보냈다. 그러면서 뭐라고 혼자 중얼거렸다. 그런 식으로 자신이 원하는 다음 생을 보장받으려 하는 관광객들이 참으로 약아빠졌다는 생각을 그는 하는 듯했다.

■ 동남아시아에서 나는 견과 열매로 마약 성분이 들어 있다.

이윽고 우리는 정글과 정오의 무더위가 위세를 떨치고 있는 강 앞에 다다른다. 계획한 노선에 따라 우리는 마을들과 Z자 모양으로 엮은 대나무로 된 집들을 가로지르며 걸어간다. 가끔 2층을 목재로 장식한 집들도 있는데, 그것은 집안이 돈을 좀 벌었을 때의 얘기고, 시멘트 집인 경우는 집안이 부자가 되었을 때의 얘기다. 간혹 방치된 파고다, 잡초에 뒤덮인 빨간 벽돌, 나무를 휘감은 넝쿨도 보인다. 주변에는 위엄 있는 정적이 감돈다. 게다가 언제나 그렇듯 보이지 않는 존재가 느껴진다. 숲으로 뒤덮인 마을에서 그 어린 가이드는 수호신이 지키는 마을의 중심지에서 멀지 않은 '영화관'을 우리에게 보여준다. 일주일에 한 번 영화를 상영한다는 그곳은 야자나무 잎으로 지붕을 엮은 오두막이다. 우리는 그 오두막 안으로 들어간다. 약간 높은 곳에 위치해 있고 나무 의자들이 놓인 '2층석'은 연장자들이 앉는 자리다. 아이들은 서로 손을 꼭 붙들고 땅바닥에 들쑥날쑥 앉아 있다. 대체 무슨 영화를 상영할까? 그들은 쿵푸 영화나 미국의 할리우드 영화에 열광한다. 선악을 불문하고 검열을 실시하는 정부도 더 이상 할 말을 잃은 걸까? 그렇지는 않다. 이 궁벽한 곳까지 감시할 여력이 없

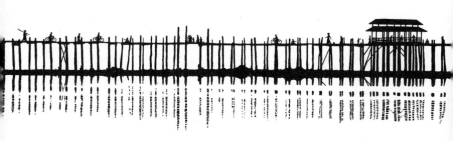

는 것뿐이다. 그렇다면 왜 그런 영향력에 강한 질투심을 느끼고 화를 잘 내는 마을의 정령이 나서서 영화관 책임자들에게 자신이 지닌 비밀스러운 질병들 중 하나(무시무시한 복통 혹은 죽음)를 내려주면서 그 해악, 그 '의심스런 정복'을 제압하려 하지 않는 것일까? 만일 그가 정말로 모든 것을 꿰고 있다면 그 스스로 잘 생각해볼 일이다. 현대사회의 취미와 그 파생물들이 겉으로 볼 때는 덜 공격적으로 보이는 영화 테이프로 둔갑하여 천 년 이래 무엇 하나 변한 것 없는 이 무공해의 땅에 교묘하게 스며들어온 이 현실을 보라. 그들은 도대체 무슨 잡음으로 어린아이들의 머릿속을 채우려 하는 것일까? 하지만 정령과 정의의 구현자가 언젠가 적절한 조치를 취할지는 두고 볼 일이다.

'결코 획득할 수 없는 평화.' 거기서 멀지 않은 곳, 즉 차욱 탓찌 파고다 입구에 걸린 커다란 표지판은 모든 사람이 당연한 진리라고 생각하는 이 말을 하고 있다.

"우리가 사는 세계는 음탕함(이것은 서구에서 온 것으로, 여기서 꼭 필요한 말인지 아니면 오히려 그렇게 보일 필요가 있는 것인지 나는 잘 모르지만)으로 가득 차 있다. 우리는 모든 부귀영화를 남기고 죽는다. 가장 늙은 사람들도 가장 젊은 사람들도, 그리고 우리의 동시대인들도 모두 언젠가는 멸망하리라. 시스템은 불가피하게 우리를 죽음 저편으로 이끌어가고 있다. 우리는 여행을 준비해야 하리라. 자선을 베풀고, 규율을 준수하고, 명상을 행하는 데에는 오직 한 가지 방법밖에 없다."

아마라뿌라의 성자 어신 담마셋키따Ashin Dhammasetkhita
는 위와 같이 말하곤 했다. 이 말 말고도 다른 권고의 메시지
를 내가 베끼고 있는 동안, 내 동행인들은 그 황량한 파고다
를 계속 둘러보고 있었다. 내가 그들과 합류해보니, 한 소녀
가 내 동행인 사샤 옆에 살그머니 끼어 있었다. 소녀는 슬픈
눈에 입술을 새빨갛게 칠하긴 했지만 열 살이 넘어 보이진 않
는다. 그녀는 자기 입을 가리킨 뒤 입 주변에 손가락을 놀리
며 화장하는 시늉을 하더니, 사샤를 향해 의문 어린 시선을
보낸다. 그 순간 사샤는 소녀의 언어를 이해하지 못한다. 그
러나 소녀는 사샤를 계속 쫓아다니면서 똑같은 제스처를 집
요하게 반복한다. 순진함과 유혹 사이를 오가는 눈동자 속에
담긴 그 호소. 그 모든 제스처를 하는 동안 소녀는 한마디도
하지 않는다. 그녀가 벙어리라는 사실을 가이드가 말해준다.
그녀는 매일 회랑에 와서 립스틱이나 향수 또는 치장을 하기
위한 값싼 물건들을 줄 만한 방문객들을 찾아 떠돌아다닌다
는 것이다. 나는 작은 주머니에 들어 있는 것을 소녀에게 준
다. 소녀는 여운을 주는 마지막 시선을 던지고는 자기만의 고
독으로 돌아간다. 아, 사원의 벙어리 소녀여!

돌아오는 길에 우리는 보리수 아래에서 아주 신나게 놀고
있는 학생들의 무리를 만난다. 떠들썩한 소리와 웃음소리가
섞여서 들려온다. 그곳 입구에 씌어 있는 비장한 경고문에는
아랑곳하지 않고 자기들만의 소극을 펼치고 있는 것이다.

이번에는 카누 한 척이 호숫가에서 우리를 기다리고 있다.
재차 지름길을 택하고 싶지는 않다. 우리는 비좁은 카누에 앞

뒤로 조심스럽게 앉는다. 소년 가이드는 강가에 남아 우리의 배가 우울하게 멀어져가는 모습을 바라보고 있다. 그는 무엇을 꿈꾸고 있을까? 오전 내내 그가 잘 이해하지 못하면서 바라본 우리의 어떤 낯선 행동이 그에게는 마치 머나먼 세계의 지평선처럼 보이는 것일까? 그리고 그는 그 실체를 조금씩 터득함으로써 확장되는 실존, 즉 좀더 충만하고, 아름답고, 다채로운 실존의 세계를 꿈꾸고 있는 것일까? 외국인들의 왕래는 영화 이상으로 바깥 세계의 바이러스를 전파한다. 세상을 보고, 세상을 돌아다니고, 인생을 바꾸려고 하는 것은 어떻게 보면 하나의 인생만 알고 그 인생이 불만족스럽고 협소하다고 느껴 자신의 거처에 만족하지 않는 사람들에게나 필요한 행동이다. 그러면서 그들은 꿈의 다양한 색깔로 또 다른 존재의 가능성을 그려보기도 하는데, 그것은 그들의 욕망이 꿈꾸는 대상일 뿐, 현실은…

일상생활의 사소한 장면들, 2월 20일

잿빛 하늘 밑으로 가냘프고 붉은 윤곽들이 총총히 드리워진 떼잉뗏Teintet 마을, 그 파고다들의 고장에 대해 나는 아무것도 남길 말이 없다. 굳이 말하라면 지옥 같은 더위와 돼지 먹따는 소리 정도다. 그 돼지는 있는 힘을 다해 고함을 질러댔다. 아마도 자신의 불행한 현실에 대한 아우성이었을 것이다. 우리 인간이 이해 못 할 것도 없었다. 인간의 소리가 그것보다 더 웅변적일 수 있었을까. 그러나 나는 처음엔 대체 그 소리가 어디서 나는 것인지 알지 못했던 만큼 그 소리가 끔찍스럽기만 했다. 그렇다. 잠시 동안의 일이긴 했지만 창백한 하늘의 잔인함 아래 나에게 들렸던 그 소리는 완전히 헐벗은 고뇌의 절규였다. 인간과 동물이 완벽하게 하나가 되었고, 도무지 받아들이기 힘든 상황 속에서 그 무시무시한 무장 봉기가 펼쳐졌던 것이다. 언어 저편에서는 관련되는 종種이 무엇이든 간에 본능적인 것 혹은 그와 비슷한 것들이 똑같은 소리로 표현된다. 그 소리들은 의심의 여지를 남겨두지 않는 일종의 명료성을 띠고 있다. 그렇다면 나는 이 불타는 대지의 광경, 무자비한 태양에 견줄 만한 최악의 상상의 나래를 펴야 하는 것일까?

우리의 가이드는 무엇을 좀 알아보려고 어딘가에 가고 없었다. 마을 사람들이 벌써 만원인 버스 안에 돼지새끼를 실어 올리기 위해 모여들었다. 사람들은 승객들의 도움을 받으면서 당기고 밀고 신음하던 끝에 마침내 고집불통의 돼지 한 마리를 차 안에 실어 올렸다. 버스가 출발했고, 절규가 갑자기 멈췄다. 전투는 일단 돼지의 침묵으로 막을 내렸다. 웃음을 참을 수 없는 휴전의 순간이었다.

우리는 숲을 피하여 도로에서 조금 벗어난 곳에 위치한 마을을 통과했다. 그곳 사람들은 옥 세공 작업을 하고 있었다. 그들은 초승달 모양을 한 희고 푸른 돌의 파편을 땅에서 채집했다. 집 한 채 한 채가 바구니처럼 단아하게 짜여 있었다. 그 집들을 축소시켜 '편물 공예'라는 제목으로 쇼윈도에 전시

해도 좋을 듯했다. 중앙 광장에는 만물을 지켜주는 수호신의 집이 있었는데, 바나나와 코코넛과 같은 제물들이 올려져 있었다. 말뚝 아래의 공간에 마련된 작업장에서는 몇몇 사람들이 닦고 자르고 조각하는 일에 몰두하고 있었고, 또 몇몇 사람은 차를 마시며 환담을 나누고 있었다. 그들은 그 검은 빛깔의 진한 차를 지나가는 사람들에게도 스스럼없이 권했다. 그 마을은 같은 혈통의 대가족으로 구성되어 있었다. 가이드의 설명에 따르면, 사촌, 삼촌, 촌수가 먼 여성 등으로 구성되어 있다고 했다… 그들은 자기들끼리 결혼한다. 상대적인 안락함이 지배하는 곳이었다. 그곳에서는 모든 구성원이 합의한 공동의 규율만 존재할 뿐 그 어떤 고립도 자유도 있을 수 없었다. 그렇다면 그들이 종종 고독과 동의어인 자유를 만끽하는 서양인들보다 더 불행하다고 말할 수 있을까? 물론 모든 것을 이런 식으로 비교하며 질문을 늘어놓는 것은 부질없는 일이다. 그럼에도 불구하고 사람들은 그런 식의 질문을 한다. 가이드가 내게 일침을 가했다. "당신들의 문제는 고독입니다. 그런 말을 들은 적이 있어요." 프로메테우스의 화신인 서양인들은 자유를 원했다. 바로 거기에 그들의 위대함이 있고, 바로 그 점에 모든 사람이 동감했다. 그러나 그들은 바로 그 자유로부터 상당한 특권을 맛보기는커녕 대부분 그 특권에 대한 무거운 대가만 지불하면서 그 쓰임새와 의미를 점차 상실해버리고 말았다. 그런 경우 고독은 '희망의 부재'와 동의어가 된다.

미얀마 전통 사회에서는 퇴물이 되어 잊혀지거나 죽음을

기다리는 것 외에는 아무런 할 일이 없는 외톨이 노인을 찾아볼 수 없다. 우리는 거대한 시스템 속에서 익명으로 살아가면서 그 누구와도 대화를 나누는 일 없이 오늘 내일 먹고 자는 일만 반복하는 고독한 사람을 여기서 발견할 수 없다. 모두 살 만큼 살다 가는 이 땅에서는 풍부함으로부터 추방되는 사람이 없다. 그러므로 고독은 당연히 여기서는 통용되지 않는다. 반대로 기본적으로 가족, 경우에 따라서는 이웃 그리고 공동체 전체를 아우르는 지원 체계가 끊임없는 감시와 가차 없는 판단을 너무나 자연스럽게 행사한다. 거기에는 이것저것 따지고 말고 할 필요 없이 개체로서의 인간을 지옥으로 단번에 몰아넣는 가혹한 판결이 존재한다. 자유? 개인의 선택에 따른 그런 자유는 여기서는 통용되지 않는다. 그 억압은 시시각각 무단으로 개입하는 정부의 독재가 강요하는 강력한 사회적 관습에서 나온다. 그 관습은 숨을 쉬는 모든 순간에 개입한다. 깨어나고 입고 자는 일상의 사소한 행동도 관습에 정해져 있으니, 관혼상제라는 인생의 중요한 행사가 얼

마나 엄격할지는 말하지 않아도 짐작이 간다. 개인적인 만족 같은 것은 전통과 의식을 엄수하는 선량한 가족의 이미지를 고려할 때 거의 아무런 주목을 받지 못한다. 그들은 처음부터 거처와 소명을 가진 유구한 역사의 톱니바퀴에 얽혀 있다는 사실에 마음 든든해한다. 그 모든 금기와 의무가 혁명 의식을 부추기지만 않는다면 그 시스템은 잘 유지된다. 다수의 권력과 법률에 감히 대항할 힘이 없는 절름발이들, 불구자들 같은 시스템의 희생자들은 논외이다.

파Fak은 그런 운명을 감수한 불우한 사람 중 한 명이다. 지방의 작은 학교에서 선생들을 열성적으로 시중들었던 그는 지역 사람들에게 신망을 얻었고 그 사실만으로도 행복감을 느낀다. 조용하고 선량한 사람. 그런데 어느 날, 그의 아버지가 기묘한 행동으로 사려 깊은 이웃 사람들의 반감을 사곤 했던 반쯤 미친 아내를 아들인 그에게 맡기고 세상을 떠난다. 그러자 이웃 사람들은 파이 어머니를 아내로 삼았다고 굳게 믿는다. 그때부터 가혹한 비난의 화살이 그에게 꽂히기 시작한다. 동네 사람들은 아무런 단서가 없는데도 그를 심판하고 죄인처럼 취급한다. 그들은 심지어 그에게 고백하라고 강요까지 한다. 처음에 파은 그 일을 잊고 이웃 사람들에게서 예전의 신망을 다시 얻기 위해 묵묵히 일에만 몰두한다. 하지만 시간이 지나도 의심이 수그러들지 않자, 파은 진실을 밝히고자 안간힘을 쓴다. 자신이 결코 어머니를 건드리지 않았다는 진실을 말이다. 그러나 사람들은 진실을 거부한다. 왜냐하면 진실은 결코 사물의 외관이나 그 외관이 낳는 환상에 존재하는 것이 아니기 때문이다. 겉모습은 항상 그럴듯한 법이다. 그것은 존재나 사실의 본질을 능가한다. 따라서 곽의 경우, 자신의 생각(그것이 아무리 옳을지언정)을 주장하면서 사람들에게 대드는 것보다 집단이 내세우는 생각을 울며 겨자 먹기로 인정하는 것이 훨씬 나은 처신이었다. 그런 세계에서는 금지된 것에 도전하는 것보다는 한 가난한 미치광이를 이리저리 몰아대며 잔인한 행동을 일삼는 것이 상책이라면 상책이었다. 곽은 그 규율을 깨기 위해 죽었다. 모든 관례와 요지부동의 규율에 대항한 개인의 진실은 그렇게 하여 땅 속에 묻히고 말았다. 이것이 바로 1980년대에 씌어진 태국 소설●이 전하는 메시지이다. 그 소설은 인정이라고는 손톱만큼도 없는 질식할 듯한 어느 지방 사회, 태국의 쥘리앵 그린Julien Green■이 몸담고 있던 사회를 묘사하고 있다. 그 주인공은 더없는 절망의 나락으로 빠지는데, 왜냐하면 그는 반항인도 죄인도 아닌데 단지 그의 선량함이 원인이 되어 벌을 받기 때문이다.

우리는 희귀한 노란 풀잎으로 뒤덮인 농토로 들어갔다. 새로운 양식의 회랑과 절반은 녹아버린 미얀마식 박공지붕을 한 사원이 허허벌판에 유령처럼 홀로 버려져 있었다. 어느덧 시간은 흐르고 너위도 한풀 섞이고 있었다. 수레 한 대가 천천히 그곳에 도착했다. 그 수레에는 건초 더미가 실려 있었고, 그 위에 커다란 패랭이를 쓴 시골 여성들이 앉아 있었다. 여자들이 수레에서 내렸다. 하루의 일과가 끝난 것이었다. 그

● 차트 코르비티Chart Korbjitti의 《곽의 전락La Chute de Fak》 참조.

■ 쥘리앵 그린Julien Green(1900~1998) 20세기 프랑스 기독교 문학을 대표하는 작가.

녀들은 보온병에 담긴 차를 편안하게 마시려는 참이었다. 나이 들어 보이는 한 여인이 조금 떨어진 곳에 책상다리를 하고 앉아 셔룻cheroot*을 피우고 있었다. 연기가 그녀의 가녀린 손가락 사이로 빠져나갔다.

사가잉 언덕 2월 22일

우리의 출발에 앞서 텔레비전 뉴스에서 "가정의 소비가 증가했다"는 좋은 소식이 전해졌다. 실제로 다행스러운 일이었다. 이런 자구책이라도 있으니 망정이지 그렇지 않았다면 수천 명의 실업자가 넘쳐난다는 보도가 있었을 테니까. 모든 인생들의 목표가 소비에 있다는 것은 과연 좋은 일일까? 좋든 싫든 우리는 그 악순환의 고리에 살고 있다. 소비 행위는 거리나 미디어 또는 기업들의 광고를 통해 인위적으로 만들어지는 욕망이면서 동시에 경제적 필연이다. 그것은 사상의 자유라는 복잡한 주제로 우리를 끌고 간다. 과연 우리의 사상의 자유는 우리가 생각하는 것만큼 순수하고 완벽한 것일까? 날이면 날마다 텔레비전 속의 이미지와 광고 들이 우리의 일상을 점령하고 있는데 말이다. 그런 일상은 우리의 상상의 나래를 무시하고, 끊임없는 반복과 조작으로 우리도 모르는 사이에 우리의 내면을 형성하는가 하면, 신중히 계산된 달콤한 슬로건을 우리에게 쏟아붓기도 하고, 판에 박은 색조 속에서 순응적으로 만들어진 지겨운 모델들만 우리 앞에 선보이기도 한다. 그렇다. 인도 작가 아룬다티 로이Arundhati Roy의 말을 믿는다면 "어설픈 다국적민들"이 "우리가 숨쉬는 공기, 우리가 밟는 땅, 우리가 마시는 물, 우리가 지닌 사상"●을 지배하고 있다. 반기를 드는 사람 없이, 아니 반기를 드는 사람이 있다 해도 소수에 지나지 않는, 이 무의식적 노예 상태가 지배하는 세상. 이런 관점에서 보면 이곳 미얀마 땅은 아직 그 정도로 세계화가 진행되지 않았다는 다행스러운 인상을 준다. 그리고 이런 맥락에서는 표현의 자유가 없고 관습을 위반하면 사회와 격리될 수밖에 없는 규율이 작용하는 이 땅이 그나마 다행이라는 식으로 보일 수도 있겠다.

이 대목에서 나는 다음의 사실을 기꺼이 밝혀두고 싶다. 소비주의의 열풍과 절연한 서양인 여행자는 오랜 세월 불교의 영향과 거기서 나온 절제 의식이 절로 묻어나는 이 땅을 발견하고 일종의 안도감을 느끼고 만족스러워했다는 사실 말이다.

수세기에 걸쳐 전해 내려온 '베푼다'는 관습, 즉 보시 행위를 통해 이들은 '취하거나 소유하고자' 하는 욕망과 항상 일종의 거리 두기를 한다. 그럼으로써 그들은 욕망의 밸런스를 유지하거나 더 나아가 우리 모두에게 요청되는 궁극적인 거리 두기 연습을 하고 있는 것이다. 그것은 절제의 길을 따르는 일종의 지혜다.

저기 바른 자세로 선정에 든 스님을 보라. 세상도 자기 자신도 잊은 채 정도正道와 심원의 경지를 그리고 있는 그는, 내 견해로는 생을 거부하려는 것이 아니라 생을 초월하려는 의

● 아룬다티 로이Arundhati Roy의 《빈 라덴, 미국 가족의 비밀Ben Laden, secret de famille de l'Amerique》에서 인용.

지를 보이고 있었다. 극심한 고통을 감수하면서 자신의 한계를 일단 넘고 나면 늙고 죽는다는 두려움 따위는 더 이상 아무런 문제가 되지 않는다. 그는 바로 그것을 자신의 생으로 여기고 받아들였던 것이다. 나는 그를 바라보았다. 마치 아마추어 산악인이 에베레스트 산의 정상을 묵묵히 정복한 영웅을 바라보듯 말이다. 그는 자신의 한계뿐 아니라 그 과업의 불가능성 역시 속속들이 알고 있는 사람이다.

그러나 나는 거기에 그다지 열렬하게 빠져들지는 않았다. 불교적 평정으로부터 내가 얻은 깨달음은, 내가 어떤 점에서 부족하고 그 부족함이 얼마나 고통스러운 것인지 스스로 공정하게 가늠할 수 있도록 도와주기 때문이다. 가까이에서 그를 바라본 나로서는 적어도 다음의 말을 할 수 있다. 그에게 드리워진 평정심은 늙고 병들어 임종의 순간이 임박해도 한 치의 흐트러짐이 없을 것만 같은 그런 경지라고.

이 대목에서 우리는 지구상의 모든 종교에서 조심스럽게 따로 떼어 생각하게 되는 최후의 목적이라는 주제에 다다르게 되었다. 우리는 언젠가 때가 되면 잘 죽어야 할 필요가 있다. 이 생각을 하면 그 스님과 달리 나는 그럴 수 없을 것만 같다. 그래서 하는 말인데, 나는 언젠가 때가 되면 이곳 혹은 이 나라의 어느 사원에서 죽음을 맞고 싶다. 서양의 어느 병실의 하얀 침대나 텔레비전 보도를 통해 우리가 잘 아는 연약하고, 마비되고, 이가 빠지고, 목소리를 떨거나 치매에 걸린 노인들이 사는 보호 시설 같은 곳이 아니라… 다시 말해 오래 사는 것이 최상의 복임을 우리에게 희망의 메시지처럼 전하는 사회 속에서 마지막 귀환병들의 보루가 되는 그런 곳이 아니라…

　미얀마 불교의 신성한 보루, 사가잉에는 우리 말고는 아무도 없었다. 그 장소가 전하려는 메시지를 듣기에는 안성맞춤이었다. 타마린드와 인도산 협죽도류의 식물이 무성한 숲속에는 6백 채 이상의 사원, 전각, 파고다, 이상향이 묘사된 동굴 들이 있었다. 그 건축물들은 이라와디 강 서안 위에 붓다를 기리기 위해 건립되었다. 그곳에는 5천여 명의 승려가 살고 있다. 언덕은 꽃문양이 새겨진 끝없는 계단과 전각과 전각을 이어주는 하얀 연석으로 장식되어 있었다. 정상에 다다랐을 때, 우리는 잠시 휴식을 취했다.
　침묵, 거리감, 바람. 내가 노트에 이런저런 메모를 하고 있을 때, 무리에 섞인 스님 한 분이 내게 해맑은 미소를 보내준다.
　나는 강의 수평선과 그 너머의 풍경을 바라본다. 내 시선은 흰색과 금색의 파고다의 산개가 이 꼭대기에서 저 꼭대기로 전진하는 하나하나에 머무른다. 나는 지는 태양의 연약한 빛, 하얀 안개 속의 보일 듯 말 듯한 햇살에 기대면서 간신히 제빛을 발하는 마지막 파고다가 사라지는 모습까지 바라본다.
　영원성의 기반 위에 서 있는 그 파고다들. 종을 뒤엎어놓은 너부죽하게 벌어진 모양으로 하늘을 찌를 듯한 첨탑을 뽐내는 그 파고다들은 고독한 빛의 세계를 간직하고 있는 동시에 아무도 감히 범접할 수 없는 완벽함을 증명하고 있는 듯했다. 감미로움과 황금빛에 어우러져 저 멀리서 아름다운 풍경을 이루고 있는 그 파고다들은 확실히 인간의 고통, 추락, 공포의 세계와는 거리를 둔 채 그곳에 유유히 서 있었다. 그 파고다들이 전하는 메시지가 있다면, 그것은 평화는 지금의 생 또는 우리의 마음 상태에서 얻어지는 것이 아니라 색깔도 없고 우리의 고집도 없는 세계에서 찾아올 거라는 메시지였다.

마치 옛 성처럼 보이는 그 언덕 꼭대기에 서서 이런 생각을 하고 있노라니, 그곳이 바로 여기라는 생각이 들었다. 바로 이 언덕 꼭대기, 지리상에 표시된 이곳에 길의 끝이 있었던 것이다. 그 경지 너머에는 더 이상 아무것도 없었다. 그 풍경은 꿈처럼 아름다웠다. 영원히 실현될 수 없는 욕망의 단편이지만 우리가 인생을 살아가는 데 활력소가 되는 희망처럼 아름다웠다.

이라와디 강 위에서

2월 24일, 새벽 5시

우리는 칠흑 같은 어둠에 뒤덮인 도시 만달레이를 가로지른다. 거리를 밝히는 불빛이라고는 전혀 없다. 에너지 절약 정책 탓에 가로등은 이틀에 한 번꼴로 켜질 뿐이다. 등대 불빛 사이로 스님들의 그림자와 높은 짐을 머리에 인 몇몇 여성들만 아련히 구별할 수 있다.

우리는 여객선을 타고 이라와디 강을 거슬러 내려 버강까지 갈 예정이다. 여객선이라고 해봐야 〈만달레이로 가는 길 위에서〉에 나오는 선택된 자들에게나 제공되는 호화로운 증기선이 아니라 미얀마 사람들이 잔뜩 탄 낡은 여객선으로, 버강까지는 족히 열두 시간이 걸리고, 피로에 지친 우리를 선창을 대신한 녹슨 폐선 위에 내려줄 그런 배다.

이라와디 강은 규모가 큰 강이다. 그 강은 해발 5,800미터 이상에 달하는 히말라야 산맥 지대이자 인도와 중국의 국경 지대에서 발원한다. 2,500킬로미터 길이의 이 강은 만년설이 쌓인 산꼭대기를 빠져나와 미얀마와 중국 국경 지대인 버모Bhamo 근처를 지난 뒤 열대 미얀마 일대를 관통하여 흐른다. 버모는 군사 요충지에 자리한 작은 마을로 중국으로 들어가는 관문이다. 영국군은 이곳을 빼앗기 위해 1885년 제3차 버마전쟁을 선포하기도 했다. 여객선은 계절에 관계없이 까렌족, 샨족, 까친족, 중국인, 인도인, 혼혈족 들을 실어나른다. 먼 옛날의 영광에 넋을 잃고, 끝도 없는 거대한 강에 몸을 맡긴 채, 모든 지명에서 이국적 향기를 흠뻑 만끽하며 우리의 모험 여행은 시작되었다.

우리가 탄 배는 보잘것없지만, 갑판 위에 테이블 하나와 플라스틱 의자 몇 개를 갖추어놓아 약간의 호사스러움을 제공하고 있다. 동이 틀 무렵, 우리는 의자 다툼이 벌어지기 전에 일찌감치 그곳에 자리를 잡는다. 동이 틀 시각이라고 하지만 주변은 어둡기만 하다. 그러면서도 시간이 흐름에 따라 은색의 환한 빛이 하늘과 강을 점령하고 지평선 위 나무들의 그림자를 조금씩 건드린다. 강 한가운데에 있는 섬에서 비치는 모닥불빛도 간간이 보인다. 사물들이 조금씩 그 정체를 밝히고 있다. 배는 단조롭고 희끄무레한 강 한복판을 천천히 통과한다. 이윽고 흐릿하고 검붉은 태양이 물 위에 기다란 광선을 비추며 잿빛 하늘 위에 나타난다. 그것은 강물 위에 뜬 배들이며 강둑 위에 펼쳐진 둥근 지붕들을 그림자극의 단순한 장식물로 둔갑시켜버린다.

전날 우리가 떠나온 사가잉, 황금 파고다들로 빛을 발하고 있던 그곳이 어느새 자취를 감추고 간밤의 꿈에 의해 사라져버렸다. 아침 안개 사이로 겨우 모습을 드러낸 하얀 사원들은 원래의 비현실 세계로 돌아가 있었다. 우리가 그 사원들을 채 통과하기도 전에 마을과 기념물 들은 금세 그림자가 되어버렸다. 강의 물결을 뒤로 하며 진줏빛 강을 따라 흐르는 배 위에 앉아 있노라니 시간이 갑자기 영원 속에 정지해버린 듯했다.

우리는 우기가 되면 모래로 뒤덮이는 긴 섬을 따라 앞으로 나아간다. 뱃머리에서는 남자들이 배가 좌초되지 않도록 의심스러운 모래둑을 긴 막대기로 더듬으며 강물과 쉴새없이 씨름을 하고 있다.

또 하루가 찾아왔다. 강둑을 따라 일상의 소소한 장면들이 나타났다 사라져간다. 나귀가 끄는 수레도 보인다. 금방이라도 기절할 듯한 모습이다. 나귀가 끄는 수레에서는 잠에 빠져들기 직전 가물가물한 의식에 몸을 맡기고 현실 세계가 주는 고통이나 긴장 따위에는 전혀 아랑곳지 않는 담백함이 묻어난다. 우리들의 몸 안에서 우리를 기다리는 것만이 오직 우리에게 실질적이라고 D. H. 로렌스가 말했던가? 저 멀리 안개 속에서 만들어지는 불규칙적인 장면들이 나로 하여금 때마침 몸과 감각에 대한 로렌스의 주장을 떠올리게 했다. 바로 이 대목에서 말해야 할 듯하다. 시원한 에어컨 바람을 쐬며 아무런 수고 없이 차창 밖으로 시선을 던지면서 하는 관광 여행은 결정적인 거짓말을 조장할 수 있다는 사실을 말이다. 그런 여행자의 시선은 온몸으로 느끼고, 신음하고, 서로 나누며 기뻐하는 신체를 깡그리 잊고 그저 멍하니 바라보는 기관에 불과하므로…

이라와디 강을 따라 내려가면서 나는 나일 강변의 장밋빛

산들을 떠올렸다. 그것은 몽상가의 한가로움 또는 물의 흐름
에 자신을 내맡기는 감상 같은 것이었다. 우리는 아무런 사심
없이 배에 몸을 맡긴 채 강 하구로 미끄러져간다. 우리를 끊
임없이 끌어당기는 불가항력적인 일상사의 움직임을 접고 오
로지 넉넉하게 존재하는 일에만 몰두한다. 이제 전쟁은 없고
평화만 있을 뿐이다.

　뗏목들이 우리가 탄 배 옆을 지나가며 물결을 일으킨다. 뗏
목의 뱃사공들은 만나는 집마다 뗏목을 멈추고 동이 날 때까
지 나무껍질을 판 뒤 다시 떠난다.
　우리는 어느 마을에 도착한다. 음식을 담은 커다란 바구니
를 머리에 인 여자들이 물이 턱까지 차오르는 것도 아랑곳하
지 않고 물 위를 걸어 우리가 있는 배로 다가온다. 그녀들은
웃고, 사람들의 이름을 부르고, 장사를 하고, 변명을 늘어놓
는다. 조금씩 다가가는 배의 몸체가 그녀들을 떠밀어낸다. 승
무원들은 그녀들 중 한 명이 장난 삼아 던진 바나나 송이를
받아들고는 그녀들을 거칠게 내몬다. 그런 다음 승무원들은
긴 나무판 두 개를 받쳐 임시 다리를 만든다. 하나는 흔들거
리며 반쯤 물에 잠기고, 다른 하나는 앞의 나무판 위에 수직
으로 포개진다. 무거운 짐과 다양한 식량을 짊어진 마을 사람
들이 맨발로 우리 배에 올라탄다. 두 명의 백인만 신발을 신
고 모자를 쓰고 손에 가방을 든 채 그 풍경 속에서 깔끔을 떨
고 있다. 나란히 서 있던 두 백인은 주변 사람들의 비웃는 눈
초리를 받으면서 친절한 누군가가 다가와서 자신들의 이 시

원찮은 승선 행보를 도와주기를 내심 기다리고 있다. 그들이 바라는 대로 누군가가 다가와서 그들을 구제해줄 것이다. 갑자기 강물이 소용돌이치더니, 물고기 몇 마리가 그물에 걸려 몸부림을 친다. 여행자 한 명이 재미 삼아 배 위에서 연필과 볼펜을 던지자 아이들이 그것을 주우려고 달려든다. 하지만 너무 늦었다. 누런 강물이 밀려들며 모든 것을 휩쓸어버렸다.

이 마을 저 마을에서 똑같은 장면이 연출된다. 임시 계류장 주변에서 미얀마인 승객들의 미끄러지는 듯한 춤사위가 보이고, 장사꾼들의 물건도 보인다. 강과 배를 사이에 두고 다양한 과일들이 마치 공처럼 날아다니며 다양한 가격으로 거래되고 있다. 오후 내내 찌는 듯한 더위가 기승을 부리는 가운데 우리는 어느새 마지막 정거장을 지나간다. 보이는 것이라곤 밋밋하게 흐르는 두 갈래 강과 어부들을 위한 작은 대나무 오두막들뿐이다.

수직으로 내리쬐는 햇볕을 그대로 받고 있는 철제 지붕 아래에는 바람 한 점 없다. 볕과 강의 흐름에 따라 이 의자 저

의자로 옮겨다니는 우리는 마치 오븐 안에서 익혀지는 기분이다. 우리는 독서를 하거나 수다를 떠는 등 뭔가 다른 활동을 하기엔 너무 지쳐 있다. 이런 날씨라면 아주 미미한 생각의 흔적마저 증발해버린다. 우리 가까이의 미얀마인 가족은 책상다리를 하고 앉아 도시락 통에 담긴 국수를 아주 먹음직스럽게 먹고 있다.

드디어 버강에 도착했다. 저 멀리 황금 지붕들이 보였다. 손에 가방과 짐 꾸러미를 든 사람들이 모래가 깔린 길을 따라 힘겹게 올라왔다. 어느 짐꾼의 등에 짊어지고 있던 우리의 가방 두 개가 인파 속에서 분실되었다. 그러나 우리는 개념치 않는다. 중요한 것은 우리가 버강에 있다는 사실이다.

3

버강

©류영수

태양의 어슴푸레한 윤곽이 그늘진 산 속으로 사라지고 있을 때,
바람이 불어와 강의 모든 표면이 낮은 파도에 흔들렸고
카누들도 따라서 흔들리기 시작했다.
돌아와보니, 벌써 몇 시간이 지났는데도
스님들은 여전히 불경을 독송하고 있었다.
그들이 콧소리로 독송하는 부처님 말씀은
잠든 강 위를 무한히 쓰다듬고 있었다.

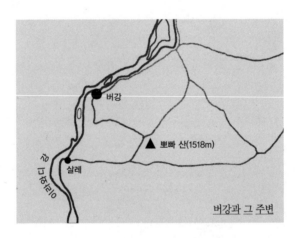

버강과 그 주변

버강

도착해서, 2월 24일 오후 5시 30분

이 여행으로 우리는 녹초가 되어버렸다. 배를 타고 열두 시간, 그 중 여덟 시간을 찜통더위 속에서 보낸 탓인지 머리는 몽롱하고 다리는 후들거린다. 우리는 사람들의 시선 속에서 비틀거리며 배에서 내린다. 결국 우리는 '콰이Kwai 강의 다리'(미얀마 남쪽에 위치)에서 영국 대령에게 가해졌던 가벼운 형량을 견뎌냈던 것이다. 일본인 적에 의해 철창 속에 감금된 그는 시간이 흘러 다시 자신의 부대원들 앞에 풀려날 때까지 완고함과 위엄을 잃지 않았다고 하지 않던가? 아련한 회상이다. 그가 우리의 모델이 될 수는 없지만 그를 생각하니 왠지 마음이 든든해진다.

버강이라는 이름은 하나의 매력으로 작용한다. 피곤함도 잊은 채 해가 떨어지기 전 서둘러 사원의 테라스에 올라 그 광활함을 만끽해야 한다는 생각에 열중하다 보니, 짐꾼들의 행렬과 어디론가 쓸려나간 가방 따위는 뒷전이다. 여기서 태양은 마치 돌처럼 순식간에 떨어진다. 빨리 서둘러야만 한다.

인적이 드문 곳에 비좁고 어둠침침한 통로가 있다. 우리는 굴뚝의 도관이나 다름없는 오솔길을 따라 힘겹게 올라간다. 불빛이 아쉬운 순간, 한 소년이 나타나서 들고 있던 횃불을 우리에게 비춰준다. 겸손과 약간의 두려움을 요하는 마지막 통과의례와도 같은 행로를 거친 후에 찾아든 갑작스런 빛줄기에 눈이 부시다.

내가 매일 저녁 하루도 빼놓지 않고 이 사원 저 사원에 기어올라가 이것과 비슷한 테라스에 서 있게 되더라도, 나는 아마 매번 그 광채 앞에서 숨이 멎을 것만 같은 똑같은 쇼크, 똑같은 망연자실함, 똑같은 경탄의 감정에 휩싸일 것이 분명하리라. 백 년 동안 세계를 돌고 돌아도 이것보다 더 아름답고 압도적인 것은 결코 볼 수 없으리라.

달처럼 광활한 평원은 완벽한 고요에 잠긴 채 다른 세상에서 온 우주 비행 물체 같은 수천 개의 화살과 탑 들로 점령되어 있다.

그것들은 고독한 하늘 아래 우뚝 솟아 있다. 그러고 보니 이곳은 한 야망가가 찾아 헤매던 곳과 닮아 있다. 영국 건축가 퓨진Pugin*이 그늘도 없는 태양 아래에 성당들을 세워 만든 '신 예루살렘'을 말이다. 어쨌든 간결하면서 쭉쭉 뻗은 아름다운 형상들이 가득한 이곳에 서 있노라니 시간이 정지해버린다. 시간이 수인처럼 그곳에 갇혀버린다. 시간은 그 형상들 앞에서 어떤 권위도 행사할 수 없다. 불교의 핵심 관념이라 할

■ 퓨진Pugin(1834~1875) 영국의 신고딕 건축가.

수 있는 '찰나' 역시 이곳에서는 그 의미가 무색해졌다.

지는 햇살 속에 희미해지면서 무한을 반복하는 저 파고다와 사원 들의 풍경은 일정한 간격으로 무덤덤하면서도 무한하게 펼쳐져 있다. 그 어떤 한계도 이 풍경을 멈추게 할 수 없고, 그 어떤 시작의 표시도, 우리의 세계로 통하는 길도 이 풍경에 자국을 남길 수 없다. 게다가 솟아오른 안개가 비현실적인 윤곽들과 형체들을 모조리 삼켜버린다. 저물녘 태양 아래 떨어진 황토색 장미가 꿈에서나 가능한 무시간성의 색조를 띠고 있다.

돔, 첨탑, 화살촉, 정식頂飾, 종, 둥근 천장, 나선형 장식, 주름장식 혹은 원뿔형 장식 등으로 꾸며지고 광선의 변화에 따라 다양한 색깔을 띠는 파고다는 여러 겹의 테라스들이 피라미드 형태를 이루며 정방형의 기단 위에 세워져 있다. 어떤 사람들은 테라스 주위를 돌고, 어떤 사람들은 몸과 마음을 가다듬고, 또 어떤 사람들은 흙을 구워 만든 뒤 니스를 칠한 옆의 표지판을 보면서 파고다의 유래를 더듬고 있었다. 거기에는 불교 경전의 주요 이야기들이 소개되어 있다. 일반적으로 《자타카jataka》*라 부르는, 붓다의 전생담을 중요도에 따

라 선별한 547개의 이야기다. 마지막 이야기는 시간의 순환 속으로 회생하는 장면이다. 온갖 보물을 가득 담은 뒤 밀봉한 기념비적인 유물함도 있다. 그러나 사람들은 굳이 그 속에 뭐가 들어 있는지 알려고 하지 않는다.

반면, 짤막하고 단아한 외형에 끝이 높다란 왕관 모양으로 장식되어 있는 사원은 네 방향으로 열려 있으면서 여러 불상을 모시고 있다. 그곳에서는 일상적인 의식들도 펼쳐진다. 단순한 건축적 모방의 틀을 벗어난 이들 각각의 건축물들은 메루Meru 산 그 자체다. 메루 산은 우주를 상징하는 산으로, 그 가파른 경사가 정신적 고양의 경지를 단계별로 대변해준다고 한다.

우리는 비교적 선선한 이른 아침이나 해가 지는 저녁 무렵을 틈타 파고다들 위에 올라가기로 했다. 가파른 계단을 따라 테라스까지 올라가는 동안 아래에 펼쳐진 평원이 점점 더 넓게 눈에 들어왔다. 우리는 작열하는 태양을 피해 사원의 서늘한 그늘 안으로 피신했다. 거기에 있는 것이 좋아서라기보다는 바깥 날씨가 너무나 더워서 그 그늘 안에 몇 시간 동안 머물게 되었는데, 마침 거기에 매우 작은 불상 하나가 모셔져 있음을 우연히 알게 되었다. 긴 하루가 끝나갈 무렵, 나는 내가 받은 인상을 전달할 수 있는 적절한 말을 찾아내려고 애썼다. 효율적이거나 수사학적인 말이 아니라 개인적 경험을 정확하게 담아낼 수 있는 말을. 경험들이 섬세하면 섬세할수록 그 경험들은 나와 함께 긴긴 페이지를 따라 생생하게 묘사될 것이고, 그렇게 되면 그것은 지도상에서 그다지 멀리 모험을 감행하지 못한 사람들에게 좋은 안내자가 될지도 모른다. '인상주의'란 목소리에 반대 뉘앙스를 담아내어 표현하려는 욕구, 또는 사전에도 설명되어 있듯이 '엄밀성이 결여된 애매한' 표현에의 충동, 달리 말하면 본질 주위에서 서성이며 자신이 즐거움을 느끼는 표현의 기술을 일컫는 말이다. 적절한 말이 떠오르지 않거나 생기 없이 뜬구름 잡는 말들만 떠오를 때, 그 절망에 빠져 허우적대는 순간에 내가 생각한 것이 바로 인상주의의 경지였다. 적절한 문장이 하나도 떠오르지 않는 매 순간, 나는 그토록 비난의 대상이 되고 있는 인상주의야말로 어떤 사람이나 나라와의 특별한 만남을 서술하는 기행문에 매우 적합한 양식이라는 생각이 들었다. 물론 그 양식이 우리의 시선과 감정 상태를 진정으로 옮기고 그것들을 다시 언어의 힘을 통해 나누어 가질 수 있다는 조건하에서 말이다. 미얀마에 대한 가이드북이나 정보 책자 들을 통해 우리는 미얀마의 지리, 정치, 경제, 문화에 대한 각각의 관점들뿐만 아니라 게릴라전, 반란을 일으키는 무리들, 건축물과 상좌부불교, 또 식민 시대와 같은 시대별 역사를 찾아볼 수 있었다. 영국 도서관에서 한 카탈로그를 조사한 적이 있는데, 'Burma'라는 단어만 해도 3,400개의 타이틀 속에서 쓰이고 있었다. 그 숫자는 그들의 기나긴 노력의 역사에 내가 적당히 한 줄을 보태면서 얼버무릴 성질의 것이 아니라는 점을 확실히 깨닫게 해주었다. 그러므로 우리에겐 길에서 만난 친절한 사람을 따르는 것이 훨씬 나은 접근 방법일 수도 있었다. 그리고 이런 희망을 품어

보는 것이 더 좋았으리라. 이 나라에 얽힌 사연들이 세심하고 연상적인 차원에서 끊임없이 이어질 만큼 이 나라는 내 가슴 속에 약간의 행운과 함께 살아 숨쉬게 될 거라고…

불타는 광활한 평원

나머지는 생략하기로 하고 내가 읽었던 글을 하나 소개한다. "건조 지대 한복판에 있고, 중국과 인도의 길들을 이어주는 큰 항구들 사이에 있었던 버강은 한 제국으로 성장하기 전부터 이미 전쟁과 무역의 요충지였다."

연대기들은 때로는 사람들이 콩트나 옛이야기를 읽을 때와 똑같은 기쁨을 갖고 읽을 수 있도록 윤색된 문서들로서 아나우라타 왕에 대해서도 그렇게 이야기하고 있다. 그는 버강의 초대 왕은 아니지만 미얀마를 통일한 인물이다. 경건하고 엄격한 몽족 승려인 신아라한Shin Arahan의 영향과 종교적 열정에 힘입은 아나우라타 왕은 떠통Thaton 출신의 몽족 왕 마누하Manuha에게 상좌부불교의 성스런 기록인 삼장三藏을 되돌려줄 것을 요구했다. 그러나 그의 요구는 받아들여지지 않았고, 대결전이 뒤따랐다. 1060년 아나우라타 왕은 삼장을 되찾아오면서 몽족의 왕을 포로로 데려왔고 궁정도 빼앗아버렸다. 그때를 기점으로 전대미문의 사원 건립 시대가 시작되었다. 물론 그것은 일반적인 견지에서 보면 종교적 동기라기보다는 새로운 노동자 계층을 양산하고 모든 항구를 자유로이 드나들며 부를 축적하기 위한 일종의 공세였다고 추측할 수도 있다. 이런 추측이 그럴듯해 보일 수도 있지만, 그렇다면 왜 당시에 인간의 정신을 하나로 결집시키려고 했던 것일까? 그로부터 10여 세기가 지난 지금, 그 과거를 등에 업고 성장한 사람들조차도 정복 전쟁을 위한 막대한 힘을 축적한 것은 무엇보다도 귀족적 동기(이것 역시 의심스럽긴 하지만) 때문이었다고 여전히 믿고 있는 것과 대비해볼 때, 그런 의문을 갖지 않을 수 없었다. 어찌 보면 아나우라타 왕은 떠통을 완전히 제압하지 못했기 때문에 전통을 자랑하고 문화적 가치가 있는 쀼족*의 수도 뜨리켓떠야Sri Ksetra를 향해 진군해 들어갔을 것이다. 그는 성물聖物들을 약탈하기 위해 그곳의 파고다를 열었다. 성물들은 곧바로 버강 제국으로 유입되어 제국의 상징성을 더욱 강화하는 증표가 되었다. 그렇게 해서 몽족과 쀼족의 문화는 버강이라는 새로운 제국에 흡수되어 공존하게 되었다. 인도의 종교들, 즉 상좌부불교와 대승불교Mahayana* 및 브라만교의 의식이 3세기 이전부터 미얀마 땅에 뿌리를 내리고 서로 조화를 이루었던 것처럼, 버강 제국의 문화도 그렇게 시작되었던 것이다.

그런 예술품과 건축 양식 속에서 앞으로 주도권을 잡아갈 상좌부불교는 아나우라타 왕이 좋아하는 북인도의 대승불교 양식과 브라만교의 의식 요소가 가미되면서 구체화되었다. 그들의 고유한 양식을 더욱 돋보이게 했던 것은 공허한 엄격성이 아니라 이국적 요소가 섞인 차분한 실용성이었다. 난퍼야Nan-hpaya 사원 한가운데에는 네 개의 머리를 가진 브라흐마Brahma*가 연꽃 대좌 위에 앉아 있는데, 줄기들이 브라흐마의 몸통만큼 구불구불하고 나른하게 원 모양의 형체 주변을 기어오르며 춤추고 있다. 그 조금도 옹색하지 않은 브라흐마 상은 한때 지금은 사라지고 없는 거대한 불상과 조화를 이루며 나란히 놓여 있었다고 한다. 이처럼 평원의 기념물들은 가는 곳마다 과감하고 조용한 혼합의 흔적을 남기고 있다. 개중에는 개념 없이 도입된 모티브들도 보인다. 그렇지만 그 어떤 사원도 서로 완전히 닮은 모습을 하고 있지는 않다. 그런 속에서 도시는 점성술가, 예술가, 인도에서 온 예언자 들을 매혹시키며 번성해나갔다.

버강을 방문한 사람이라면 누구나 기존의 생각과는 달리 몰아의 이념이 일종의 광기 어린 행동을 부추겼다는 점을 인정해야만 한다.

왕과 조정 대신들은 공적을 쌓고 그 권위를 하늘까지 알리느라 여념이 없었다. 파고다 건립은 일석이조의 효과가 있었다. 백성들은 백성들대로 그 일에 광분했다. 그들은 아침부터 저녁까지 사원과 제디zedi*를 세우고, 그것들을 정교히 다듬고, 양질의 상태로 보존하는 데 온 신경을 쏟았다. 그렇게 하여 그 건축물들의 풍부함과 웅장함이 발원했던 것이다. 몇몇 역사가들의 주장에 따르면, 그런 강박관념에 이끌려 주도되던 버강도 13세기부터는 기울기 시작했다. 1287년 몽골 침략이 일어나기도 전의 일이었다. 그 와중에도 버강 말기(1170~1300)의 기념물들은 승리의 확신 쪽을 택하면 택했지 불교적 초연함이나 쇠망하는 자의 피로감을 보이지 않았다.

만약 우리가 몇 가지 명제를 믿는다면, 몽골의 침략이나 1299년 샨족의 침략, 역사의 소용돌이들 너머의 버강은 어쩌면 오늘날까지도 천 년이 넘는 세월 동안 종교의 메카로 남았을지도 모른다.

마치 그 광활한 평원에는 수세기에 걸쳐 거침없이 표현되어온 정신적 욕구가 섬세하게 영향을 미치는 것 같았다. 그렇지 않고서야 이런 평화의 인상을, 그것도 시간을 초월한 평화의 인상을 어떻게 설명할 수 있으랴!

하루 종일 걸어다닌 우리는 마침내 우리만의 명상의 시간을 되찾았다. 거기서 우리는 우리만큼 행복한 필멸의 두 영혼을 찾기 위해 가뭄으로 불타는 이 땅을 오랫동안 쓰다듬어줄 필요가 있었다. 그 점에 관한 한 우리는 아무런 의문을 품지 않았다. 우리는 우리가 진정으로 있고 싶었던 바로 그곳에 있었으니까…

대면

원래, 그러니까 서기 1,000년 말엽의 미얀마 사원은 은자의 동굴을 닮아 있었다. 그곳의 돌이나 벽돌이 자연이 물려준 은둔처를 조성하는 데 한몫하고 있었다. 명상을 하기에 딱 알맞은 미미한 빛. 우리와 신성한 형상을 가깝게 해주는 협소한 공간. 게다가 간접적인 광선은 우리 자신 너머에 보이는 이미지인 유일한 현실을 붙잡게 해주고, 외부 세계를 밀어내면서 평온하고 해맑은 미소로 물들인다. 이 건축물이 의도한 밀도 높은 대면이 바로 이것이다. 세상을 폐기 처분한 가운데 스승과 신도 들의 만남이 이루어지는 곳. 바로 신비한 경험을 위한 제반 조건들이 여기 모두 갖춰져 있었다. 다시 말하면 우리를 우리 자신 안으로 끌어당기는 절대적 현존의 순간이 마련되어 있는 곳이 여기였다.

나의 내부에서 끓어오르는 발심은 외딴 곳에 위치한 한 작은 사원에서 한층 깊어졌다. 그 사원은 버강에서 가장 오래된 사원 중 하나로, 전문가들에 따르면 아나우라타 왕이 통치하던 시대에 만들어진 간결한 건축물이다.

아치형 주랑들이 있는 곳은 한낮의 빛의 광란으로부터 우리를 보호해주는 입구의 홀과 요새의 벽면처럼 두툼한 벽면에 싸여 한층 어둠침침한 효과를 자아내고 있었다. 그 복도를 따라 걸어가면서 우리는 명상을 하게 되고, 미처 성소에 다다르기도 전에 모든 근심과 욕망을 버리게 된다. 성소에는 태곳적부터 거기서 우리를 기다려오다 홀연히 우리를 맞이하는 거대한 불상이 안치되어 있다. 중앙은 거의 칠흑 같은 완전한 어둠 속에 묻혀 있다. 올 굵은 마포麻布처럼 짜여진 돌틈 사이로 새어나온 광선이 선각자의 얼굴에 살포시 내려앉는다. 비록 찰나였지만 그 미소에는 행복과 안도감이 깃들어 있다. 새까만 어둠 속에서 나타나 빛의 세례를 받은 부처님의 미소는 살아 있는 듯이 생생하다. 그것은 이 나라만이 간직한 비밀 같은 잊을 수 없는 감미로운 순간들 중 또 하나의 감미로운 순간이다.

부처님의 영원한 미소

"어느 날 여덟 명의 귀한 스님들이 왕궁에 탁발을 왔다. 왕은 그들의 발우에 쌀을 채워주고 나서 물었다. '당신들은 어디서 왔습니까?' 스님들이 대답했다. '간담마더나Gandhamadana 산에서 왔습니다.' 짱싯따Kyanzittha* 왕은 신심이 깊었고, 그들에게 우기에 이용할 수 있는 사원을 지어주었다. 그들이 머무는 우기 3개월 동안 짱싯따 왕은 매일 그들을 자신의 왕궁으로 초대했다. 어느 날 왕은 그들에게 난다물라Nandamula 동굴의 모습을 보게 해달라고 요청했고, 그는 그것을 아난다Ananda•라고 불렀다."

이렇게 해서 아난다가 만들어졌다. 여덟 명의 인도인 승려들이 신통력을 발휘하여 왕의 눈앞에 나타나게 했던 그것은 히말라야 산맥 속에 있는 동굴 사원을 본뜬 것이었다. 더위 때문에 바싹 마르고 타들어가는 평원에 눈으로 덮인 동굴을 세웠으니 꿈이 현실이 되었다.

아난다는 균형 또는 완벽한 비례의 대명사이다. 그것은 버강의 '위대한' 사원들 중 으뜸가며 가장 거룩하다(1105). 아난다는 우아한 자태를 갖고 있기 때문에 엄격함이나 거대함은 전혀 찾아볼 수 없다. 그러나 그 고요한 장중함은 아무런 꾸밈 없이 자기 확신에 가득 차 있다. 테라스들은 정식頂飾된 탑신부 쪽으로 규칙적으로 뻗어나가고 있고, 메인 파고다가 그

• G. H. 루스 G. H. Luce, 페마웅띤 Pe Maung Tin의 《유리궁전 연대기 The Glass Palace Chronicle》에서 인용.

테라스들 위에 우뚝 솟아 있다. 각 모서리에는 중앙의 모양을 본떠 만든 더 작은 파고다들이 위쪽으로 상승의 리듬을 타고 있는데, 그것은 하늘과 땅 사이의 조화로운 대화가 이루어지는 듯 수직과 수평의 놀이를 연상시킨다.

사원의 규모에 비해 내부는 어둠침침하다. 흐릿한 빛을 발하는 두 개의 주랑을 따라가니 거대한 입불상들을 모시기 위해 네 개의 감실을 깊숙이 판 중앙 대좌가 나타난다. 우리가 그 신성한 장소에 다가갈수록 빛은 점점 희미해진다. 정신적인 경험이 밀도를 더해간다.

높이가 10미터 가량 되는 금박의 목재 불상은 우리를 압도한다. 윤곽은 불상이 입고 있는 가사의 긴 곡선을 타고 양손으로 뻗은 소맷자락 쪽으로 약간 확장되어 있다. 접수처. 보시(베풂)의 개념. 그러나 나는 꼭 해석하려는 경향이 있다. 사실, 그 시기는 미얀마 역사에서 가장 빛나던 시기였다. 창의력의 남용이라고 할까, 아니면 뷰족(인도의 스승들을 섬기지 않고 고립되어 사는 종족)의 영향이라고 할까, 짱싯따 왕에 의해 한 자리에 모셔진 네 개의 불상은 정말 환상적이었으며 우리가 흔히 보던 불상들의 모습과 매우 달랐다. 특히 입구에 있는 불상은 전통적인 수인手印(무드라mudra*)들과는 달리 앞을 향해 두 팔을 단호히 뻗고 있다. 문자 그대로 '양팔을 뻗고 있다.' 멀리서 보면 그 불상은 미소를 짓는 것처럼 보인다. 그러나 가까이 다가가면 그 커다란 얼굴이 어느새 우리를 압도한다. 미소는 온데간데없고 아랫입술은 심술궂게 툭 튀어나와 있다. 그 신비함에도 유래가 있는 모양이다. 옛날에는 스님들만 부처님의 발에 다가갈 수 있었다. 그 다음이 왕족이었다. 백성들은 거리를 두고 먼발치에서 불상을 보아야 했다. 그런 순서에도 다 숨겨진 뜻이 있었다. 부처님은 스님들과 왕에게는 좁게 모은 눈썹과 불만족스러운 입으로 엄격함을 지켰고, 백성들에게는 미소와 함께 자비를 베풀었던 것이다.

보상이라고 할까 아니면 위안이라고 할까. 여기서 나는 미얀마인들의 재기 넘치는 해결 방식을 목격했다. 그도 그럴 것이 미얀마인들에게는 적대감 또는 강압적 태도에 맞서는 유머 섞인 창의성이라는 오랜 관습이 있다. 드물게는 질투와 증오를 한데 아우르는 기술 같은 것 말이다.

 아버지와 아들

왕의 아버지가 성식盛式 선서를 하고

그의 다섯 아들이 있는 한가운데에 하얀 우산을 놓았을 때,

우산은 왕이 원하는 방향으로 기울었다.

왕은 티hti를 구상했던 곳에 술라마니Sulamani와 닮은

파고다를 짓게 했고,

그것을 틸로밍로Htilominlo라 불렀다. •

• 앞의 같은 책에서 인용.

물론 내게도 좋아하는 사원과 파고다 들이 있었다. 버강의 옛 역사의 단편이나 그 시대의 헌신적인 왕들을 떠올리게 하는 전설이 있어서 좋을 때도 있었고, 수직적인 선과 수평적인 기초를 조화롭게 살린 건축미가 마음에 들 때도 있었다.[*] 그 선들은 하늘을 향해 힘차게 뻗어나갈 뿐만 아니라 땅 속에 견고히 뿌리를 내리고 있었다. 진홍색의 완벽한 틸로밍로 파고다가 이런 두 경향 사이의 이상적인 타협을 보여주는 듯했다. 여러 선조를 모신 군주 왕정에 의해 세워진 그 파고다는 선왕 알라웅싯뚜 2세가 1181년경 건립한 걸작품인 술라마니 파고다를 본뜬 것으로 한때 최고의 전성기를 맞은 제국의 위세와 번영을 증언하고 있었다. 거대한 윤곽, 창백한 하늘 아래 검은 새들의 수만큼 늘어선 무수한 소종루들을 구성하고 있는 술라마니 파고다는 멀리서 보면 유령이 나올 듯한 서양 고딕 성채들의 음울한 그림자를 연상시켰다. 그런 생각에도 일리는 있다. 왜냐하면 버강은 스코틀랜드와 마찬가지로 그들 나름의 유령을 가지고 있었으니까. 그다지 환상적이거나 변덕스럽지 않고, 별로 배회하지도 않는 그 유령들은 대대로 이어져 내려온 왕족의 혈통이 그들에게 부과한 복수와 살인을 꿈꾸고 있다. 그 안타까운 영혼들은 북쪽에서 남쪽까지 자신들의 관습을 보존하고, 한낮의 생생한 빛을 피해 산다. 그래서 버강 사람들은 그 영혼들이야말로 쇠락의 순간을 기다리면서 암살자였던 왕들이 지어놓은 사원들의 어둠침침한 복도를 따

• 특히 과도기(1120~1170)나 초기(850~1120)에 해당하는 사원과 파고다 들.

라 이리저리 떠돌아다닌다고 믿는다.

　그 영혼들은 담마양지Dhammayangyi 파고다에서도 비슷하게 나타나는데, 외양을 볼 때 미얀마풍 사원이라기보다는 일종의 피라미드에 가까운 그 사원은 두말할 것 없이 당당하게 버강의 하늘을 지배하고 있다. 아직 완성되지 않은 그 사원은 군주의 역사에 드리워진 수수께끼로 남아 있다. 주저앉은 외양, 세심하게 쌓아올린 벽돌 공법, 교향곡의 결말부에 울려퍼지는 시끄러운 크레센도를 연상시키며 거침없이 규칙적 연속을 이루는 장엄한 테라스들을 보라. 한 광인의 자기 증명과도 같은 권력의 과시는 이제 그곳 어디에도 깃들어 있지 않고 존재할 아무런 이유도 없어 보인다. 그 사원에는 아무것도 안치되어 있지 않을 뿐더러 그 실존을 대변해줄 수 있는 신성함 따위도 찾아볼 수 없다. 그 사원은 단지 텅 빈 중앙 공간을 메우기 위해 세워졌는지 쓸모없는 돌 무더기가 보이고 순식간에 어두워지는 복도도 막혀 있었다. 가는 길은 이렇게 영원히 차단되어버렸다. 왜 그랬는지는 아무도 알지 못한다. 이성적인 정신의 소유자들은 사원 일반에 대한 관심보다는 역사적인 데서 그 이유를 찾으려 할 것이고, 낭만적인 영혼의 소유자들은 범죄와 연루된 설명을 선호할 것이다. 비극적인 사원의 돌들에 연루된 살인 사건은 너무나 끔찍해서 그 여파가 아직도 남아 있다. 전하는 말에 따르면, 그 사건은 짱싯따 왕의 손자이자 계승자인 알라웅싯뚜 왕의 재위 시절부터 시작되었다고 한다. 알라웅싯뚜의 힘은 굉장했고, 그래서였는지 그의 아들 나라뚜Narathu*는 그 힘이 부왕의 죽음도 지연시키는 것이 아닌지 두려워했다. 또한 연대기가 남기고 있듯이, 그래서 나라뚜는 노쇠한 왕이 빨리 숨을 거두도록 베개로 그의 머리를 짓눌렀다고 한다. 나라뚜는 전에도 그런 특별한 죽음이 일어나곤 했던 불길한 영향에서 자신을 보호하기 위해 부왕의 시신을 궁 밖으로 옮겼다. 그렇게 나라뚜에게도 나름대로 이유가 있었던 것이다. 그는 왕위를 계승하면서 부왕의 위대한 유산을 포기하고 그 사원의 입구를 봉쇄하기로 결심했다. 그가 부왕을 그런 식으로 죽게 해서 그랬을까? 그의 차례가 되자 스리랑카 사람들이 그를 살해했다. 이 일곽의 연대기는 아마도 그런 암살극들로 가득 차 있을 것이다. 세월의 흐름과 함께 잘 알려진 사실이지만, 버강 사람들은 나라뚜의 잔혹함이 극에 달해 벌을 받았다고, 당시의 노예들이 그를 죽였다고, 사원의 노동자들 역시 그의 광적인 요구에 맞서 항거했다고 믿고 싶어한다. 사원의 폐쇄는 이처럼 복수와 관련되었던 것이다. 또 사원의 역사는 부자간의 갈등, 경쟁, 권력, 미신, 살인 혹은 숭배와 밀접하게 연관되었다. 무엇 하나 빠진 것이 없었다. 어쨌든 버강 사람들은 그러한 역사를 마치 어제 일어난 일인 것처럼 또는 자신의 가족에게 일어난 일인 것처럼 말하지 못한다.

또 다른 사원 하나가 내 마음에 들었다. 허영도 권위도 없는 그 사원은 간결한 곡선으로 장식되어 있는 것이 상자 혹은 감옥을 연상시켰다. 왜냐하면 그 사원이 거친 웅변술로 비탄의 역사를 말해주고 있었기 때문이다. 비탄의 역사란 바로 마누하라는 몽족 왕의 이야기인데, 그는 아나우라타에 의해 포로 신세로 붙잡혀 오늘날 한 마을을 이루고 있는 버강의 밍거바Myinkaba 구역으로 유배되었다. 전설에 따르면, 마누하 왕이 말을 할 때면 밝은 광선이 그의 입에서 나왔다고 한다. 그는 신심이 깊었고 박식했으며 지혜의 길을 걷고 있었다. 그를 정복한 아나우라타 왕은 그에게서 풍기는 그 탁월함을 차마 눈뜨고 볼 수 없었다. 그는 마누하 왕에게 무조건 사원에 올리기로 되어 있는 음식만 제공하라고 명했다. 그 결과 마누하 왕은 광채를 조금씩 잃어간다. 정신적 힘을 빼앗긴데다 이중으로 굴욕을 당한 마누하 왕은 이 사원을 짓게 했는데, 그것이 이른바 '마누하 사원'(1060)으로, 그곳엔 그의 육체적 정신적 비참함의 우의寓意가 담겨 있다.

우리는 사원 안으로 들어간다. 중앙 감실의 내부 공간은 엄청난 크기의 부처님이 모셔져 있어서 비좁아 보이는 감이 없지 않다. 부처님은 머리를 약간 숙인 채 몸을 바짝 움츠리고 있었고, 사방의 벽이 부처님을 에워싸고 있었다. 이것은 바로 불교식의 루이 11세의 철책에 견줄 만하다. 내벽에 몸을 바짝 밀착시킨 순례자는 고개를 들고 힘겹게 숨을 몰아쉬는 것으로 봐서 일종의 밀실 공포증을 느끼는 것 같다. 그는 이 불상보다 약간 작기는 하지만 같은 처지인 옆방의 불행한 불상을 보기 위해 몸을 옆으로 세운 채 벽과 불상의 거대한 발가락 사이를 빠져나간다. 세 번째 방에서도 그와 비슷한 광경이 펼쳐진다. 사원 뒤편에 있는 와불상만 유일하게 미소를 짓고 있었다. 전하는 말에 따르면, 와불상은 마누하 왕에게 죽음의 순간이 임박함을 뜻한다. 정복당한 왕은 그렇게 자신의 고통을 호소했던 것이다. 그도 그럴 것이 아나우라타 왕은 그의 명성인 황금 언사를 빼앗아버렸던 것이다. 마누하 왕은 말이 필요했지만, 그 말이라는 것도 언젠가 무용지물이 될 거라는 사실을 잘 알고 있었다. 그래서 그는 참고 참아왔던 염원을 영원히 호소하고자 그 신성한 조각상들에 자신의 뜻을 담았던 것이다. 전설에 불과할지도 모르지만 적어도 이곳에는 그의 호소의 몸짓이 남아 있다.

거기서 멀지 않은 곳, 밍거바 마을과도 가까운 곳에서 나는 새로운 증거를 접했다. 즉, 초기의 비관적 자세에서 벗어난 불교는 초연함은 덜하고 욕심은 더한 영향들을 받아들이는데 적극적이었다는데, 그 경우 불교가 진력을 다한 평화의 경지는 전혀 다른 차원에서 해석될 수 있다. 아니면 다른 종류의 평화라고 해야 할까? 신성한 것 앞에 우리를 내보일 수 있는 평화, 즉 사랑으로 충만한 평화 같은 것 말이다. 구뱌욱지Gubyaukgyi 파고다는 짱싯따 왕과 뜨리록까바딴사까데비Trilokavatarnsakadevi 왕비 사이에 태어난 아들 라자꾸마Rajakumar 왕세자에 의해 1113년에 건립되었다. 라자꾸마 왕세자는 그 사원을 건립함으로써 고통에 빠진 아버지를 구원하고자 했다. 그 사원은 가장 이상적인 것에 다다른 초창기 사원의 모범이기도 하다. 짱싯따 왕 역시 그 사원의 헌당식에 참가했을 때 "따두, 따두Thaddu, thaddu(브라보, 브라보)"라고 감탄사를 연발했다고 한다.

…왕비의 아들 라자꾸마는 사원 안에

황금 불상을 안치시켰다. 파고다의 황금 첨탑을 완성하고

사크무날론Sakmunalon, 라페Rapay와 헨부이Henbuiw라는

세 개의 노예 마을 사람들을 소집한 후,

왕비의 아들 라자꾸마는 파고다와 불상에 물을 적셔주면서

이런 말을 남겼다.

"제가 지금 완성하고 있는 일에 전지와 지혜를

주시옵기를"…•

그의 소원은 성취되었다. 라자꾸마는 왕위를 계승하지 못했지만 11세기 스리랑카에서 전해진 고서들을 읽고 번역하면서 일생을 보냈다. 구뱌욱지 파고다의 기원과 때를 같이하고 있는 사원의 그림들은 그가 번역한 불교 경전들을 그림으로 나타내고 있다. 라자꾸마 왕세자의 열정과 섬세함은 대단했다. 회랑에는 각 벽면마다 둥근 천장에서부터 바닥까지 벽화들로 가득했다. 그 벽화들은 오늘날 모두 복원되었고, 우리는 투사기를 통해 벽화의 방대한 이야기를 모조리 섭렵할 수 있다. 그 벽화의 기원은 스리랑카적이지만, 전문가들은 북인도의 영향을 받은 스타일과 그것과 확연히 달라 보이는 또 다른 스타일을 구분하고 싶어했다. 하나는 서술적인 스타일로 교화 목적이고, 다른 하나는 장식적인 스타일로 사람의 눈을 즐겁게 하기 위한 것이다. 이 두 스타일을 함께 담은 작은 벽화

• G. H. 루스, 페마웅띤의 《유리궁전 연대기》에서 인용.

들이 창문 위쪽의 감실에 표현되어 있다. 램프를 들고 우리를 안내하는 이가 못마땅한 듯, "논문이지 결코 종교적인 것은 아니지요"라고 힘있게 말한다. 사실 그것들을 붓다의 생애뿐만 아니라 '마라Mara* 시대의 공격과 패배'라는 유명한 이야기와도 결부시킬 수 없다. 여기에는 유혹도, 그 유혹에 굴복하는 내용도 전혀 없다. 꽃과 꽃잎으로 어여쁘게 장식한 대형 메달 안에서 한 커플의 연인이 주위의 시선은 무시한 채 몸부림을 치고 있다. 옷자락이 정신없이 휘날리고 팔과 다리는 돌아가면서 크게 움직인다. 천박한 제스처라고 해야 할까 아니면 환각 상태에 이르는 미친 춤이라고 해야 할까? 아무려면 어떠랴! 분명한 것은 즐거움이요 그들 커플이 나누는 진심 어린 쾌락이다. 그와 비슷한 장면들이 사원 곳곳에 재현되어 있다. 나는 몇몇 종교에서는 성적 쾌감을 신성한 것으로 여기고 그것을 신성에 다가가는 특권적 수단으로 본다는 사실에 대해 곰곰이 생각해보았다.

다시, 어느 가족사

버강에서 가장 큰 성소이며 버강 순례에서 빼놓을 수 없는 곳인 쉐지공 파고다에 도착했을 때, 그곳에서는 성대한 의식이 치러지고 있었다. 새롭게 단장한 황금 불상을 그 파고다에 안치시키는 의식이었다.

위엄이 묻어나는 한 군인이 꼿꼿한 자세로 그 신성한 불상을 받쳐들고 있었고, 그 주변에는 서열이 높은 사람들, 즉 그 지방에서 가장 연로한 스님들이 반원을 그리며 서 있었다. 그들은 고목처럼 노쇠하고, 허리가 굽고, 야위고 기운 없는 모습이었다. 노화로 인해 수척해진 얼굴, 주먹만 하게 파인 양 볼만큼이나 움푹 들어간 눈을 한 그들은 겨우 서 있었다. 의식이 끝나자 스님들 한 분 한 분에 도우미가 달라붙어 살아 있는 성물처럼 조심스럽게 감싸면서 부축해줘야만 했다.

쉐지공 파고다는 아나우라타 왕 재위 시절에 건립하기 시작하여 짱싯따 왕이 완성했다. 세 개의 톱니 모양의 테라스, 입을 쩍 벌린 괴수들이 막고 서 있는 황금 곡선의 계단, 거대한 형상을 감싸는 황금빛과 진홍빛의 육중함을 지닌 쉐지공 파고다는 바빌론이나 니느웨Ninive의 이교도 사원들을 연상시킨다. 원뿔형 상단에 꽂힌 예리한 촉鏃만 해도 부와 권력을 찬양하는 듯한 그 압도적인 입방체를 대지로부터 추방시킬 수 없게 못을 박고 있다.

그곳에서 멀지 않은 텅 빈 홀에는 마치 형편없는 실수를 비웃기라도 하듯 장대하고 냉소적인 두 정령이 서 있었다. 적의에 찬 그 영혼들은 영국 식민주의자들의 분노를 샀다. "그 정령은 예리한 화살 모양의 왕관을 쓰고 있었고, 분노로 이글거리는 가녀린 눈과 당나귀 귀, 우스꽝스런 코를 가지고 있었다." 조지 스콧 경의 눈에는 따가웅Tagaung을 지배하는 정령들이 그렇게 보였던 모양이다. 마을 사람들은 그 정령들에게 과일이나 야채를 바치면서 가능하면 멀리서 참배하곤 했다.

우리가 보고 있는 두 정령은 13세기 이래 쉐지공의 그 거대한 네 불상을 지키고 있다. 항간에 떠도는 말에 따르면, 그들은 과도한 신성함의 도를 덜어주기 위해 추한 모습의 몸을 받고 태어났다고 한다. 그들은 일그러진 형상을 한 섬뜩한 난쟁이 모습을 하고선, 기괴한 미소를 띤 채 얼굴을 찡그리면서 뭔가 불미스러운 기회를 공공연히 노리고 있다. 게다가 그들은 보는 사람을 한 방에 억누르기 위해 저마다 꽤 기다란 곤봉으로 무장을 하고 있다. 아들 쉐서가Shwe Saga는 아버지 쉐뇨Shwe Nyo를 굽어볼 수 있는 곳에 놓여 있는데, 그런 배치는 아시아 문화에서는 아주 낯선 것으로, 가치의 전복과 더불어 매우 독특한 굴욕을 환기시키는 신호다. 통찰력 있는 참배객들은 그 서열을 무시하지 않는다. 그들은 둘 중 좀더 노련한 쪽이 자신들의 청을 더 잘 들어줄 거라는 사실을 알면서도 부친 정령보다는 아들 정령에게 우선 향한다. 머리에 쓴 모자와 허리에 찬 띠 사이에 끼워진 엄청난 양의 지폐들만 봐도 그 사실을 잘 알 수 있다.

"너의 슬픔은 아무것도 아니다"

쉐지공 파고다에서 나를 맞이해준 것은 나무에 그려진 작은 초상들이다. 그것들은 큰 홀의 기둥들을 장식하고 있는데, 거기에는 유명한 전설들도 전해 내려오고 있다. 특히 인간들 사이에 작용하는 계급의 격차라는 골칫거리를 매우 간결하게 표현하고 있는 삔쉐티Pynswehti의 초상과 새의 초상이 흥미롭다. 큰 새 한 마리가 마을 사람들 중 한 사람을 잡아먹으려고 날마다 날아왔고, 그때마다 마을 사람들은 자기 차례가 왔다고 슬퍼했다. 그것을 알게 된 왕은 순번을 매겨서 마을 사람들의 몸을 새에게 주기로 결정했다. 그렇게 손을 쓰는 것이 우연이나 짐승의 의지에 모든 것을 맡기는 것보다 백 번 나았다. 왕은 우선 범죄자들을, 그 다음에는 도둑들을 새에게 바쳤다. 그러다가 더 이상 범죄자도 도둑도 없게 되자 왕은 수를 썼다. 값진 물건을 어딘가에 숨겨두고, 그것을 갖고 싶어하는 욕망을 꺾지 못하고 훔쳐가는 이를 물색하자는 작전이었다. 그런 식으로 새에게 바칠 도둑을 몇 명 더 찾아냈다. 그러다 보니 어느새 마을은 악에서 완전히 정화되었고, 더 이상 벌줄 사람이 하나도 없게 되었다(신중하게 행동하지 않으면 위험에 처한다는 것을 마을 사람들은 모두 알고 있었다). 다음으로 왕은 노인들을, 그 다음에는 소녀들을 바치기로 마음먹었다. 그때, 삔쉐티라고 불리는 젊고 순수한 젊은이가 마을의 지킴이로 나섰다. 그는 용을 죽인 성자 조지st. Georges처럼 당당히 새와 맞섰고 마침내 그 새를 저승으로 보냈다. 마을 외곽의 동굴 안에 숨어 있던 소녀들은 당당하게 마을로 돌아왔고, 결혼하고 아이를 낳고 살 수 있게 되었다. 이렇듯 끝이 좋으면 다 좋은 법이다. 결과적으로 그 새는 범죄자, 도둑 그리고 노인 들을 다 잡아먹은 뒤 한 마을을 악과 죽음으로부터 구해냈던 것이다. 오늘날의 기준(담론 혹은 가설)으로 희생되어 마땅한 유해한 사람들과 그들의 사회적 유용성을 따져보라고 한다면 대단히 복잡하고 미묘한 문제다. 하지만 위의 이야기가 내놓은 해결책 이면에 존재하는 순수성은 그 전설의 묘미를 잘 보여주고 있다.

붓다와 인도의 미친 여자 파다세이의 전설은 지금까지도

나를 기쁘게 했다. 계급이 높은 한 젊은 여성이 하인(그림에서 알 수 있듯 젊고, 잘생겼고 가는 허리에 충직한 시선을 한 남자)과 사랑에 빠진다. 당연히 그녀는 집안에서는 물론 마을에서도 쫓겨난다. 그녀는 그 남자의 아들을 낳자 그 자부심에, 남편은 반대하지만 아들을 자기 부모님에게 보이고 싶어한다. 그러는 사이 둘째 아들이 태어난다. 그녀는 둘째 아들의 탄생을 자기 부모를 다시 만나 모든 것을 용서받는 기회로 삼으려고 한다. 그래서 네 사람은 길을 나서 강과 숲을 가로지르며 모든 난관을 헤쳐나간다. 그런데 하루는 그녀의 남편이 뱀에게 다리를 물려 죽고 만다. 그러자 그녀는 3개월밖에 안 된 갓난 아들과 큰 아들을 데리고 혼자서 계속 길을 간다. 큰 강 앞에 다다른 그녀는 우선 큰아들을 데리고 강을 건넌 다음, 갓난 아들을 데리러 다시 강 건너편으로 되돌아간다. 그때 큰 새 한 마리가 갓난 아들을 물고 날아가는 것을 본다. 그녀는 아이를 돌려달라는 의미로 사리를 벗어 흔들며 정신없이 몸부림을 친다. 그러나 소용없다. 한편, 강 반대편에 혼자 서 있던 큰아들은 어머니의 몸부림이 강을 도로 건너오라고 자기에게 보내는 신호인 줄 알고 강을 건너다가 죽고 만다. 그녀는 하루아침에 사랑하는 사람을 세 명 모두 잃고 말았던 것이다. 실제로 그녀에게 남은 것은 아무것도 없다. 명성도 가족도 사랑도 없다. 그녀는 미쳐서 큰 소리로 울부짖으며 마을의 길들을 정처 없이 배회한다. 그러던 어느 날, 감미롭고 매력적인 억양의 부처님의 목소리가 그녀의 귀에 와 닿는다. 그녀는 그 매력에 홀려 무심결에 그 목소리를 따라간다. 다음 장면에서는 그녀가 가까이 다가갈 수 있도록 맨몸을 사리로 감싼 무리가 등장한다. 그녀의 불행한 이야기를 귀담아들은 부처님은 그녀에게 이렇게 말한다. "너의 슬픔은 아무것도 아니다. 그것에 너무 연연하지 마라. 그보다 더한 슬픔도 있겠거늘." 어찌 보면 무심해 보이는 위로의 말이지 결코 굉장한 위로의 말은 아니다. 너의 슬픔은 아무것도 아니다. 그 위로의 말에는 모든 슬픔을 삼켜버린 드넓은 대양과도 같은, 무한한 바다와도 같은 사상이 깔려 있다. 거기에 한 개인의 슬픔 따위는 존재하지 않는다. 한 개인의 슬픔은 완전히 해소된 세계다. 즉 나 자신의 경계와 마찬가지로 모든 경계가 해소된 세계다. 전부라고 여겨졌던 한 개인의 고통이 무한 속에 녹고 마치 환영처럼 사라진다. 그래서 탈인격화한 고통만 남게 된다. 부처님은 그녀가 자기 자신의 사슬에서 풀려날 수 있도록 손짓해주었던 것이다. 그녀는 부처님의 말 몇 마디에 그것을 이해했고, 최상의 존엄한 소명 중 하나인 비구니가 되었다. 마지막 장면에서 머리를 깎고 연화좌에 장엄하게 앉은 그녀는 더 이상 머리를 치렁치렁 풀어헤치고 숲속을 배회하던 미치광이 여자가 확실히 아니다.

그날 저녁, 이륜마차로… 2월 28일

버강 사람들은 때때로 푼돈을 벌기 위해 관광객 한두 명을 낡은 이륜마차에 실어날랐다. 그 마차들은 허약한 말들이 끌고 있었지만 종과 노리개로 한껏 예쁘게 장식되어 있었다. 보통 앞에는 작은 의자가 하나 있고 뒷좌석은 평평한 그 마차들은 농민들을 가득 싣고 밭이나 축제 장소로 간다. 커다란 두 바퀴에, 떼었다 붙였다 할 수 있는 차양이 있는 그 소박한 마차들은 더위로 타들어가는 시골에서 고풍스러운 우아함을 연출한다. 평원의 모든 길을 잘 알고 있는 말들은 별로 개의치 않는 표정을 한 채 짧은 보폭으로 담담하게 길을 간다.

더위가 한풀 꺾인 어느 날 저녁, 우리는 그 마차들 중 그나마 쓸 만한 것을 골라 탔다. 한 명은 앞쪽 의자에 반듯하게 앉았고, 다른 한 명은 뒤쪽에 쭈그려 앉았다. 우리를 태우고 가는 마부는 냉소와 번득임으로 미간을 찌푸린 늙은 철학자의 모습을 하고 있었다. 그는 청년기 이래 죽 버강에서 마차를 끌며 살아왔으며, 3,000개에 달하는 사원을 모두 알고 있어서 우리가 굳이 알고 싶어하지 않는 작은 사원까지도 마치 오랜 친구라도 되는 듯 애정을 품고 일일이 이름을 대는 것이었다. 마차는 거리를 가로질러 흐르는 도랑을 경쾌하게 건너뛰거나 보리수와 사원들 사이의 모랫길을 힘겹게 지나갔다. 마차가 흔들려 허리가 꺾어지는 것 같았지만 나는 한없이 펼쳐지는 풍경에서 눈을 떼지 않았다. 저녁의 더운 공기가 내 귓전을 쓰다듬어주었다. 가끔 마차 한 대가 우리의 마차 옆을 지나갔고, 그러면 그 마차에 탄 승객들은 우리를 향해 손짓을 했다. 그들도 우리와 똑같은 즐거움을 공유하고 있다는, 혹은 기쁨이라곤 찾아볼 수 없는 이 시골의 운송 수단을 똑같이 탔으니, 동병상련의 정을 느낀다는 신호였다.

해가 질 무렵, 이곳의 지리를 꿰차고 있는 마부가 마지막

히든 카드가 될 곳으로 우리를 안내했다. 그는 무딘 채찍으로 말 옆구리를 후려치면서 반은 잊혀지고 반은 허물어진 오래된 사원으로 우리를 데려갔다. 우리는 우리 앞에 펼쳐진 돌산의 단층을 미끄러지면서 올라갔다. 어느새 나는 칠흑 같은 어둠에 잠긴 낮은 천장 아래의 비좁은 계단 위에 서 있었다. 높고 불규칙한 계단들은 여기저기 구멍이 나 있었고, 그 밑을 내려다보니 텅 비어 있었다. 왠지 무서운 마음이 들었다. 아이들이 횃불을 들고 나타나 그들이 아는 유일한 프랑스어 문장 "tention la tête(머리 조심하세요)"**를 연발하면서 내게 길을 비춰주었다. 그것은 그 상황에 완벽하게 들어맞는 표현이었다. 몇 푼의 짯을 위해 일하는 그 어린아이들의 노련한 보호가 없었다면 나는 그 길로 되돌아가고 싶은 유혹에 사로잡혔을 것이다. 테라스에 당도했을 때 눈앞에 보인 광경은 지금까지의 노력에 대한 값진 결실이었다. 아이들은 가녀린 물새들처럼 서로 무리를 지어 난간과 꼭대기에 밀착해 있었다. 마을의 친구들이 요행을 바라며 그들에게 합류했고, 차례가 되자 내 앞에 와서 섰다. 무심하게 넘겨버릴 수 없는 상황이었다. 처음에 우리를 안내한 가이드가 질서와 신중함을 요구하자, 그들은 곧 자기 자리로 돌아갔다. 한편, 또 다른 작은 무리가 우리들의 움직임을 주시하면서 침묵을 지키고 있었다. 그들은 형형색색의 풍경이 어둠 속으로 사라지기 바로 직전 단 몇 분간의 순간을 명상하려는 우리를 방해하지 않으려고 애썼

■ 프랑스어의 정확한 표현으로는 "attention la tête"이다.

다. 그것과 동일한 광채와 영광스러움으로 물든 색채들의 파노라마가 그 마른 평원 위에 매일 저녁 펼쳐졌다. 색채들의 파노라마는 사라져가는 빛을 좇아 가장 어두운 세계로 돌아갔다. 버강에는 신에 대한 신심 어린 자세와 같은 영원성에 대한 이미지 말고 다른 차원에서 생각해야 할 문제들도 존재했다. 그곳은 세월과 보물 도굴자들뿐만 아니라, 지진(특히 1975년에 일어난 지진의 여파는 파괴적이었다)으로 인해 상당히 황폐화되어 있다. 그래서 마을은 자주 재정비된다. 요즘도 이곳에서는 작업용 연장과 신식 빨간 벽돌로 무장한 노동자들이 풀풀 이는 먼지 속에서 바쁘게 일하고 있다.

사원을 내려오는데, 횃불을 든 아이들이 교대하는 시점에서 옥신각신 심각한 언쟁이 벌어졌다. 각자에게 얼마간 지폐를 쥐여주는 것으로 일은 공정하게 마무리되었다. 내려와보니 늙은 마부가 우리를 기다리고 있었다. 여행자의 마음을 헤아려주는 속깊은 인내심으로.

보이지 않는 것과의 교류

유혹의 작업

내가 자란 곳의 사람들은 르네상스나 계몽주의 시대가 불가사의한 실존의 거처들을 없애버리고, 그것으로도 모자라 완전히 백지 상태로 되돌려버렸다는 사실을 잊고 있다. 이를테면 요즘 사람들은 과거에는 악마나 나쁜 요정들로부터 왔다고 생각했던 은연중의 과오나 부정적인 것들, 즉 질병이나 실패, 경솔함, 탈선 등을 모두 자기 책임으로 돌렸는데, 그렇게 생각하는 것이 훨씬 마음이 편했기 때문이다. 그러므로 초자연적이고 생소한 것은 일상의 골칫거리로 완전히 자리를 잡게 된다. 물론 나는 불가해한 세계에 대해 막연한 열정을 갖고 있다. 묘한 이질감을 불러일으키는 세계이긴 하지만 말이다. 더군다나 내가 그 세계를 받아들이는 이유가 거기에 있지도 않다. 양식良識의 선을 벗어나지 않는 샤를 알베르 싱그리아Charles-Albert Cingria는 이렇게 쓴 바 있다. "낭만주의가 우리를 그 세계 속으로 점점 빠져들게 하는 한 우리는 마술사가 아니다. 우리는 마술사이면서 또 그렇지 않다.

거의 대부분의 순간 우리는 마술사가 아니다." 나도 마술사가 아니다. 그것은 비판적인 습관이 커버하는 일종의 기능이다. 그러나 이곳 미얀마 사람들은 동남아시아의 다른 나라 사람들이 그렇듯 마술사들이다. 게다가 다른 나라보다 마술사들이 더 많은 것 같다. 정령들만 해도 그렇다. 그들은 우리가 바위며 나무, 구름에서 또 그와 비슷한 세계에서 만나게 되는 영령들이다. 흔히 그들은 불미스럽게 죽은 망령들이고, 해결되지 않은 그 충격이 동족에 대한 원한으로 돌변해 사방을 휘젓고 다닌다. 인간의 사악함의 희생자인 그들은 복수를 하거나 보상을 요구하면서 자기들이 보기에 적당한 시간(그들이 언제나 복병처럼 주둔하고 있다면 또 다른 얘기지만)에 인간들 앞에 나타난다. 그들은 정서가 불안해서, 우리가 그들을 위로해줄 수 있는 방법을 찾으면 다행이지만 그렇지 못하면 곧장 불쾌감을 토로한다. 따라서 사람들은 그들의 광기와 그들이 원하는 것을 나름대로 미리 알아내 각별하게 대접한다. 그렇게 사람들은 정령들의 격한 성질을 요리조리 잘 주무른다. 그러나 그들은 피 한 방울로도 당신의 생명을 독에 물들일 수 있다.

미얀마 사람들에겐 그런 일로 부처님이나 신 또는 구원자에게 자기들 편에 서서 중재해달라고 요구할 수 없으면 없을수록, 당사자들끼리 좋게 화합을 이루는 것을 더욱 효과적으로 여겨진다. 그리하여 미얀마 사람들은 자기들이 살아가기 위한 필요에 의해 급변하고 모순적이고 때로는 변절적인, 자신들의 본성에 가까운 그 자그마한 생명체들에 매달린다. 그 생명체들은 때로는 그들을 좋아하고 때로는 그들을 도와주기도 하지만, 대부분의 경우는 그들을 제거하고 죽인다. 그러므로 누군가 병에 걸린다면, 그것은 그의 영혼에 한 정령이 깃들었다는 뜻이고, 길 잃은 그 영혼은 나비의 모습을 한 채 자신의 육체에서 빠져나와 멀리 날아가버린다. 뻬다웅Padaung 족*의 언어에 따르면 글자 그대로 '뒷그림자'를 의미하는 나비 또는 야울라 yaula*는 천사-수호신 또는 우리에게 생동감을 주고 우리를 보호하는 살아 있는 힘이다. 우리가 상처를 입거나 두려움에 떨 때, 야울라는 우리를 떠난다. 나는 그런 이탈 경험을 해봤기 때문에 그 현상을 완전히 이해한다. 이 나라에서 저 나라로, 이 생활에서 저 생활로 옮겨다니는 과정에서 나는 결별과 부재의 감정(여행을 하는 시간과 저만치 지나가버린 몇 주) 외에는 아무것도 느낄 수 없던 때가 있었다. 야울라는 우리의 일상적인 활동들을 관장한다. 성공, 유머, 유쾌함, 이 모든 것이 그에게 달려 있다. 우리는 태생이 모질고 심술궂다. 이 말은 우리의 야울라 역시 악질적인 것의 화신이라는 뜻이기 때문에, 우리는 애시당초 그런 재앙들을 감수하거나 그것들을 피해나갈 능력이 없다. 만약 싸우다 지쳐서 야울라가 우리의 곁을 떠나고, 그 결과 우리가 병에 걸린다면, 떠난 야울라를 다시 불러오기 위해 갖은 묘안을 짜내야만 한다. 귀환이 지연되다 보면 야울라 자신이 결정적으로 기력을 잃고 헤매게 되는데, 그렇게 되면 우리도 영혼 없는 육체가 되어 더 이상 욕망도 기쁨도 없이 배회하게 된다. 그런 상황에서 야울라를 불러내는 것은 주술가의 임무가 된다. 그는 목적을 달성하기 위해 모든 유혹의 수단을 동원한다.

그렇다. 여기서는 유혹, 즉 온갖 상징적인 것에의 초대가 관건이 된다. 낫쁘웨nat pwe 굿은 신들림으로 가득 차 있다. 정령들을 찬양하는 그 의식은 사실 집단적 카타르시스의 현장이기도 하다. 매혹적인 의상을 두른 중재자는 그 의식이 치러지는 내내 영령들을 향해 신기를 내려줄 것을 간원한다. 유혹의 힘은 여성이나 여성적인 남성들로부터 온다. 낫거도 nagado*의 역할로 인해 존경받고 영광을 한몸에 안고 있는 메이메샤meimesha(동성애자)*들은, 물론 다는 아니지만 몇몇은 그 세계에서 추앙받는다.《도쎄잉, 한 미얀마 여성의 만 번의 생》의 화자는 이렇게 쓰고 있다. "그들은 가장 흔하게는 두 명인데, 화장과 여장을 하고 나타나 어린아이들을 웃게 하는 째진 목소리로 재잘거리면서 어설프게 춤을 췄다. 내가 이곳에 머물기 시작할 무렵, 나를 압도시킨 커다란 환희의 순간이 찾아왔다. 메이메샤들이 동전을 주우려고 몸을 굽히자 몇몇 아이들이 그 동전들을 슬쩍 훔치기도 하고, 또 몇몇은 과감하게도 그들의 치마를 걷어올리는 것이었다." 그러면서도 화자는 크게 안도의 숨을 내쉬며 깨닫는다. 만약 그들이 메이메샤들을 조롱했다면, 그것은 그들이 매춘부였기 때문이지 메이메샤였기 때문은 아니었다고 말이다.

"사람들은 위엄을 갖춘 메이메샤를 비웃지 않았다. 특히 그들이 아주 중요한 인사에 속하는 낫거도라면 더욱 그랬다. 매춘부 또는 중재자라는 두 개의 운명을 사는 그들은 한쪽으로는 혐오감을, 또 다른 한쪽으로는 두려움이 섞인 존경심을 유발했다."

여기 우마웅윙 U Maung Win이라는 서열이 높은 낫거도
가 있다. 낫쁘웨 굿이라는 복잡한 의식이 화자를 사로잡으려
할 때, 우마웅윙은 정령술의 경지에 다다른 유혹의 기술로 다
른 사람들이 감히 따라올 수 없는 세계를 독특하게 연출한다.
보이지 않는 것들 역시 자신의 대변자를 갖고 있다. 낫거도
들은 한 정령의 영에 홀려 무아의 경지에 빠져들기 전까지는
체계적이고, 영민하고, 차갑고, 근면하다. 그러나 일단 거기
에 빠져들면 무덤 저편에서 들려오는 알아들을 수 없는 목소
리로 여자와 돈, 굿을 재촉하고, 타락과 이성 사이를 연동적
으로 메워주고, 화해시킬 수 있는 뭔가를 호소한다. "럼, 타
비에 tabyé, 향수, 럼, 소다, 쉰 목소리의 절규, 몰아, 오색 천,
럼…" 낫거도는 떫고 악취가 풍기는 럼을 벌컥벌컥 들이켠
다. 잔이 입에서 입으로 전달된다. 어지러운 향냄새가 가득하
고, 종소리 북소리가 울려퍼진다. 맨바닥 위에 비틀거리는 육
신들, 거의 가려지지 않은 알몸들의 세계, 오보에 소리, 온갖
노래들, 심벌즈 소리, "병든 심장처럼 뛰는 큰 북소리"가 어
우러진다. 이런 광기 어린 장면은 최고조의 위험을 몰고 오는
마지막 날까지 앞서거니 뒤서거니 연출된다. 마지막 날이 되
면 "101정령, 악령, 유령, 그리고 그곳에 오고 싶은 모든 이
들"이 초대된다. 두려움과 관례를 무시하며 사는 소극적인
손님들은 단호히 거절된다. 악마들이 풀려난다. 그들은 거기
에 있는 사람들과 스님들을 사로잡는다. 오케스트라는 멈출
줄 모르고, 사방의 분위기는 무거워지고, 긴장감은 고조된다.
모독적인 행위, 외설스러운 제스처들, 우리가 참고 이겨내야

할 금기들이 난무한다. 어떤 여성이 비구와 함께 사랑의 행위를 연출하고, 어떤 남자는 사원 안에 방뇨를 한다. 세상에서 가장 숭앙받는 것이 깔아뭉개지는 악의 향연이다. 이어서 다른 의식들이 등장한다. 정화의 향연이다. 모든 것이 제자리로 돌아온다. "음식은 정령들을 진정시켰고, 칼은 그들을 베었고, 물은 모든 것을 정화했다."

이성의 그림자를 자기 안에 붙잡고 있으면서 위의 장면을 과감하게 소화해낸 관객으로서 내게 그것은 제롬 보슈Jerome Bosch적인 악몽과도 같은 세계, 불안과 괴기스러움의 그림들 속에 나타나는 지리멸렬한 장면에 불과하다. 그런 세계에 일단 들어가면 관객인 나는 거기에서 어떻게 빠져나와야 할지 어리둥절하지 않을 수 없다.

연금술사와 공기의 정령들

비술가秘術家들과 더불어 또 다른 영적인 이들, 즉 약초와 감주로 이것저것을 만드는 인물들이 있다. 비록 낫거도보다는 덜 평가받지만 그들 역시 적극적인 배우들이며, 보이지 않는 것과 함께 첫 선을 보인다. 그들은 몇몇 파고다, 예를 들면 슐레 파고다에 묶여 살기도 하지만 마을 곳곳에 또는 정령들의 올림포스 산인 뽀빠Popa* 산에 살기도 한다. 그곳은 연금술사들이 수약水藥을 만들기 위해 고대 활화산 등성이에 무성하게 자라는 약초들을 조제하는 보금자리이기도 하다.

여기 연금술사라는 등장인물이 있다. 그는 가면 또는 조각된 머리에 둥근 모자를 쓰고 뾰족한 수염을 자랑하며 상인들의 가판대에도 배치되어 있었다. 나는 여러 신성한 사원에 발을 디딜 때마다 인형극에서 그를 만났다. 무대에 처음으로 등장하는 인물은 그가 아니다. 그 전에 연극 무대를 정화시키는 정령 거도Kadaw 그리고 그 성좌星座가 원초적인 혼돈의 세계에 종지부를 찍는다는 말[馬], 그 다음에는 지구상의 최초의 창조물인 원숭이, 이어서 호랑이, 코끼리… 드디어 연금술사인 조지zawgyi*가 빙글빙글 돌아 사람들의 주위를 끌면서 무대에 등장한다. 그는 진홍색 의상을 입고 허공을 휘젓는 것으로 자신의 초자연적인 힘을 과시하면서 소란스럽게 등장하고는 마침내 무대 위 자기 자리로 돌아간다. 나는 그 인형극을 인레 호수 가까이에 있는 쉐양삐Shwe Yan Pye 사원에서 다시 보았다. 샨족의 사원인 그곳은 좀더 아름다운 효과를 내기 위해 빨간색 바탕의 스테인드글라스로 장식되어 있었다. 우산, 검, 유리로 세공되어 바구니를 든, 작은 등장인물들이 회랑의 내벽 위를 종횡무진 수놓고 있었다. 그 장면들 중 하나는 연금술사의 모험담을 담고 있었다.

부처님과 스님들과 달리 여성들에게 관심이 있고, 그래서 도인적인 기품이 결여된 연금술사는 성적 욕망이 평소보다 더 치솟은 어느 날 변신의 달인인 자신의 재능을 한번 써먹어 보겠다는 결심을 했다. 그러다가 문득 한 그루의 사과나무를 발견했다. 나무에 매달려 금방이라도 떨어질 듯한 여성-과실들이 보였다. 견딜 수 없었던 연금술사는 사과처럼 보이는 그것들을 떨어뜨렸다. 그가 긴 막대를 사용하는 것조차 알아챌 수 있었다. 이윽고 사랑의 밤이 연출되고, 이어서 기력이 떨어진 그는 동굴 안에서 깊은 잠에 빠진다. 그 다음 장면이 이어진다. 다음날 아침, 연금술사는 자신의 탁월한 능력을 빼앗기고 평범한 인간으로 축소되어버리고 만 것을 알고 부끄러워 몸 둘 바를 모른다. 여성들은 다시 과일로 돌아간다. 욕망의 분출 후에 찾아오는 그 차가운 우울. 이것이 교훈이라면 교훈이다. 순결을 지키고 명상에 필요한 에너지를 보존하는 것을 중히 여기는 미얀마에서는 여성-과실에 대한 욕구가 일종의 해방을 암시하고 있지만, 연금술사에 대한 위와 같은 그릇되고 우스꽝스러운 이미지는 숨겨진 욕망이라는 현실에서 오랫동안 회자되고 있다는 생각이 들었다.

뽀빠 산

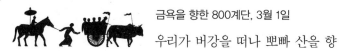

금욕을 향한 800계단, 3월 1일

우리가 버강을 떠나 뽀빠 산을 향
해 가고 있을 때, 태양은 벌써 하늘 높이 떠 있다. 수킬로미터
의 모래벌판과 울퉁불퉁한 길이 미동도 없이 펼쳐진 밋밋한
풍경 속에 이어지고 있다. 허옇게 가문 땅, 사탕수수들, 작은
대나무 집들이 보인다. 농민들은 그 속에서 낙화생유와 사탕
을 만드느라 여념이 없다. 높고 기다랗고 매끈매끈한 나무줄
기들은 사다리로 사용되고 있다. 사람들은 매일 아침 그것을
타고 올라가 자그마한 검은 냄비에 단 즙을 짜내어 끓인다.
그 감미로운 즙은 캐러멜 맛이 나고 약효도 있는 모양이다.
마른 갈대 군락, 마른 풀 등의 먹이를 찾아 대지를 휘젓고다
니는 야생 소들, 또 몇 주 동안 마실 물을 얻기 위해 먼 마을
에서 마차를 끌고 연못을 찾아온 남자들도 한 풍경이 되어 어
우러지고 있다. 길은 텅 빈 허공을 향해 계속 빨려들어간다.
뽀빠 산에 당도하기 바로 직전, 흐릿한 안개가 피어오르는 것
이 보인다. 풍경이 갑자기 격해지더니 주변이 파이고 일그러

진다. 우리는 전통적인 민가보다 더 가까이에 있는 관광 안내소 근처 평지에 도착한다. 입구에 길을 따라 촘촘하게 두 줄로 늘어선 상인들의 행렬이 보인다. 그들의 가판대에는 병에 담긴 플루메리아, 행운을 불러온다는 방울들, 목각 공예품, '뽀빠 산 기념품들', 기타 여러 잡동사니들이 진열되어 있다. 상인들은 정령들에게 참배하기 위해 미얀마 각지에서 자동차를 타고 달려온 순례자들을 결연한 자세로 기다리고 있다. 장사는 그런대로 쏠쏠한 것 같다.

마을의 꼭대기에 있는 어느 휴게소의 영어로 된 표지판이 우리를 머뭇거리게 한다. 'HILL TOP DONATION CENTER II(언덕 정상 제2봉헌소)'라고 적혀 있다. 감사의 표시를 하기 위한 똑같은 모양의 커다란 게시판들이 여러 기둥에 걸려 있다. 거기에는 기부금을 희사한 사람들의 이름과 희사 금액이 세세하게 기록되어 있다. 홍콩의 X, 말레이시아의 Y, 그리고 (…) 100,000짯. 세로로 길게 써내려간 숫자들이 익명의 이름들과 함께 이어지고 있다. 본보기? 아부? 혹은 감사의 힘에 기댄 호소일까? 어쨌든 가는 곳마다 집요하게 요구되는 돈과 우리에게는 불확실해 보이기만 하는 호의 사이의 관계를 보고 있자니 정말 짜증이 난다. 그러나 보시, 즉 스스로 마음에서 우러나와 자기가 가진 것을 퍼주는 바로 그 행위는 무엇보다도 중요하다. 가난한 사람들은 주머니 밑바닥에 있는 최후의 동전까지 긁어 바쳐야 할 것이다. 그렇게 해야 안심하고 집으로 돌아갈 수 있을 테니까. 그들은 영령들이 인간의 인생을 좀먹게 하는 것이 아니라 오히려 인생의 촉매제 역할을 한다고 믿는, 누구보다도 신심 깊은 사람들이다.

우리 위에 뽀빠 산이 있다. 높이 1,500미터의 그 화산은 수직으로 꼿꼿하게 서 있다. 마치 버강의 평원에 고립되어 있는 괴물의 이빨 같다. 산꼭대기는 초록색과 황금색의 건물들로 에워싸여 있다. 그것은 누각으로, 지붕이 화려한 교회들과 함

께 차르 시대 러시아에서 온 것이다. 그럼에도 불구하고 이곳은 예언자와 연금술사 들이 관장하는 숲의 녹음에 완전히 뒤덮여 있으며, 37정령들을 위한 의식에 정성을 쏟아붓는 곳이다. 그 무시무시한 아나우라타 왕이 골칫거리였던 영령들을 제도화하기 전 7세기 동안 왕위를 계승한 모든 왕들은 가장 영험한 두 정령을 추적했다. 그 두 정령은 다름 아닌 위대한 산의 구세주이며, 떠가웅 왕국의 질투심 많은 왕에게 살해된 마하기리Mahagiri 왕과 그녀의 여동생, 즉 자신의 오빠를 구제하려다가 죽은 황금 공주 쉐뼷떠나Shwe Myethana였다.

정상까지 이르는 800계단을 오르기 전, 우리는 정령들을 찾아가 우리가 등정을 하기 위해 필요한 에너지를 달라고 간청했다. 정령들은 크고 간소하게 지어진 일종의 은둔처에서

우리를 기다리고 있었다.

악몽처럼 무시무시한 그 정령들은 퍽이나 기다랗게 정렬된 그곳 은둔처의 대좌 위에 눈을 부릅뜨고 서서 엄청난 크기로 우리를 제압하고 얼어붙게 했다. 거기서 나는 얇은 면옷과 빛나는 공단 옷을 입은 세 정령을 보았다. 첫째 정령은 호랑이를 타고 있고, 둘째 정령은 락슈미Lasmi의 운송 수단인 기러기를 타고 있고, 셋째 정령은 충직한 의장마儀仗馬를 타고 있었다. 의장마에는 오래된 럼 병 묶음이 매달려 있었다(이는 걸인, 봉기자, 술꾼, 놀이꾼, 싸움꾼, 호색한의 수호 정령이었을까?). 그들은 무시무시한 얼굴에 경직된 미소를 띠고 있었으며, 대부분 곤봉이나 창 또는 단도를 휘두르고 있었다. 이번에는 장미색 계통의 드레스를 입은 좀더 평온해 보이는 또 다른 정령을 보았다. 그는 곤돌라 모양의 악기를 손에 들고 있었다(일설에 따르면 그는 그 악기가 원인이 되어 죽음을 맞이했고, 사람들은 그 악기와 함께 그를 바다 속으로 던져버렸다고 한다). 나는 또 검은 공단 옷을 입은 눈부신 샨족 커플을 보았다. 그들은 버마족의 왕에게 암살된 오누이였다. 거기엔 그들을 위시하여 환상과 공포의 세계에서 온 잔인한 이미지들이 분출하고 있었다. 갓 자른 소의 머리를 뒤집어쓴 신부, 자신의 범선에서 멀리 떨어져 호랑이를 타고 이동하는 바람의 여신… 이 모든 이들의 운명은 종족 간의 또는 경쟁자들 간의 피로 물든 전쟁의 역사를 말해주고 있었다. 그들 중 인도의 만신전에서 살아남은 가네샤Ganesh*는 코끼리의 코를 한 채 곁눈질을 하고 있었다. 미심쩍은 동행이지만 평화로워 보였다.

한 집안이 그곳을 지배하고 있었다. 키가 작고 익살스러워 보이면서 죽음도 빨리 맞게 되는 왕과 꽃, 유리 세공품으로 머리를 장식한 기품 있는 쌍둥이 아들 둘이 있었다. 또한 왕의 아내, 즉 왕비가 있었는데, 그녀는 미인이지만 공작의 깃털을 높이 치켜올리고 있는 품새가 다소 미심쩍어 보였다. 그녀는 꽃을 먹는 식인귀 뽀빠메도Popamedaw로, 반은 여자이고 반은 짐승이었다. 하등동물들로 뒤덮인 일부 형상들은 자신의 근본을 배반하고 있었다. 쓴웃음을 자아내는 무시무시한 갈고랑이 같은 입에, 밑으로 반쯤 가려진 섬세한 얼굴에는 수수께끼 같은 미소가 번지고 있었다. 혹시 그녀는 《지킬 박사와 하이드 씨》에 나오는 여성의 미얀마 버전이거나 〈당나귀 가죽〉이라는 콩트에 나오는 동물의 피부를 하고 태어난 아름답고 슬픈 여성이 아닐까? 나중에 안 사실이지만 뽀빠메도는 위험해 보이는 외관과는 달리 비탄의 화신이라고 한다. 남편이 죽고(사실 그는 떠통을 정복하려는 아나우라타 왕을 도왔던 용감한 전사였고, 나중에 왕은 그의 힘을 두려워한 나머지 사사로운 구실로 그를 처형시켰다), 쉐삔지Shwepingyi와 쉐삔제Shwepyinnge라 불리는 장난꾸러기 두 아들까지 그녀를 버리자, 그녀는 일곱 가지 고통을 겪는 성모 마리아처럼 눈물을 흘린다. 그녀는 속세를 떠나 기도와 명상에 전념하려고 하나 그녀의 출중한 미모가 그것을 허락하지 않는다. 남성들이 그녀의 존재를 금방 알아보기 때문이다. 결국 그녀는 여성의 육체를 포기하고 다른 형상을 빌려 자신의 모습을 숨기려 한다. 그러나 완전히 성공하지는 못한다. 그런 주제는 오래되고 흔한 것이다. 동물적 본성에 뿌리를 둔 남성은 자신을 갈고 닦기 위해 아무리 노력해도 자신의 본성을 완전히 버릴 수 없다(《미녀와 야수》에서처럼 사랑만이 그 남자를 돕는다). 한편 여성은 원초적 본능과 결부되는 요구 사항을 피하기 위해 공포감을 조성하는 흉측한 외모로 변신한다(하지만 우리가 이 콩트를 이항 대립적 방법으로 해석하지 않는다면 다음과 같이 된다. 산등성이에서 만난 여성-식인귀가 남성을 유혹하고 그를 붙잡는다. 반면 그 남성은 순진하게도 자신의 주인인 왕을 위해 꽃을 따는 데 여념이 없다. 그녀는 자신의 의지와 상관없이 그를 그의 의무로부터 빠져나오게 하고, 그것이 그의 죽음의 원인이 된다. 여기서 알 수 있듯이, 두 성性 사이의 영원한 전쟁의 역사에서 과오라는 것을 어떻게 보느냐가 관건이다). 식인귀인 것 못지않게 희생양이기도 했던 뽀빠메도는 감미로운 눈물바람을 하며 모든 어머니와 아낙네 들에게 그녀 자신의 고충 또는 그녀들의 고충, 결국 하나인 그 고충을 토로할 수 있게 만들어줬다. 한편, 그녀의 무시무시한 두 아들(그들 역시 백성들에 의해 비명횡사했다) 역시 제례의 대상이다. 왜냐하면 권력자 출신이라면 그 누구도 무시해서는 안 되고, 제아무리 비천하고 혐오스러울지라도 인간성의 그 어떤 점도 소홀히 해서는 안 되기 때문이다. 덧붙여 말하면, 의식을 치를 때 쉬핀지와 쉬핀제는 '낫거도'들 사이에서 수많은 부인들과 여제들의 떠받듦을 받는다. 여기서 알 수 있는 것은 신심 깊은 미얀마 사람들은 피부의 보기 흉한 노출 같은 것으로 당신을 가렵게 하는 충격을 염두에 둘 줄도 알고 그것을 다룰 줄도 안다는 점이다.

향초와 재스민의 강한 향이 이미 혼미해진 우리의 이성을 뒤흔들어놓는다. 거기에는 인공적인 향수 냄새도 섞여 있다. 몇몇 신도들이 주머니에서 스프레이를 꺼내 자기들이 선호하는 정령을 찾아 물을 뿌려준다. 한편, 왕비-식인귀를 향한 비음 섞인 기도가 경내에 울려퍼지고 있다.

　정상으로 이어지는 끝도 없는 계단을 올라가는 도중 바위 속에 동굴 하나가 뚫려 있어서 숨차하는 사람들에게 잠시 숨을 돌리게 해준다. 우리도 그 동굴에 들어가 쉬기로 한다. 그런데 사람들이 벌써 동굴 입구까지 가득 메우고 있다. 군데군데 보이는 틈새로 황금과 네온 불빛이 밝혀진 내부가 어렴풋하게나마 보인다. 그곳에는 플라스틱으로 된 물건들, 차양, 화병에 꽂힌 꽃들이 있다. 그리고 그 한가운데엔 위대한 자연을 대변하는 세 개의 조각상이 있다. 세 조각상 중 가운데 조각상은 이곳에 사는 은자이고, 양 옆의 조각상은 정령들의 우두머리인 인드라 신과 하얀 의상으로 전신을 감싼 금욕주의자 노스님이다. 우리가 머뭇거리자, 스님 두 분이 우리에게 가까이 오라고 손짓을 한다. 사람들이 비켜서서 길을 터주고, 우리는 그 장면 앞에 식물처럼 붙박여 꼼짝 않고 선다. 우리는 그 부자연스러움에 경직되어버린다. 그래서 우리 역시도 싸구려 조각상으로 둔갑해버린다.

　산꼭대기에 이르기 전 마지막으로 맞는 시련의 순간. 계단마다 원숭이들이 막무가내로 우리를 쫓아와 둘러싸고는 뭔가를 간청한다. 원숭이들은 그때그때 위장의 상태에 따라 혹은 마지막 간식 시간에 맞춰 뭔가 찾기도 하고, 흥분하기도 하고, 부드러워지기도 하고, 걱정하기도 하고, 보채기도 하고,

공격적이 되기도 한다. 다행스럽게도 미얀마 관광객들은 그들에게 음식을 먹여주는 것을 좋아한다. 계단 위에 앉아 몇 가지 단상을 기록하고 있을 때, 원숭이들의 거침없는 절규는 내게 이런 것을 일깨워준다. 그들은 내 볼펜이나 노트에도 거의 관심이 없는데 하물며 이런 내 개인적 행위 따위엔… 솔직히 말해 나는 존재적으로 불편한 순간을 맞이할 때마다 가끔 그런 회의감에 사로잡혔다. 그러나 행복과 피로가 교차하고 행위들로 넘쳐나는 이곳에서는 그런 생각이 그다지 나를 방해하지 않는다. 원숭이들에게는 유감이지만 말이다.

정상에 도착한 우리는 발밑에 펼쳐진 풍경을 바라본다. 활화산이 내뱉은 현무암 덩어리들이 마치 거대하게 벌어진 입안의 벌레 먹은 이빨들 같다. 은자들은 접근하기 어렵고 보호가 잘된 이 산 위에서 자기들이 원하는 평화를 발견했다. 그러나 여기서 하루를 보내려고 가족 단위로 찾아온 순례자들이 내지른 환성이 차가운 고독의 기운을 뒤바꿔버렸다. 도인들이 허망한 재산과 추억 들을 뒤로 하고 산 속으로 도피했음을 우리는 알고 있다. 산 밑에서 우리가 이미 조각상으로 보았던 금욕주의자인 노스님의 유해를 모신 방에서 그것을 느낄 수 있다. 그곳은 흥미롭게도 천개天蓋가 달린 금색 침대가 놓여 있고, 머리맡에는 한 장의 사진으로 장식되어 있다. 노스님은 어두운 눈에 야윈 얼굴을 하고 있다. 열성스런 사람은 이런 척박하고 돌처럼 벌거벗은 곳에서 살아온 노스님의 넋을 약간의 사치를 부려 기리는 방법을 곧 찾아냈다. 이야기를 들어보면 그 노스님은 은둔 생활을 하기 전에 이 마을 저 마을로 돌아다녔는데, 그것은 구걸을 위해서라기보다는 모범을 보여주기 위해서였다고 한다. 사람들은 그가 장소를 옮겨다니는 것을 보고, 그가 어디에라도 동시에 나타날 수 있는 권능을 부여받았다고 추정했다. 그곳에서 멀지 않은 곳에 덜 다듬어진 또 하나의 조각상이 있다. 어린 스님의 조각상이다. 그는 밥그릇을 앞에 두고 앉아 하늘을 향해 눈을 치켜들고 있다. 운명의 시간 정오가 넘었다면 식사를 포기해야만 하기 때문이다. 금욕의 윤리에 지쳐버린 미얀마인들은 이런 연약함의 드러냄을 우스꽝스러운 기분전환거리로 여겼을 것이다. 하지만 바로 그들이 이 드러냄을 영원한 것으로 만들었고, 이 드러냄 역시 미얀마인들을 영원하게 만들었다.

하산하면서 우리는 계단을 따라 등장하는 뿌리칠 수 없는 수많은 제안물과 맞닥뜨린다. 파파야를 갈아서 만든 음식, 밥, 그리고 아주 잘게 썬 고추들이 희고 푸른색을 띠며 넓은 가판대 위에 산처럼 쌓여 있다. 그 모습을 보자 이 무수한 고행은 다름 아닌 식욕을 돋우기 위한 일이라는 생각이 들었다.

만남들

 휴식의 순간들, 3월 2일

우리는 귀가 길에 올랐다. 버스 안
에는 구석구석 사람들이 쌓이고 내동댕이쳐져 있었다. 강가
의 모래사장에는 여기저기 파이고 돌출된 부분이 있어서, 버
스 안에 있는 사람들이 미끄러지고 차이곤 했다. 그 요동을 한
시간 정도 겪다 보니 그 어떤 장애도 문제될 것이 없었다. 바
로 그때, 옷을 잘 차려입은 사람들이 행렬을 만들어 좁은 아스
팔트 길 위를 느리고 무거운 걸음으로 걷고 있는 것이 보였다.
수계식 행사 아니면 또 다른 어떤 행사를 위한 행렬인 듯했다.
그 행렬 때문에 정차가 길어질 것 같아서, 우리는 버스에서 내
려 아래로 난 샛길로 내려왔다. 끝없이 텅 빈 그 길 위에 아무
런 예고 없이 펼쳐진 그 행렬은 꽤나 놀라운 구경거리였다. 종
이 박스로 만든 화려한 왕관과 예쁜 축제용 의상을 입은 아이
들이 맨 앞에 있었다. 그들은 세월과 국경을 초월하여 환영 속
에 실려온 마술사 왕들처럼 보였다. 과연 어떤 사신이 있어 세
상에서 멀리 떨어져 사막과도 같은 이 작은 시골 마을에 자기

들끼리 뭉쳐 사는 이 황홀한 위인들을 방해할 수 있었겠는가? 열대 지방의 깊은 하늘에서 뭇 별들보다 더 눈부시게 빛나던 그 어떤 별이 이들의 관심을 끌 수 있었겠는가? 그들은 우리에게 미소를 짓지 않고, 그저 변함없이 초연한 표정을 그대로 유지하고 있다. 어쩌면 그들 자신이 그저 외관에 지나지 않는다는 사실을 두려워하고 있는 것 같기도 하다. 또 다른 아이들이 화려한 화장과 특이한 머리 스타일에, 소 몇 마리가 끄는 마차를 타고 음울한 시선을 한 작은 영웅들의 모습을 연출하며 앞서거니 뒤서거니 도착한다. 그 이상야릇한 행렬은 그렇게 우리 앞을 지나간다. 그들은 마치 동화 속에서 환영들이 홀연히 나타났다가 예고도 없이 연기처럼 사라지듯이 황토빛 먼지구름 속으로 순식간에 사라져버렸다.

다음날 우리는 그 의식의 다른 버전을 볼 기회가 있었다. 그것은 '자얏'에서 이루어졌다. 자얏의 입구 양 옆에는 종이로 만든 커다란 흰 코끼리 두 마리가 있었고, 정면을 수놓은 현란한 색깔들은 대중극을 연상시켰다. 맨바닥에는 친족과 가족 들이 앉아 있었고, 맞은편 단상에는 스님들이 마치 돌로 된 형상처럼 배치되어 있었다. 긴 머리칼을 등뒤로 기분 좋게 늘어뜨린 젊은 여성들의 윤곽도 가물거렸다. 주변에는 기다림으로 가득한 침묵이 감돌았다. 사원에서 만들어진 제물들이 구리로 된 흔한 그릇 속에 담겨 있었다. 아무 그릇이면 어떠랴! 귀중한 것들이 그릇을 가득 채우고, 작은 은 부채들이 산더미 같은 공양물을 눈부신 나비처럼 장식해주고 있으면 그만이었다.

굳게 닫힌 저 커튼 뒤에서는 대체 무슨 일이 벌어지고 있는 것일까? 행자들이 사라져버린 쪽도 바로 그쪽이다. 자얏 옆 야외 부엌에서는 매운 연기가 나는 큰 솥 주변으로 사람들이 분주하게 움직이고 있다. 땅바닥에 앉은 군중은 그 어떤 재촉도 하지 않는다. 행사가 행사이니만큼 기다릴 만한 가치가 충분 있는 것이다.

살레Salay. 우리가 탄 버스가 덜컹거리면서 지나간 길에서 멀지 않은 곳에 있는 이곳은 죽어버린 아니, 시간의 끝에서 잠들어버린 마을이다. 길게 열을 지어 늘어선 대나무 가로수 뒤에 숨어 있는 그 마을은 야자수와 타마린드 숲 사이에 자리하고 있는데, 방치된 사원들이 마을의 대부분을 차지하고 있다. 나무로 공들여 만든 집들은 외로움에 떨며 점점 허물어지고 있다. 예기치 않게 이탈리아 궁전을 연상시키거나, 긴 드레스를 입고 경쾌한 음악을 연주하며 축제를 즐기던 18세기 유럽을 꿈꾸게 하는 집들도 보인다. 아치 모양으로 아름답게 장식한 창문, 붉은 회반죽에 꽃문양 손잡이를 갖춘 테라스가 있는 그 집들은 매미들의 울음소리가 요란한 정글 속에 파묻혀 잊혀져가고 있다. 그 모든 장식들은 시간과 함께 식물들이 성장하듯 느리고 은밀하게 색이 바래고 마모되어가고 있다. 전형적인 식민 시대 스타일로 종탑이 있는 군인용 건물 한 채가 그 유령의 마을 한쪽 자락에 반듯하고 우아하게 서 있다. 그러나 몇몇 사원은 아직도 사원으로 사용되고 있다. 그 중에는 20여 명의 스님들이 살고 있는 종전과는 다른 식으로 지어진 사원도 있다. 울타리 주위에서는 평화로운 정경이 펼쳐지고 있다. 노승 몇 명이 거대한 타마린드 나무 그늘에 앉아 담소를 나누는가 하면, 동자승들은 허리춤에 웃옷을 늘어뜨린 채 살인마 같은 무더위 속에서 뛰어다니며 공놀이를 하느라 여념이 없다. 숲속에 버려진 이 마을과 똑같이 무게 없고 비현실적인 벌레들의 울음소리가 공놀이의 소음을 집어삼키고 있다.

부처님의 이미지

나는 미소 짓는 부처님의 이미지를 하루 내내 만났다. 부처님은 광활한 자연 속의 산 위에, 어둠침침한 사원 안쪽에도 깊숙이 들어와 있었고, 동굴 안에도 무한하게 출현하고 있었다. 부처님은 그곳으로부터 나와 내 안에 기거하려고 했다. 눈썹, 눈, 콧등, 입가, 턱 등 모든 선들이 위로 치켜올라가 있는 그 얼굴에는 수수께끼 같은 평정심이 넘쳐흐르고 있었다. 두려움의 부재, 만물을 이해하고 헤아리는 지성이 살아 숨쉬는 양 손과 자태가 거기에 있었다. 이따금 좌불상들은 오른손으로 땅을 가리키고 있는데(촉지인, 부미스파르사bhumisparsa mudra*), 그것은 붓다가 악의 화신인 마라를 제압한 뒤, 지신地神을 향해 자신의 승리와 광명을 증언해줄 것을 호소하는 순간을 나타낸다. 미얀마 사람들은 가는 곳마다 재현되어 있는 그 장면을 특별히 사랑한다. 부처님의 형상은 적당한 크기일 때도 있지만 때로는 사람의 키를 훨씬 앞지르는 산봉우리 같은 크기일 때도 있다. 높이가 9미터인 아난다의 형상들은 많은 공간을 차지할 뿐 아니라 그 위엄으로 우리를 삼켜버린다. 내게 큰 감동을 준 것은 예기치 않은 곳에서 발견한 것으로, 길도 없는 고립된 사원에서 홀로 자신의 보금자리를 지키며 나를 향해 미소 짓던 소박한 불상이다. 나는 어느 날 버강의 평원을 홀로 산책하다가 그 불상을 발견했다. 그 불상은 장난기가 넘치는 동시에 연민이 깃든 얼굴을 하고 있었다. 그 불상은 나의 고통과 좌절을 쓰다듬어주었고, 마치 모든 것을 알고 있다는 듯 내게 이렇게 말하는 것만 같았다. "걱정은 그만둬라. 결국에는 모든 것이 해결되느니." 이 나라에 온 이래 나는 모든 근심 걱정과 담을 쌓고 있었다. 그것은 일상생활과 그 속에 각인된 이미지에 나를 옭아매는 자잘한 관계들과의 단절이었다. 그 불상의 미소에는 약간의 조소기가 서려 있었지만 영원한 현전성을 드러내고 있었다. 그래서였는지 나는 흔치 않게 좋은 느낌을 받았었다. 그때 사샤도 나와 동행하고 있었다. 우리는 함께 여행할 줄 알았다. 우리는 내가 그토록 좋아했지만 세세한 일상은 상상할 수 없었던 이 나라에 다시 온 것이었다. 우리는 눈 깜짝할 순간에 바뀔 수 있는 프로그램이나 계획 따위는 세우지 않았다. 우리는 자유의 몸이었다. 분명 인위적인 자유이기는 했지만… 우리는 몇 주 후면 이 나라를 떠나야 했다. 그래서 나는 이 자유, 특히 심신쇠약이나 피곤, 권태, 생의 소중한 감각을 앗아가는 모든 적에 대항하는 해독제로서의 이 자유를 최대한 활용하고 싶었다. 확실히 우리는 부처님이 가르쳤던 자유와는 멀리 있었다. 그것은 하여간에 환영에 지나지 않는 자신의 상에서 벗어날 것을 강력하게 요구하는 경지가 아니던가! 그렇지만 내가 얻은 자유 안에는 적어도 기쁨의 기운은 감돌고 있었다. 그 기쁨은 존재에 대한 일종의 환기인 동시에 나로 하여금 세상과 사람들을 사랑할 수 있게 해주는 어떤 것이긴 했다. 부처님조차도 이 점에 대해서는 아무런 반대 의견을 내세울 수 없으리라.

미얀마의 불상들만 보면 내가 캄보디아에서 접했던 크메르 왕국의 불상들이 흐릿하게나마 내 머릿속에 떠올랐다. 그 부처님들의 온화한 미소에서 새어나오는 고통의 흔적이 앙코르의 사원들을 방문하는 동안 내내 내 가슴을 뭉클하게 했었기 때문이다. 바이욘 사원에 조각된 불상들의 거대한 얼굴에도 장난기는커녕 사무친 아픔의 그림자만 있었다. 그렇다면 잘 다듬어진 평정심의 표현과 고문 혹은 희생으로 얼룩진 한 민족의 순교 사이에는 어떤 연관성이 있었던 것일까? 기도의 영험성과 산 자들의 고통이 서로 얼굴을 맞대고 공존하는 캄보디아에서 던져볼 수 있는 질문이었다. 11세기와 12세기에 만들어진, 내면적 평화의 신비 속에 눈을 감고 있는 얼굴들, 그리고 사정없이 내몰리면서 맛본 공포의 기억에 사로잡힌 오늘날의 캄보디아인들 사이에는 과연 어떤 관계가 있는 것일까? 그럼에도 불구하고 오늘날 캄보디아 사람은 그 사원들이 자신들의 파괴된 정체성의 유일한 버팀목이라도 된다는 듯 사원들로 발길을 향한다. 그와 동시에 아직도 무혐의로 방기되어 있는 난폭자들은 스스로 불교도라 자처하며 어느 타락한 마을에 정주하여 잔인무도한 권력을 정당화시키고 확립할 수 있는 원칙들을 찾고 있다. 몇 세기 동안 전해 내려온 존경과 복종의 현주소가 바로 그런 것일까? 그 수많은 얼굴들을 보면서 이런 질문이 내 뇌리를 스쳐 지나갔다. 그 얼굴들은 동요와 아픔이 휩쓸고 간 이 땅에 평정을 기약하고 있었다. 그 얼굴들 속에는 광적인 고통, 단절, 쓰라림은 물론 눈 깜짝할 사이에 인류에 자행되는 야만적인 정열과 십자가형 등이 설 자리가 없었다. 그런데 그 불상들은 쓰라린 악몽 속에 살아남은 자들을 진정으로 위안하고 안심시켜줄 어떤 권능을 갖고 있었던 것일까? 어떤 치유의 권능 같은 것 말이다. 내가 보기에는 아무리 메우려고 해도 메워지지 않는 틈이 도달 불가능한 지복의 화신들과 악몽에 시달리며 고문당한 이미지들 사이를 갈라놓고 있는 것만 같았다. 그리고 그토록 깊은 공포의 도가니 속에서는 그 어떤 희망도 존속하지 않을 것만 같았다. 그런 상황에서 그 민족의 지칠 줄 모르는 간원을 제대로 들어줄 존재는 저들 평온한 불상들이 아니라, 오히려 십자가 위에서 희생당한 분일 거라는 생각이 들었다.

어릴 적 몇 시간 동안 앉아 배운 가톨릭 교리문답이 생각났다. 나는 예수의 형상이 '연민'이라는 말이 지닌 다른 차원의 의미를 보여주고 있음을 알고 있었다. 함께 아파하는 것, 이웃의 고통을 내 것으로 받아들일 수 있을 때까지 이웃을 사랑하는 것, 사람답게 될 때까지 그 사람을 사랑하는 것, 이웃이 겪는 모든 인간적 절망을 함께 똑같이 느끼는 것, 그것을 온 몸으로 뼛속 깊이 느끼는 것, 이것이야말로 나 자신을 걸어 절망을 나누면서 더불어 사는 진정한 수단인 것이다. 그러면 우리는 더 이상, 더 멀리 악의 구렁텅이로 빠져들지 않아도 되리라. 악은 예수 그리스도가 그랬던 것처럼 희생이 뒤따르는 법이다.

그럼에도 불구하고, 그 힘과 의미를 아무리 곱씹어도, 나는 영원히 재생산되는 저 고통의 이미지를 받아들일 수가 없었다. 어렸을 때, 나는 집 안의 모든 방 벽에 빠짐없이 걸려 있는 십자가에 매달린 채 피 흘리며 고문당하는 그 이미지를 시시때때로 보며 자랐다. 그것은 슬픔과 막연한 불편함으로 나를 사로잡았다. '그의 죽음은 우리 탓이요', 또 우리의 과오를 용서한 증거라 했다. 우리는 그 문장을 일요일 미사 때마다 반복해서 암송했다. 신도들의 화합을 도모하기도 하는 단조롭게 중얼거리는 그 연도連禱와 기도는 영원한 죄의식의 의미를 그들에게 서서히 일깨워주었으며, 그 죄가 가져온 죽음의 쓰디쓴 의미를 그들에게 맛보게 했다. 나는 또한 과오의 차원에서 모습을 드러내는 폐쇄적인 분위기를 내가 그리스에서 발견한 이교도들의 사원과 대조시켜보곤 했다. 푸르른 하늘 밑에 눈부시게 활짝 열려 있는 그 사원들 말이다(만일 그 사원들이 원시적인 상태에서 닫혀 있었다면 나는 덜 좋아했을 것이다). 게다가 나는 이곳저곳 옮겨다니면서 또 다른 놀라움을 품게 되었다. 부처님이 전하는 평정의 메시지를 발견했던 것이다. 아시아 지도 위의 공백을 채워나가면서 이 나라 저 나라를 전전했던 나는 부처님이 짓는 미소의 미묘한 뉘앙스를 관찰하는 법까지 배웠다. 부처님 역시 인간들에 대한 '연민'에 마음을 쏟았지만, 예수처럼 모든 인류의 고통을 죽음으로써 혼자 짊어지는 선택은 하지 않았다. 도리어 그분은 자유로워지는 방법을 인류에게 보여주었다. 그것은 왠지 허황되어 보일 수도 있고, 심지어 실패할 것이 뻔한 도전일 수도 있었다. 그러나 기약으로 완벽하게 빛나는 그 평온한 얼굴을 보면서 나는 심사숙고 끝에 비난의 흔적처럼 나를 따라다니며 예수의 죽음의 의미를 무시무시하게 일깨우던 유년의 십자가보다는(그의 죽음 뒤에는 부활이 뒤따랐다. 그러나 이 마지막 사건은 사실 그다지 설득력 있게 표현되지 않았다. 그래서 나는 그것을 전혀 믿고 있지 않았다) 부처님을 더 좋아하게 되었다.

캄보디아에서는 부처님이 발하는 미소가 사원들의 정상을 점령하고 있었다(이 맥락에서 그런 미소는 환상이거나 심하게 말하면 거짓말일까?). 나의 캄보디아 방문은 사람들이 계속적으로 다루는 문제, 즉 '악'의 문제를 내 안에서 다시 끄집어내는 계기가 되었다.

아직도 생생한 전쟁과 공포의 흔적들, 특히 그 전쟁의 공포가 남긴 흔적들을 보고 있노라면, 차라리 기독교적 고통의 표명이 내가 여기저기에서 들은 그곳의 역사에 좀더 알맞은 대답을 줄 수 있을 것도 같았다. 당시 초토화되었던 그 나라에는 바이욘 사원에 있는 크메르 불상들의 신비하고 아름다운 미소에 응답해줄 수 있는 것이 아무것도 없었던 것이다.

그러나 미얀마에서는 부처님의 이미지가 가깝고 친숙하게 느껴진다. 사람들은 부처님의 형상을 매우 단순하게 변형시키고, 거기서 친숙한 즐거움을 맛본다. 기도는 일상적인 활동의 일부이다. 불상들의 미소는 사람에게서 따온 것이기는 하지만 본래 의미를 완전히 되찾고 있었다.

출발 전

 자전거로 산책하며, 3월 3일

버강에서의 마지막 날이 될 그날,
나는 아침 일찍 자전거를 끌고 비좁은 길 위로 나섰다. 그 길
은 밭들을 가로질렀고, 지금은 얼추 반이 사라졌지만 모래 위
에 단순한 흔적들을 남기고 있는 여러 사원터로 통하고 있었
다. 그 시골은 사막이나 다름없었다. 나는 창백한 하늘을 마주
보며 날카로운 것들이 빼곡하게 군락을 이룬 채 어둠 속에 얼
굴을 내밀고 있는 파고다들의 행렬을 따라 달렸다. 새들이 노
래했고, 나뭇잎들이 살랑거렸으며, 수세기의 세월이 남긴 침
묵이 감돌았다. 색채들이 앞을 다투어 출현하기 이전에 형성
하는 희뿌연 세계가 거기에 있었다. 나는 어느 외딴 사원 가까
운 곳, 풍성하게 쌓여 있는 마른 풀 위에 앉았다. 누군가가 라
디오를 틀었는지 저 멀리 마을에서 유쾌한 노랫소리가 들려왔
다. 일상이 시작되고 있다는 첫 번째 신호였다. 조용한 분위기
로 전해져오던 음악이 점점 선명하게 내게 전달되었다. 바로
그 순간, 모든 사람이 목마르게 갈구하는 작지만 진한 행복의

여운이 우리의 마음속에 찾아왔고, 그런 행복은 우리의 모든 기다림과 불안의 감정을 잠시나마 쓰다듬어주었다. 지금 매 순간 속에 완전히 몰입한 내가 바로 거기에 있었다! 그 영원함 속에서는 아무도 '지금'이라는 엄청난 말을 아무런 두려움 없이 내뱉을 수는 없으리라.

나는 자전거를 끌면서 텅 빈 사원과 버려진 전각들 주변을 기웃거렸다. 이른 아침 시각, 그것들은 저마다의 보물을 비장한 채 닫혀 있었다. 까마귀의 거친 절규만이 이 테라스 저 테라스를 휘감으며 나를 뒤쫓았다. 차차 시간이 지나면서 평원은 사람들로 붐비기 시작했다. 젊은이들이 혼자 있는 사람을 겨냥하며 오토바이로 도착하더니, 그들이 가져온 그림을 내 앞에 펼쳐놓았다. 요란스러운 색채를 사용해 상업용으로 만든 일종의 만다라*들이었다. 그들 중 한 사람이 내게 말을 건넸다. "도와주세요. 비싸지 않아요." 보아하니 설령 그림을 팔지 못하더라도 관광객들과 대화를 나누고 싶은 기색이었다. 관광객들에게 배운 다양한 말의 파편들이 쏟아졌다. 어쩌다 듣는 사람으로서는 황당하고 참을 수 없는 거친 잡동사니 말들이었다. 바로 그런 말들이 이곳에서 물건을 사라고 권하는 사람과 그것을 사려고 하는 사람 사이의 관계를 맺게 했다. 이 땅에 유럽인이 출현한 것은 18세기의 사원 벽화에 모습을 보인 것이 처음이었던가? 바로 며칠 전 나는 커다란 입에 날카로운 이빨을 가진, 금방이라도 벗겨질 듯한 모자를 쓴

■ 밀교에서 발달한 상징 형식을 그림으로 나타낸 불화.

맹수 그림을 보았다. 그런데 그 그림에서는 분노보다는 웃음을 표현하고자 했던 예술가의 의도가 역력하게 읽혀지는 것이었다(재기 발랄한 한 가이드가 설명하기를, 그것은 입에서 꽃다발을 내뱉는다는 식인귀 정령 빌루balu*을 특별히 머리까지 장식한 모습으로 선보인 예라고 했다).

그 젊은이들이 최근 관광객에게 배운 말 중 "Tire-toi!(저리 비켜!)"가 정확히 무엇을 의미하는지 내게 물어보았다. 그들은 결코 화를 내는 법이 없었다. 내가 할 수 있는 일이라고는 그냥 거부하거나 아니면 몇 마디 주고받는 것으로 매듭짓는 것이었다. 그러자 그들도 나를 향해 "good luck(행운을 빌어요)"이라는 밋밋한 표현을 던지며 상황을 수습했다. 행운! 하루하루 즉흥적인 일상이 펼쳐지는 이 나라에서 행운이라는 것은 줄곧 애타게 구애해야 얻을 수 있는 재산이었다.

이라와디 강 위에서

그날 저녁 우리는 이라와디 강가에서 지는 해를 바라보기 위해, 강물이 진홍빛에서 연자줏빛으로 또 보랏빛으로 변하는 것을 보기 위해 카누 한 척을 빌렸다. 이 나라에서 가장 오래되었고 미얀마인들이 선호하는 순례지 중 하나인, 이라와디 강을 거느리며 서 있는 저 파고다에 스님들이 모여 경전을 독송하고 있었다. 그 느릿한 단선율이 저 먼 곳까지 울려 퍼졌다. 배를 타려면 선교船橋를 건너야 했는데, 그 선교는 반은 물에 잠겨 흔들거리는 널빤지로 모든 승선에 쓰이는 다리들과 똑같은 구조를 하고 있었다. 엔진 돌아가는 소리가 수상했지만 어쨌든 우리는 출발했다. 한 마을의 일상이 강 위에서 펼쳐지고 있었다. 젊은 여성들이 롱지를 겨드랑이 밑으로 둘둘 감아올린 채 한가롭고 정성스런 몸짓으로 몸을 씻고 있는가 하면, 아이들은 황톳물이 흐르는 곳까지 거칠게 쌓아올린 제방을 따라 펼쳐진 모래사장을 뒹굴면서 신나게 놀고 있었다. 아이들은 갑자기 밀려온 물살에 먹혀 물에 잠겼다가 상기된 표정으로 마치 작은 게처럼 민첩하게 물을 벗어나 모래사장으로 거슬러 올라오곤 했다. 우리는 부식토와 쓰레기가 뒤엉켜 타면서 나는 매캐한 연기가 파도의 짙은 내음에 섞여 코를 찌르는 그곳을 가로질렀다.

저 멀리, 건기 때면 모습을 드러내는 섬 위에서 마을 사람들이 벼룩처럼 기고 있는 모습이 눈에 들어왔다. 이 강이 흐르기 시작한 이래 똑같은 일상을 영위해오고 있는 사람들이었다. 태양의 어슴푸레한 윤곽이 그늘진 산 속으로 사라지고 있을 때, 바람이 불어와 강의 모든 표면이 낮은 파도에 흔들렸고 카누들도 따라서 흔들리기 시작했다. 돌아와보니, 벌써 몇 시간이 지났는데도 스님들은 여전히 불경을 독송하고 있었다. 그들이 콧소리로 독송하는 부처님 말씀은 잠든 강 위를 무한히 쓰다듬고 있었다.

4

귀환

©류영수

우리가 탄 배는 중국 화가의 붓이 종이 위에서 움직이듯
한 획의 물길을 그리며 호수 위를 나아가고 있었다.
프랑수아 쳉이 말했듯이, 보이는 세계와 보이지 않는 세계를
역동적으로 이어주는 선들 중 하나를 쫓아가는 듯했다.

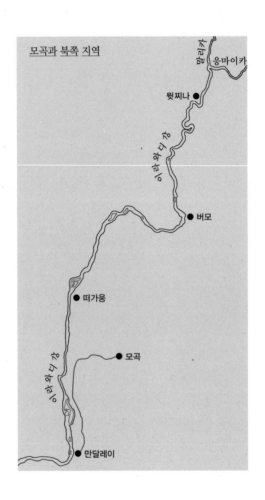

모곡과 북쪽 지역

응마이카

뭣찌나

버모

떠가웅

모곡

만달레이

어느 망명자

위엄의 경지에 이르면
그는 왕자의 형제이자 걸인의 동료.

이곳에 모습을 드러낸 법은 아마도 프리메이슨 정신에서 따온 것으로, 공평한 행위의 법칙을 규정했다. 그러나 그것을 새로운 법(《왕이 되려 한 사나이 L'homme qui voulut être roi》) 중에서도 가장 우선적인 것으로 여겼던 키플링조차 그 법을 지키는 일이 어렵다고 시인했다. 하지만 우리의 친구 헬게 카트Helge Katt*는 그 법을 생활에 적용했고 거의 어려움 없이 실행했다. 사실 그의 행동은 평등 정신이나 철학적 고민에 바탕을 두지 않았다. 그도 그럴 것이 그에게 일상은 모험과 우연으로 가득 차 있는, 이 상황 저 상황에 휘둘리는 어떤 것에 불과했고, 게다가 그는 권태로울 수도 있는 정도正度보다는 극단적인 것을 좋아하는 사람이었던 것이다.

그는 만장일치로 왕이 되었다. 수많은 시중꾼들이 그를 에

---

* 헬게 카트Helge Katt 저자 크리스틴 조디스에 따르면 헬게 카트는 독일을 떠난 망명인이다. 망명 당시 그는 동양에 심취해 있었고, 그랬기에 독일 땅이 너무나 갑갑하게 여겨졌다. 그는 동양의 이 마을 저 마을을 전전하며 닥치는 대로 일을 했고, 그 어디에도 소속되지 않은 채 남은 생을 동양에서 보냈다. 그는 저자 조디스 일행이 머물렀던 호텔의 지배인이었고 거기서 왕처럼 군림했다. 최근에 사망한 것으로 전해진다.

워싸고 있었지만, 이 세상 끝에서 낡은 가죽처럼 무두질된 얼굴에 슬픈 파란 눈을 가진 사람은 오직 그뿐이었다. 그가 노련하게 이끌어가고 있는 호텔에서 그는 세계 각국에서 몰려온 휴머니티의 다양한 모델들, 즉 각국의 대통령, 장관, 군인, 스님, 사제, 스쳐 지나가는 관광객, 휴가중인 비즈니스맨, 사랑에 취한 연인 등 모든 사람들을 맞아들였다. 이 지역의 농민들은 별도로 하더라도 말이다. 오히려 그는 마을의 대부 역할까지 떠맡고 있었다. 우리의 가이드 마흐닝킹은 이 비공식적인 자유 앞에서 약간 비난 섞인 어조로 우리에게 말했다. "그는 여기서 모든 것을 할 수 있어요. 그는 왕이니까요." 그러나 어떤 감춰진 악의 뿌리가 그 불가해한 '모든 것'이라는 말을 커버했는지 우리는 좀처럼 알 수가 없었다. 그 말은 명백히 무질서를 내포하고 있었다. 엄격하게 제도화된 표면 속에 숨겨진 틈 내지는 '나'라는 존재의 갑작스러운 개입 같은 일종의 무질서 말이다. 그것은 볼품없고 눈에 거슬릴 뿐 아니라, 규율이 엄격한 이 나라에서는 얼굴에 난 검붉은 반점처럼 추한 어떤 것일 뿐이었다. 그러나 그는 수십여 년 전부터 미얀마인들 사이에서 살아왔고, 외국인이라는 이유로 예외적인 대우를 받았다. 그는 다른 전통 사회라면 당연히 거절했을 법한 권리를 이곳에서 누릴 수 있었다.

저녁이면 그는 밤하늘 아래에서 멋진 만찬을 베풀면서 왕좌 같은 자리에 앉았고, 매력적인 태도로 담소를 나누곤 했다. 그러면서도 언제 벌어질지 모르는 긴급 상황에 대비하는 시선으로 모든 상황을 세세하게 꿰뚫고 있었다. 그는 자신이 갖고 있는 이미지들과 그것에 대조되는 것들을 함께 섞어가면서 자신이 동양에서 수십 년간 겪은 경험들을 토로했다. 마치 마술사의 모자 같은 그의 모자에서는 그가 만났던 외국인이며 유색인종 들에 대한 기억이 수시로 튀어나왔다. 홍콩에서 그의 급사장은 매우 못생긴 레즈비언이었는데, 소년 같은 헤어스타일에 늘 밋밋한 검은 옷을 입고 하얀 얼굴에 마치 핏자국 같은 새빨간 립스틱을 발랐다고 했다. 그는 또 어린 시절의 독일인 동향 친구를 떠올렸다. 그는 같은 거리, 같은 건물에 살았던 친구로 지금은 명품 소시지를 만드는 정육점 주인이고, 매년 같은 시기에 미얀마에 있는 자신을 찾아온다고 했다. 그 정육점 주인이 언젠가 유명한 성형외과 의사, 그리고 절세미인인 그의 아내와 함께 이곳에 도착했다. 미얀마인들의 구세주라 불러 마땅한 그 의사는 빈곤한 사람들의 갑상선종을 공짜로 제거해주었고, 그래서 그의 앞에는 자신의 차례를 기다리는 환자들로 북새통을 이루었다. 그런데 이 나라에는 왜 그렇게 갑상선종 환자가 많은 것일까? 우리는 발리에서도 갑상선종 환자를 무수히 보았다. 그것은 이미 19세기에 엘리제 르클뤼Elisée Reclus*가 주목한 사실이기도 하다. 어쨌든 선의와 재능에도 불구하고 그 의사는 두 손을 들어버릴 수밖에 없었다. 돈을 받는다 해도 너무나 버거운 일이었던 것이다.

■엘리제 르클뤼Elisée Reclus(1830~1905) 프랑스의 지리학자로 파리 코뮌 참가 후 유형에 처해지자 스위스로 탈출했다. 1892년 브뤼셀의 자유대학에서 비교 지리학 강의를 했던 적이 있으며, 무정부주의 활동을 했다.

이처럼 모든 잡다한 사람들이 헬게 카트의 입에서 다시 만들어지고 포장되어 그의 일대기 속에 조화롭게 자리를 차지했다. 핏자국 같은 새빨간 립스틱을 바른 급사장, 소시지의 명인인 정육점 주인, 자원봉사를 한 성형외과 의사, 그리고 갑상선종에 걸린 사람들의 행렬… 이 모든 것들이 만찬 테이블 위에 잠시 등장했다가 먼 추억 속으로 다시 사라져갔다. 그의 대화는 간결체로 이루어져 있었다. 그가 하는 이야기들은 전후가 잘 맞지 않을 때도 있었고, 조금 장황하거나 환상적이고 부조리하며 광적인 구석도 없지 않았다. 하지만 그는 너무나 다른 민족과 환경 속에서 호화로움과 비참함의 풍경을 경험했고, 산에서 혹은 계곡에서 인생을 보냈기 때문에 그럴 수도 있었을 것이다. 그날 초대받은 손님들, 즉 시골의 유지, 미얀마인 고용인, 위엄 있는 신분의 사람, 스님 또는 모험가 들은 모두 그를 에워싸고 한마음이 되었다. 그는 이야기를 하다가 가끔씩 입을 다물었다. 그것은 용의주도하게 계산된 침묵이었다. 이윽고 그는 신탁의 의식에나 쓰일 법한 알 수 없는 한마디를 던지고는 갑자기 자리에서 일어나 나가버렸다. 그의 예기치 않은 떠남과 그가 강조한 수수께끼 같은 말들을 되뇌는 것은 그 자리에 남겨진 우리의 몫이었다.

사실, 그는 매일 저녁 식탁에서 자신의 생을 다른 버전으로 각색했다. 고독한 영혼들이 무대를 수놓았다. 처음에는 놀람의 효과와 함께 인물들의 등장과 퇴장이 계속적으로 반복되었다. 그는 초대된 손님들에게 아무런 예고도 하지 않고 비밀스럽게 얼굴을 비쳤다가 간결한 제스처나 농담 또는 질문 같은 말 한마디를 건네고는 똑같은 방식으로 그 영원한 연단을 빠져나갔다. 사실, 연극을 주도하는 입장에서 그가 바라는 관심사는 확립하기 불가능해 보이는 모든 방식을 동원하며 어떤 진실에 가까이 다가가려는 것이 아니었다. 그렇다. 그를 붙잡고 있었던 것은 진리의 추구가 아니라 환희를 만끽하는 것이었다. 그 속에서 인생은 마술에 둘러싸이고, 그 결과 인생은 변화하는 아름다움과 변신의 능력만을 무대 위에 빌려온다.

그를 둘러싼 호텔 정원은 연극의 무대 장식 이상으로 아름다웠다. 무덥고 어두운 밤하늘 밑에는 기다란 나뭇가지에 매달린 촛대들이 눈부시게 빛나고 있었다. 야외에 있는 이 넓은 홀에 도달하기 위해서는 무엇보다도 무대 뒤의 어둠을 뚫고 나와야 했다. 우리들은 바닥에 조명이 설치되어 있고 부겐빌레아 꽃으로 뒤덮인 일종의 정자 밑을 통과했다. 어렴풋이 빛을 발하는 통로에 다다르자 갑자기 우리 앞에 무대가 펼쳐졌다. 멀리에서도 포착되던 만찬객들은 연극의 마술에 걸린 듯 변신하고 말았다. 만찬객들은 그 이상한 파티의 조명 밑에서 알 수 없는 역할들을 각자 연출하면서도 어느 누구 하나 자신이 연극 무대 위에 있다는 것을 알아차리지 못했다.

그날 밤, 그 뜻 깊은 파티의 볼거리는 조용한 밤의 정원 한가운데에 등장한 횃불을 든 사람들의 행렬이었다. 종이 울리기 시작했고, 그 종소리가 더 시끄러워졌다. 바로 그때, 공원 저편 언덕 위에 어둠을 밝히는 긴 불꽃이 나타났다. 웃통을 벗고 머리에 터번을 두른, 그런대로 야성적으로 보이는 30여명 남짓 되는 남자들이 횃불들을 높이 치켜들고 어쩔 줄 몰라 하는 만찬객들 사이로 갑자기 내려왔다. 그 남자들은 횃불을 든 채 새로 열을 만들더니 헬게 카트가 주도하는 테이블 주위를 광인처럼 맴돌았다. 이윽고 그들은 똬리를 푼 긴 뱀처럼 언덕 위로 다시 돌아가 어둠 속으로 사라졌다. 아까부터 틀어놓은 묵시록의 음악은 계속해서 울려퍼지고 있었다. 그 광경은 1950년대 할리우드의 초대형 쇼에서나 있을 법한 한밤의 달아오름 같은 어떤 것이었다. 가느다란 허리에 갈색 머리를 한 하인들 한가운데에 혼자 있던 헬게 카트는 군주이자 파라오, 황제였고 '알렉산더가 세미라미스 여왕에게서 얻은 아들'이었다. 그런데 아무리 정원만 한 크기라고는 하지만 자신의 왕국을 갖고 그 축복받은 동아리 안에서 자발적으로 환상의 악기들을 조작하고, 욕망의 저울로 자신의 존재를 다시 잰다 한들 결국 그게 무엇이란 말인가?

그의 예술에는 결함이 있었다. 시간이 지나면서 그의 인생은 소음과 불꽃놀이에 지나지 않는다는 사실이 드러났다. 그 안에 숨어 있던 폭력이 출몰했고, 어정쩡한 중간 입장을 취하던 그의 취미도 더 이상 쓸모가 없어졌다. 그 게임의 제왕이 무대에서 사라지고 고독한 한 명의 인간으로 남게 되었을 때, 그의 모든 예술도 가뭄의 계절 속으로 빨려들어가고 말았다.

그는 우리에게 자신의 방을 보여주었다. 알리바바의 이상야릇한 동굴 같은 그곳의 벽과 침대에는 열두어 개의 커다란 인형들이 매달려 있었다. 모퉁이에 걸려 있는 그의 모친의 거대한 초상화가 그곳의 모든 것들을 지배하고 있었다. 코밑까지 내려온 안경 너머로 새어나오는 그녀의 야유 어린 시선과 어설픈 미소는 미얀마의 어느 지혜로운 노인을 닮아 있었다. 헬게 카트는 열여섯 살 때 전쟁의 여파로 쪼개지고 궁핍해진 독일을 떠났다. 그의 말에 따르면 당시 독일은 심각한 정신과 끊이지 않는 불만으로 사람들이 숨쉬는 공기까지 오염된 곳이었다. 그는 태국으로 가서 방콕에 정착했고, 그곳의 유명한 오리엔탈 호텔의 식음료 부문 책임자로 삼십 년간 일했다. 그 다음에는 홍콩에서 일을 했고, 마침내 미얀마를 선택해서 산 지 벌써 십여 년이 되었다. 유럽! 그는 더 이상 그 대륙에 적응할 수 없었다. 그래서 죽을 때까지 아시아에 머물기로 결심한 것이다. 아시아는 기인, 소수자, 고독한 자, 세심함 또는 절망과 함께 정열이나 악행을 심었던 사람들, 대범함과 야릇함이 감도는 이 땅의 특별함이나 고립에 기대어 고독을 씹는 사람들의 피난처였다. 그는 엄격함과 권태로움에서 벗어나고 싶어했다. 몇 시간이라는 공간적 거리로 떨어져 있는 아시아에서 '인생을 몇 번이고 개조하고' 싶었던 것이다. 그는 또한 동양에 살았던 키플링의 화자처럼 이런 말을 하고 싶어했다.

"가끔 나는 파티복을 입었다. 나는 왕자들과 정치인들을 접하기도 했다. 나는 크리스털 잔으로 마셨고 은쟁반에 담긴 음식을 먹었다. 때로 나는 집 밖에서 잘 때도 있었다. 그곳에서 손에 잡히는 대로 게걸스럽게 먹었고, 목이 마르면 흐르는 물을 마셨으며, 내 하인과 똑같은 이불 밑에서 잠을 잤다. 그 모든 것이 내 일상의 풍경을 이루었다."(《왕이 되려 한 사나이》에서 인용)

그의 이러한 단편적인 의견들과 급작스런 생각의 연결 고리에는 감상에 젖은 인상주의 취미가 깔려 있음을 인정하지 않을 수 없었다. 그는 오스카 와일드Oscar Wilde의 다음 발언에 적극 찬동할 수도 있었으리라. "자연미는 하나의 자세, 모든 것 중에서 가장 신경을 곤두서게 하는 자세이다." 그렇다고 그런 자세에 몸을 맡겨버린 그를 비난할 수는 없었다. 놀라우리만큼 다양한 음식이 제공되는 그 까다로운 궁전에서 그는 늘 섬세하고 향기로운 맛을 찾았다. 내 생각에 헬게 카트는 미美의 의례와 짓누르는 모든 것에 대한 두려움을 거침없이 표명하는 몇몇 영국 미학자와 퇴폐주의자 들의 환심을 산 것 같았다. 그러나 자신들이 연명하고 있는 사회로부터 떨어지려 해도 떨어질 수 없었던 저들 겁쟁이들과 달리, 그는 정반대 방향에서 그의 운명을 걸고 거기에 머물렀던 것이다. 한편 그를 둘러싼 풍토는 그를 조금씩 갉아먹기 시작했다. 마치 바위가 바람과 비를 끊임없이 맞으면서 조금씩 파이듯이… 그를 잘 알고 있는 마흐닝킹이 나에게 말했다. "그는 이곳을 신뢰하지 않아요." 그는 그를 감싸고 있고 그에게 늘 생소한 의미로 다가가는 아름다움을 결코 믿지 않았다. 왜냐하면 그는 이 나라를 잘 알고 있었지만 결코 이곳에 소속된 적이 없었기 때문이다. 또한 그는 자기 곁을 지나가는 친구들은 물론, 그를 관찰하면서 그의 제스처를 세세하게 고쳐주는 하인들도 믿지 않았다. 자신의 공허함을 가장하는 놀이도 위안이 될 수 없었다. 그 증거로 마흐닝킹이 전하는 말에 따르면, 그는 호텔의 분주함을 피해 며칠 동안 술로 마음을 달래는 일

도 있다는 것이었다. "만약 그가 백인이 아니었다면 비난의
대상이었겠지요." 백인, 그것은 모든 가치 체계 밖에 있는 사
람을 의미했다. 형벌도 없고 실존도 없었다. 오직 고립뿐이었
다. 그에게 남은 것은 '아무짝에도 도움이 되지 않는 연극적
인 것의 의미'뿐이었다. 대범함에서 온 가치, 즉 일종의 시詩
의 형식이 거기에 살짝 얹혀졌다. 그의 절망은 적어도 스스로
만든 것이었고, 타인들과 외부 세계의 균열에 대한 불안에서
온 것이었다.

　그는 《왕이 되려 한 사나이》의 다니엘 드래보트Daniel Dra-
vot*처럼 자신의 상상력을 좇았고, 자신의 꿈에 부합하는 장
식을 발견했다. 하지만 그는 운이 없었던 그 주인공과는 달리
자신을 내건 게임 따위에 결코 휘말리지 않으려 했고, 따라서
야망 따위를 품어본 적도 없었다. 오히려 그는 경이로운 각성
을 맛보면서 삶을 즐겼다. 이른 아침 따사로운 더위 속에서
그를 뒤로 하면서, 나는 '순 터키풍으로 세공된 무거운 황금
왕관'이 그의 머리 위에서 빛나고 있는 것을 본 것만 같은 느
낌이 들었다.

■ 다니엘 드래보트 Daniel Dravot　키플링의 《왕이 되려 한 사나이》의 등장 인물.

길을 나서면서

버강에서 껄로까지, 3월 4일
태국에서 온 커다란 트럭이 헤드
라이트를 모두 켠 채 절벽에 면한 좁은 길을 따라 산을 넘으며
밤새 달리고 있다. 이곳을 가로지른다는 것은 북경 서커스의
곡예사와 같은 정확하고 노련한 솜씨를 요한다. 운전수들은
매 순간 뒤집힐 것만 같은 짐을 높게 실어올린 그 거대한 차량
을 능수능란하게 조작한다. 그 모습을 보는 이들은 처음에는
두려워하다가 한 고비 넘길 때마다 감탄사를 연발한다. 그 도
로는 아마도 식민 시대에 영국인들에 의해 건설된 이래로 거
의 보수공사를 하지 않은 것이 틀림없었다. 험난한 산자락에
아스팔트를 깔아 만든 그 도로는 계절풍이 몰고 오는 비에 깎
이고 깎여 이제는 볼품없는 한 가닥의 띠에 불과하다. 하지만
불편함에 익숙한 미얀마 사람들은 어쩌다 한 번 필요할 때 외
에는 그 길을 거의 이용하지 않는다. 대체로 그들은 자신들의
집에 그대로 머무르든지 아니면 소가 끄는 마차로 평원을 가
로지르며 돌아다니는 것을 훨씬 사려 깊고 당연지사한 일로

여긴다. 아직도 미얀마에서는 마차가 다른 교통수단들에 비해 그나마 쓸 만하다. 마차에 익숙한 사람의 말에 따르면, 마차는 여행자의 '인내, 힘, 유연함'을 단련시켜준다는 것이다. 그러니 마차가 여행자를 물웅덩이나 강바닥 또는 협곡 밑에 내동댕이치지 않는 이상 탈 수밖에…

버강에서 미얀마의 동쪽 지방 인레로 가려면 껄로Kalow를 거쳐야 한다. 우리는 그 길을 이용하기로 했다. 잡동사니 같은 길. 정말로 그렇다. 길은 조각조각 나 있고, 여기저기 움푹 파이고, 혹이 달린 것처럼 울퉁불퉁하다. 그래서 곧바로 허리가 끊어지게 아팠고 모든 근육이 뭉쳐버렸다. 때론 모래벌판에 자리를 내주고, 때론 마른 강물을 가로지른다. 그러더니 절벽과 현기증이 날 듯한 구불구불한 산길로 돌진한다. 엔진 과열. 그럴 때는 차를 멈추고 보닛을 열어 엔진을 물로 식히며 기다려야 한다. 지쳐 비틀거리는 버스 안에서 마치 노인처럼 등을 구부린 승객들이 빠져나온다. 이런 사고는 이 외진 마을에서는 매일 생기지 않기 때문에 사람들은 호기심 어린 눈빛으로 호들갑 떨지 않으며 창백하고 지친 두 명의 백인을 힐끔힐끔 쳐다본다. 시장은 왁자지껄하다. 농부들이 소가 끄는 수레를 끌고 야채와 과일을 팔기 위해 각지에서 와 있었다. 현대적인 세계가 저쪽에서 소형트럭과 더불어 천천히 도착한다. 소형트럭은 승객과 물건 들이 뒤엉켜 기묘한 피라미드 구조를 이루고 있었다. 차의 뒤쪽과 옆쪽에는 사람들이 무리를 지어 매달려 있고, 안쪽에는 시골 사람들이 나무의자에 포개 앉은 채 우수 어리고 자포자기한 표정으로 밖을 내다보고 있다. 위쪽에는 물건 꾸러미와 바구니, 이런저런 짐들이 자그마치 차 높이의 세 배쯤 되는 높이로 쌓여 있다. 짐 꼭대 기에는 흐려져가는 눈으로 참을성 있게 죽음을 기다리는 닭 들을 가둬둔 닭장이 보인다. 울퉁불퉁한 길을 지나갈 때마다 닭장은 지옥의 바람에 흔들리듯 요동을 친다.

우리는 다시 여행길에 오른다. 정오의 태양 아래에서는 모 든 형상이 흔들리고 해체된다. 보도 위에 놓인 항아리들이 마 치 우리를 향해 손을 흔드는 것처럼 보인다. 바로 무거운 짐을 머리에 이고 두 팔을 들어올려 잡고 있는 여자들이다. 산기슭 중턱쯤 갔을 때, 매애매애 우는 염소들을 가득 실은 트럭 한 대가 멈춰 섰다. 뒷바퀴 하나가 펑크 난 모양이었다. 운전수 가 엔진 밑으로 몸을 반쯤 집어넣어 바퀴를 교체하는 동안, 몇 몇 짓궂은 염소들은 도망치려고 했다. 염소들은 마치 자신들 의 대담함을 진정시키려는지 여전히 소심하게 뭉그적거리면 서 자유의 기회를 엿보는가 싶더니 어느 틈엔가 가시덤불 속 으로 흩어진다. 이런저런 난항들로 인해 모든 차량은 마냥 기 다리는 신세가 되어버린다. 막간이 길어질 거라 예감한 운전 수들은 일찌감치 차에서 내렸다. 그들은 운명론자였다. 그도 그럴 것이 작은 사건 하나도 일상의 한 단면이었던 것이다.

시장에서

길을 나선 지 일곱 시간 후, 우리는 마침내 껄로에 다다랐다. 무성한 나무들과 과거에 영국인들이 세운 커다란 빌라들이 있는 이 작은 산 속 마을은 그런대로 산악 휴게소의 역할을 하고 있었다. 이곳의 밤은 신선했다. 덕분에 오랜만에 곤히 잠들 수 있었다. 저녁 시간, 우리가 머문 작은 호텔은 기쁨에 들떠 호들갑스럽게 떠드는 유럽 산악인들로 넘쳐났다. 그들은 등산화를 신고 있었다. 그들은 여명이 밝아오기 무섭게 그것을 신고 산 정상에 오를 것이고, 길에서 단잠을 자다가 외따로 떨어진 마을들을 방문하거나 산 속에서 길을 잃고 헤맬 것이다… 그들에게 미얀마는 스포츠, 빈곤, 자유의 공간을 상징했다. 다음날 아침 우리가 다양한 인종들이 뒤섞인 미얀마의 시장을 향해 출발할 때, 그 산악인들은 벌써 떠나고 없었다.

오늘은 샨족, 뻴라웅족, 빠오Pa-o족*의 시골 아낙네들이 서로 인접한 산악 마을에서 장터로 내려왔다. 그녀들은 두 줄로 서로 마주 보며 땅바닥에 앉았다. 큰 판자 위에 널린 물건들이 시장 길목을 점령한다. 향긋한 밀가루 음식에 들어가는 마른 새우 조각, 마른 생선과 싱싱한 생선들이 통째로 혹은 한 토막씩, 네모난 모양이나 얇은 조각으로 잘려 있다. 호박, 흰 배추, 콩, 양파, 코리앤더*와 같은 야채와 향초, 과일 들이 있고, 누렇게 익어 말랑말랑한 유충들도 합세하고 있다. 농부들이 내놓는 상품은 한도 끝도 없다. 그에 질세라 이것저것 사서 커다란 바구니에 차곡차곡 챙겨넣는 구매자들의 손길도

● 우리는 샨족의 영토에 있었다. 뻴라웅족은 몽족과 크메르족으로 이루어졌다. 여성들은 머리를 염색했고, 대나무 틀로 만든 펑퍼짐한 치마에 붉은색으로 가슴을 장식한 짧고 푸른 상의를 입고 있다. 빠오족은 까친, 즉 까렌족에 속한다. 그들은 호수 저편 따웅지Taunggyi 마을에서 왔고 공공장소에서는 검은색과 남색 계통의 아름다운 옷차림을 한다.

■ 고수의 씨를 이용하여 만든 향신료.

끊이지 않는다. 세월에 주름이 패고 냉랭한 얼굴에 머리엔 터번을 두른 노인들이 돈을 받기 위해 가느다란 팔을 길게 뻗는다. 그 노인들은 적어도 다른 노인들처럼 생활 전선에서 물러나지 않고 젊은 사람들과 어울려 아직도 장터를 지키고 있다. 그들은 지금까지 해온 일을 오늘도 계속 하고 있으며, 활기로 가득한 이 커다란 장터에 한몫하고 있는 것이다. 한구석에서는 사나워 보이는 노파가 파라솔 밑 작은 단상에 자리를 잡고 앉아 고깃덩어리를 자르고 있다. 칼질 한 방이면 족하다. 노파의 칼질은 강력하고, 정확하고, 사람의 목을 칠 수 있을 만큼 치명적이다. 파라솔 주위에는 붉은 실들이 가지런히 걸려 있다. 주렁주렁 매달린 새빨간 술 장식이 엄마 옆에 꼭 붙어 움직이지 않고 앉아 있는 어여쁜 소녀의 얼굴을 바라보는 내 시선을 잡아끌진 못한다. 길고 검은 눈, 높은 광대뼈, 귀족적인 풍모에 무심한 태도는 손님들을 향해 이렇게 말하는 듯하다. '관심 있으면 둘러보세요. 마음에 들면 사시고요. 하지만 손님이 하는 일은 나하고는 상관없어요.' 붉은 파라솔 아래의 그 소녀는 사바Saba의 여왕과 다름없었다.

삔더야 동굴, 3월 6일

은자들이 수행하기 위해 은둔하는 삔더야 동굴은 서양의 성당 스무 개를 합쳐놓은 규모이다. 거기에는 8천 개 이상의 황금 불상들이 함께 모셔져 있다. 그 불상들은 양초 숲의 연기에 그을려 때가 앉아 검게 그을린 회랑을 마주 보며 보석처럼 빛나고 있다. 첫 번째 거대한 방을 통과한 후, 우리는 미궁으로 빠져들어간다. 우리는 좁은 복도를 따라 점점 땅 밑을 향해 들어간다. 그곳의 커다란 구멍이 난 미심쩍은 모퉁이들과 지하의 방으로 통하는 숨은 계단들은 땅 아래로 더 멀리 이어지고 있다. 눈을 감은 불상들이 사방에서 희미한 불빛을 받으며 반짝인다. 무한을 반복하며 서로 맞붙어 앉은 조각상의 무수한 얼굴들 위에 번지는 신비한 미소가 비현실적이고 환상적인 영향력을 발휘하며 우리를 감싸준다. 저 멀리에 있는 동굴 입구로 우리가 돌아갈 무렵, 거대한 황금탑이 빛을 발한다. 그것은 바위를 직접 깎아 만든 야생적인 형상을 하고 있다. 자연의 변덕스러움 속에서 완성된 그것들은 '방적기' 또는 '코끼리의 기항지'라고 불릴 수 있는데, 부처님의 영향으로 그나마 많이 다듬어진 거인들의 소굴처럼 환상적인 측면이 가미되어 있다. 가끔 어떤 감실에는 황금 불상이 홀로 서 있는데, 그런 불상은 자연 그대로의 돌에 보석을 박아놓기만 했을 뿐이다.

부처님에게 친밀하게 다가가고자 하는 의지는 초기 사원들의 건축 콘셉트였다. 거대하고 풍부한 이 장관이 그 사실을 뒷받침해주고 있다. 동굴의 어둠이 점점 짙어질수록 공포와 신성한 감정이 섞이면서 부처님과의 친근성은 배가된다. 한 구석에서 어느 노인이 혼자 땅에 엎드려 애틋한 목소리로 기도를 하고 있다. 한편 거기서 몇 발자국 떨어진 곳에서는 또 다른 노인이 한 신도가 선택한 불상에 섬세한 금잎들을 붙이고 있다.

피곤하고, 정신이 몽롱해지고, 무수한 역경 속에서 숨이 멎을 것만 같을 때, 생각을 바꾸고, 정신을 가다듬고, 그것에 다시 새로움을 부여하는 것만큼 만족스러운 일은 없을 것이다. 그러고 나면 우리는 세상과 나 사이에 놓인 벽을 허물고, 경쾌한 발걸음과 맑은 눈으로 다시 출발할 수가 있다. 그런 의미에서 사원의 입구에서 파는 금잎들을 몇 장 구입하고 그것들을 우리가 선택한 불상에 붙여달라고 하는 것도 나름의 의미가 있으리라. 그렇게 하면 미얀마 전국은 더 찬란한 금빛으로 수놓일 것이다. 미얀마 사람들은 가난하지만 베푸는 것을 좋아한다. 바로 거기에 그들의 큰 기쁨이 있다. 어떤 구실로든 뭔가를 준다는 것은 그들에게 좋은 일이다. 그들은 그렇게 함으로써 만족하고 마음이 가벼워지는 것을 느낀다. 어쨌든 높이 사줄 만한 관습이다. 게다가 그들은 생의 순환 구조에서 볼 때 자기들이 좀더 나은 자리에 배정받았다는 것을 스스로 깨닫는다. 불상에 금잎을 입히는 행위는 기독교적 의미에서 보면 원죄를 경감시키는 고백 행위에 비교될 수 있지 않을까? 유년 시절 은은하게 비치던 성당의 불빛이며 내밀함 속에 고해성사가 치러지는 고해소 입구, 그리고 신부님의 모습이 어렴풋이 보이는 가림막이 내 머릿속에 떠올랐다. 그때 내 등뒤에 드리워져 있던 검은 커튼은 심오한 어둠의 세계를 펼치고 있었다. 나는 내 과오의 리스트를 갱신하기 위해 머리를 헛되이 요리조리 굴리곤 했었다. 물론 과오라고 해봐야 살아가면서 어느 정도 저지를 수 있고 용서받을 수 있는 성질의 것이긴 했지만 말이다. 학교에서 배운 작문 원칙처럼 빤한 일상적 고백은 너무 구태의연하게만 느껴졌다. 그래서 나는 조금 신선한 것을 도입했고, 똑같은 개념들을 대책 없이 구구절 절 반복하는 것을 피하려고 노력했다. "아빠는 제가 너무 거 만하고 이기적인데다 질 나쁜 생각을 한다고 꾸짖었어요…" 이보다 더 구체적이고 더 자극적인 뭔가를 찾아내야 할 필요 가 있었다. 그러나 거짓말 역시 죄였다… 한편, 신부님은 언 제나 똑같은 기도를 하고 결연한 태도로 말씀하셨다. "내 아 이야! 네게 평화가 깃들었으니 이제 평안을 찾으렴…" 솔직 히 그런 말은 내게 전혀 위안이 되지 않았다. 왜냐하면 나 스 스로 내 행위에 별로 후회를 느끼지 않았기 때문이다. 사람들 이 말하는 것처럼 집안에 내려진 벌의 무게만으로도 충분했 다. 게다가 그것은 내 자잘한 과오보다 훨씬 더 가혹해 보였 던 것이다.

이래서 나는 고해소의 암흑보다는 금잎들이 발하는 광채가 더 좋아진다. 물론 거기에는 양심의 점검과 죄의 용서라는 행 위가 없다. 그렇지만 또 다른 생을 위해 덕을 쌓고 사방을 아 름답게 불 밝히는 데 참여하는 것 역시 나쁘지 않다.

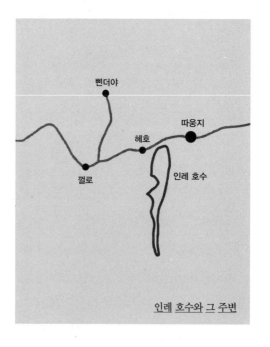

뻰더야

따웅지

헤호

껄로

인레 호수

인레 호수와 그 주변

인레 호수

중국 회화

이른 아침, 인레 호수는 물이 끝없이 펼쳐져 있지도 않고, 그렇다고 수면이 밋밋하지도 않다. 하지만 부피감이 느껴진다. 모든 윤곽과 기호들을 혼란스럽게 해체시켜버리는 하얀 포말이 사방으로 거세게 퍼져나간다. 여기는 하늘과 땅이 더이상 분리되어 있지 않다. 어두운 정상을 안개 속에 아스라이 드러낸 산들은 중력에서 벗어나 있다. 겹겹의 구름들 사이에 일어서 있는 산들은 마치 저 멀리 구름 사이를 둥둥 떠다니는 것처럼 보인다. 그늘 위에 그늘을 만드는 산들은 꿈과 환상으로 이루어진 비현실의 세계를 이루며 한없이 펼쳐지고 끝없이 이어지고 있다. 우리가 탄 배는 얇은 빛의 베일 속으로 옮겨갔다. 그곳은 간간이 고립된 기호들의 세계가 펼쳐졌다. 다시 말하면 단순하고 검은 선들만이 무한 허공의 세계가 열리는 지점을 더욱더 돋보이게 하려는 것처럼 그곳에 있었다. 이 대목에서 우리가 앞에서 말한 추상을 연상시키는 중국 회화의 풍경 속으로 빨려들어간다고 가정해보자.

그곳은 하늘과 땅, 산과 물, 멀고 가까움 사이의 엄격한 대조를 모두 초월하는 텅 빈 세계이다. 또한 이 세계는 그런 대조적인 것들이 모두 조화를 이루고 같은 질적 공간 속에서 통일된다. 그와 동시에 그것들이 함께하는 백白의 세계가 우리를 총체적 세계 속으로 인도해줄 것이다. 그날 아침, 미얀마의 외진 구석이며 샨족의 영토인 인레 호수 위를 떠다니면서 우리는 뭐가 뭔지는 잘 모르지만 중국 화가 쉬타오Shih-t'ao의 그림 같은 세계를 뚫고 지나갔다. 그는 17세기 명나라 몰락기에 활약한 '네 명의 유명한 승려 화가' 중 한 사람이었다. 중국의 지혜에 따르면, 우리가 탄 나룻배가 매시간 빠져들어가는 텅 빈 세계는 비존재나 헛된 안개처럼 아무것도 아닌 것이 아니었다. 그것은 모든 사물의 내면에 존재하는 것이었다. 또한 그것은 '매우 활동적인 공간'이자 '변신이 이루어지는 더할 나위 없는 공간'이며, 산이 공기로 변하고 파도가 산으로 변하는 세계였다. 작가 프랑수아 쳉Francois Cheng은 《텅 빔과 가득 참Vide et Plein》이라는 에세이에서 이렇게 말했다. "텅 빈 세계 한가운데에 서 있는 화가는 산이 파도로 부서지면서 텅 빈 세계 속으로 잠적하고, 물은 텅 빈 세계를 지나면서 산으로 우뚝 솟는 인상을 그려낸다." '중국적인 회화 언어'라는 그의 말이 문득 떠올랐다. 우리는 그 풍경의 내적 한계에 주제가 고착되면서 빚어지는 균열이나 그 주제가 본질적 실체로부터 분리되면서 생기는 균열의 세계를 마주했던 것이 아니었다. 오히려 우리는 시간의 흐름에 내포된 미세한 변화의 움직임을 관찰하면서 서로 침투하고, 서로 섞이고, 서로 교류하는 바로 그런 형식의 세계를 마주했던 것이다.

우리가 앞으로 나아가고 있는, 우주의 구성 요소들(물, 흙, 공기)이 하나의 색깔로 합쳐지는, 즉 '동일성과 차이성을 동시에 실현하는' 그 백의 세계는 다름 아닌 우주의 실체를 그대로 우리에게 보여주고 있었다. 우리가 탄 배는 중국 화가의 붓이 종이 위에서 움직이듯 한 획의 물길을 그리며 호수 위를 나아가고 있었다. 프랑수아 쳉이 말했듯이, 보이는 세계와 보이지 않는 세계를 역동적으로 이어주는 선들 중 하나를 쫓아가는 듯했다. '붓의 한 획'은 내가 무척이나 좋아하는 그 그림들의 풍경처럼 공간을 열고 화폭 안에서 텅 빔의 심오한 현전을 강조했다. 텅 빔의 자장, 그것 없이는 우주의 활동을 뒷받침하는 바람은 순환하지 않을 것이요 음과 양의 조화는 이루어지지 않을 것이다. 한계를 설정하고 사물의 외적 측면만 재현하는 리얼리즘의 세계와는 달리, 그 예술은 자기들의 비밀스러운 세계, 즉 '사물들의 내적 법칙과 내적인 선들'의 세계, 다시 말해 서로를 소생시키는 숨겨진 관계의 세계로 우리를 인도했다.

어느 날 우연히도 몇몇의 기호들만 남기고 풍경을 삼켜버리는 안개 속에 있었는데, 그때 나는 종종 나를 각성시켰던 흰색과 선이라는 그토록 간결한 수단으로 그려진 그림을 만난 듯 정신적인 심오함을 경험했었다. 그 속에는 관계의 세계가 표현되어 있었다. 바로 다양한 요소들의 넘나듦 그리고 무수함 너머에 있는 유일함을 나타내는 세계였다. 그 세계는 쉬타오의 말을 빌리면, 모든 산과 강이 "내 안에서 소생하고 나

역시 그들 속에 소생"하는 곳이며 인간, 하늘, 땅이 오직 하나로서 동일한 실체를 이루는 곳이었다.

이윽고 태양이 안개의 겹 사이를 뚫고 얼굴을 내밀었다. 태양은 모든 상像의 실체와 고립을 확실하게 되돌려주면서 상들을 일일이 분리시켰다. 우리는 저 멀리 마치 검은 점선 같은 상이 출현하는 곳으로 가까이 다가갔다. 그 기호들은 우리 앞에 끊임없이 펼쳐져 있었다. 그것들은 길고 가느다란 몸과 투명한 날개를 나풀거리며 물 위를 수놓고 있는 곤충들과 닮아 있었다. 다름 아닌 그것들은 원추 모양의 그물망을 띄우고 떠다니는 나룻배들이었다. 선미에 서서 노를 조종하는 어부들의 다리가 마치 이상야릇한 춤을 추는 듯했다. 그것은 유명한 인레 호수 어부들의 예술로, 가볍고 우아하게 한 번 노를 휘감아줌으로써 노를 젓는 동시에 낚시도 했다.

우리는 점심을 먹기 위해 호수 위에 말뚝을 세워 만든 어느

마을에 배를 멈췄다. 마을 사람들은 아침의 명상에서 빠져나온 방문객들에게 그들만의 민속 문화를 선보였다. 여섯 명 정도 되는 마을 사람들이 식당을 연결하는 다리 위에서 징, 심벌즈, 북 등의 타악기를 열성적으로, 규칙적이고 야무지게 두드리고 있었다. 귀청을 찢을 듯한 꽹음과 단조로운 리듬을 탄렙은 마치 왈츠를 연상시켰다. 더위에 넋을 잃고 땀을 흘려 무기력해진 관광객들을 실은 나룻배가 하나둘씩 도착하자 오케스트라는 좀더 다듬어진 소리를 냈다. 활기찬 군가가 울려 퍼졌다. 전사 민족인 샨족을 대표하는 음악이었다. 깜짝 놀란 관광객들이 비틀거리며 배에서 일어서더니 환영 행사를 벌이는 지역 대표가 어떤 사람인지 보려고 오케스트라 쪽으로 시선을 집중했다. 이윽고 그들은 이 모든 소란이 자기들의 방문을 환영하기 위한 것임을 깨닫자 최대한 몸을 곧추세워 당당하게 배에서 내리려고 했다. 그러나 우리는 머리에 모자를 쓰고 손에 카메라를 든 너무나 간편한 차림새로 내렸을 뿐이다. 한편 징소리는 큰소리로 울려퍼진다.

높이뛰기 하는 고양이들의 사원

우리가 섬에서도 외진 곳, 말뚝 위에 세워진 짜웅응 아페Kyaung Nga Phe* 사원을 방문했을 때, 그곳에는 마침 젊은 스님들이 모여 고양이에게 둥근 홀라후프를 뛰어넘게 하느라 여념이 없었다. 참으로 신기한 장면이었다. 고양이는 불평을 했고, 스님은 고양이의 등을 살짝 때리면서 격려했다. 홀라

후프의 높이는 점점 높아졌고, 그때마다 고양이는 잘도 뛰어 넘었다. 한편 어느 노스님은 소란을 피해 자신만의 공간에 자리를 잡고 깊은 잠에 빠져 있었다. 노스님은 우리가 그곳을 방문하는 내내 자고 있는 것 같았다. 열린 입, 움푹 들어간 눈동자를 한 노스님은 마치 오랜 역사와 평화의 장소를 상징하는 미라처럼 보였다. 제자들은 고양이를 단련시키는 와중에도 노스님을 향한 주의의 시선을 멈추지 않았다. 그렇다. 우리는 높이뛰기를 하는 고양이들의 사원에 있었던 것이다. 전설에 따르면, 명상을 길게 하는 것으로 유명한 한 스님이 있었는데, 그가 자신의 애완 고양이에게 눈썹을 치켜세우는 것으로 긴 명상이 끝나고 다시 인간 세상으로 돌아왔음을 알려주면, 그 고양이는 쏜살같이 달려가 그의 품에 안겼다고 한다. 그 전통이 지금까지 이어져 내려오고 있었다. 후계자 스님들은 명상이 끝난 뒤 주어지는 신호에 어떻게 뛰어야 할지 고양이에게 가르쳐왔다. 사실 고양이라는 동물은 대개 훈련 따위에 익숙하지 않음을 우리는 잘 알고 있다. 그런데 그 사원의 고양이들만은 고양잇과에 속하기는 하지만 세상에서 유일하게 서커스에 참여하는 별종 고양이들 같았다. 놀이가 일단 한 번 끝났고, 나는 의자에 가서 앉았다. 그러자 이 해프닝을 주관하는 스님들 중 한 분이 내 곁으로 왔다. 그는 내가 또 다른 버전의 고양이 서커스를 기다리고 있는 거라 생각했는지 간단한 프랑스어로 내게 말을 걸어왔다. "Les chats sont fatigués(고양이들이 지쳐 있어요)." 참으로 마술적인 표현이 아닐 수 없었다. 얼마 지나지 않아 알게 되었지만, 그는 이 말을 빈

번하게 반복하면서 구경꾼들을 멀리 쫓아버리는 것이었다. 그는 다시 한 번 "고양이들이 지쳐 있어요" 하고 말했다. 그러면 한 덩어리로 얽힌 파리처럼 집요한 관광객들이 그의 매력에 위안을 삼으며 뿔뿔이 흩어졌다. 그 스님이 이번에는 영어로 내게 설명했다. 어떤 관광객들은 가끔 그에게 와서 이렇게 묻는다는 것이었다. "고양이가 뛰는 것을 보고 싶어요. 얼마나 내야 하죠?" 그는 조소 띤 표정으로 '(돈을) 내다'라는 단어를 되뇌었다. 사실, 서양 문화에서는 원하는 뭔가를 얻으려면 그것에 대한 '대가를 지불하는' 것이 당연하다. 우리는 돈을 내면 우리가 갖고 싶은 것은 무엇이라도 다 가질 수 있고, 심지어 돈과 전혀 상관없는 것도 가질 수 있다고 믿는 그런 인종들이다. 그것은 서양적 맥락의 사생활 질서이기도 하다. 그뿐만 아니라 우리는 자기 자신을 위한 감정이나 순수한 기쁨조차 모두 돈이 된다고 믿고 있다.

그러나 저 스님들에게는 이 저물어가는 오후 시간, 새로운 기분전환거리나 찾는 관광객들을 상대로 고양이들을 뛰게 할 타당한 이유가 별로 없었던 것이다.

단순히 즐기기 위한 것들. 그러나 여기서는 그런 것을 원하는 관광객들도, 스님이 거부했던 돈도 아무 쓸모가 없었다. 그 무엇도 여기서 벌어지는 놀이에 간섭할 권리가 없었다. 그 놀이는 무엇보다도 자신들의 스승들에 대한 추억과 전통을 지켜온 스님들에게만 할당된 어떤 것이었다. 사실, 그것 말고도 우리는 공공장소인 사원에 들어갈 권리도 있었기 때문에, 그들의 놀이를 보고, 경탄하고, 놀라고, 공유하고, 그것으로 인해 흥을 얻을 수 있었다. 그 이상 무엇을 더 바라겠는가? 그러나 그 즐거움이 돈으로 주문되고 계산되는 구경거리가 되어버린다면, 그것은 결코 스님들이 원하는 바가 아니었다. 아까 그 스님은 그저 실행자, 즉 승려 사회가 배치한 봉행자로서 그 자리에 있었을 따름이다. 그 스님은 거기서만 도원경桃源境의 유일한 달인이었다. 그렇기 때문에 그것을 보는 사람들은 그 스님에게서 그의 기쁨과 그 기쁨을 만끽하는 자유를 훔쳐버릴 수도 있었다. 하지만 그 스님은 그 아름다움의 창조자이지 돈을 받는 고용인은 결코 아니었다.

사실 몇 장의 달러만 있으면 당신은 조각상으로 변신할 수도 있고, 또 마술사가 되어 당신 자신을 하인으로 변신시킬수도 있다.

"우리는 당신들의 돈을 필요로 하지 않아요." 샨족의 한 친구가 우리에게 말했다. 그러나 모든 것을 돈으로 사는 데 익숙한 관광객이나 서양 사람들은 보통 그 간결한 말 속에 담긴 의미를 잘 파악하지 못했다. 비록 미얀마인들이 가난할지는 몰라도 그런 유의 자긍심을 간직하고 있었다. 그 젊은 스님은 돈을 경멸하는 것이 아니었다. 오히려 그는 돈에 대해 냉소적인 태도를 보였다. 그러니 그 스님은 돈으로만 모든 것을 따지는 사방에서 온 무심한 관광객들에게서 무엇을 기대하겠는가? 그의 냉소에는 운명주의적인 색채가 깔려 있었다. 그는 존재의 값어치를 잘 알고 있었고, 동시에 부와 가난 사이에 놓인 벽이 얼마나 높고 쉽게 무너지지 않는지도 잘 알고 있었다. 그리하여 그는 자기 자신과 운명이 점지해준 신비한 선물에만 기대를 품고 살았다. 불만도 없었고 요구도 없었다. 나는 그 유연함과 위엄을 보면서 찬탄하지 않을 수 없었다. 그의 은근한 힘은 알고 보면 그 자신을 믿고 있기에, 자기 안으로 귀의할 줄 알고 또 자신만의 고유한 가치를 믿고 있기에 가능했다. 나는 내가 아는 사람들 속에서도 그런 힘을 가끔 발견하곤 했다. 그들 역시 열린 사유를 하고 세상을 알고 싶은 욕망을 갖고 있으면서도, 몇 가지 간결한 원리, 본질적인 것 그리고 그들이 속한 사회의 정신적 전통을 중히 여겼다. 다시 말하면, 그들은 자신들의 중심에 자리를 잡고 잘 머물러 있기에 표류할 필요가 없는 사람들이었다.

이곳에 오기 전, 우리는 미얀마의 어느 사원에서 이 고양이 사원의 스님을 연상시키는 젊은 스님과 비슷한 대화를 나눈 적이 있었다. 그는 매우 가난한 집안 출신으로 아마도 그러한 이유로 인해 스님이 된 분 같았다. 마을에서는 행자 스님들과 그들의 스승에게 날마다 쌀을 제공했다. 그의 가장 큰 꿈은 부모를 돕고 그들이 좀더 나은 생활을 하는 것이었다. 그가 말했다. "마을 사람들이 찢어지게 가난한 경우가 종종 있어서 내 마음이 아파요." 그는 그런 비참함 속에서 자신이 얼마나 힘들었는지를 우리에게 이야기했다. 그는 언젠가 자신의 행운을 찾아 사원을 떠나게 될지도 모른다. 그때는 많은 미얀마 사람들이 그러는 것처럼 운명의 작은 전환점 혹은 좀더 색다른 인생을 기다리며 로또의 세계에 몸을 던질지도 모르는 일이다.

그는 미얀마를 좋아하지 않았다. 아니, 현정권하의 미얀마를 싫어했다. 정부는 악질이었다. 그는 모든 것을 우리에게 폭로하면서 내가 가져온 안내 책자를 한 장씩 넘겨보았다. 어쨌거나 사진들이 보여주는 이미지는 아름다웠다. 그는 그 아름다움에 경탄했고 자랑스러워했다. 그러다가 교훈적인 슬로건 하나에 주목했다. 정부가 국민을 교화할 목적으로 거리에 매단 거대한 현수막에 새겨진 문구 중 하나였다. 'LOVE YOUR MOTHERLAND, RESPECT THE LAW(조국을 사랑하고 법을 준수하자).' 그는 그 문장을 큰 소리로 읽은 후 폭소를 터뜨렸다. 웃음을 멈출 수가 없어서 자신의 허벅지를 때려야 할 정도였다. 그렇다. 그런 세뇌 운동을 한다고 해서 비판적 정신이 사라질 리는 없었다. 정부에 대해 비판을 하는 사람에게는 단호한 처단이 내려졌다. 그런데 그는 모든 위험에도 불구하고 나처럼 아무것도 모르는 사람 앞에서 큰 소리로 미얀마 정부를 비판하는 것이었다. 관광객들이 가이드들의 인솔하에 몇 개의 무리를 지어 우리 앞을 지나갔다. 그러자 그는 소리를 가다듬고 내 곁으로 바싹 다가오더니 귓속말로 "아웅산 수치"라는 이름을 내뱉었고, 더 낮은 소리로 "그녀는 지금 양곤에 살아요"라고 했다. 그들의 유일한 희망이자 용기인 'The' Lady, '그' 여인. 그 호칭은 그녀의 이름을 발음하다가 혹시 실수라도 하지 않을까 하는 두려움에서 어쩌다 갖다붙인 것이 아니다. 그것은 숭경崇敬의 마음에서 우러난 칭호다. 그녀는 그들을 구원해줄 유일무이한 존재인 것이다.

젊은 스님은 그 신성한 이름을 내뱉으면서 슬그머니 주변을 둘러보았다. 그러고는 사람들이 자기에게 수갑을 채워 데려갈 거라는 의미로 양손을 앞으로 내밀었다. 그가 나에게 다시 소곤거렸다. "이 말을 공개적으로 하면 곧바로 감옥행이에요." 그러면서도 그는 웃고 있었다. 다른 젊은 스님 한 분이 와서 그 스님과 합류했다. 그는 크메르의 불상처럼 잘생겼고 우리와 이야기하고 있던 스님보다 더 젊었으나 약간 소심해 보였다. 그 역시 우리와 하나가 되어 자신의 동료 스님이 유럽에 대해 내게 하는 질문을 경청했다. 그 스님은 온갖 책들, 그 책들의 가격, 그것들을 얻을 수 있는 방법에 대해 질문했다. 우리의 가이드가 내게 "그것은 얼마예요?" 하고 묻는 식으로. 그에게 단절되어 있는 외부 세계가 그를 사로잡고 있었다. 그렇지, 유럽의 돈 유로! 그에게 그것을 보여주면 어떨까? 그것을 보여주면 그가 좋아할까? 내 안에 온갖 질문들이 교차했다. 오해를 피하려고 그러는지 그가 딱 잘라 말했다. "보기만 할게요." 그는 내가 건네준 지폐들을 뚫어져라 관찰했다. 빛나는 그의 눈 속에는 '열려라 참깨' 주문 속에 나오는 또 다른 세계가 펼쳐지고 있었다. 나는 "행운을 위하여"라는 말을 남기며 그의 손에 몇 센트의 유로를 집어주었다. 뭐랄까, 그 부표를 통해 그에게 추억을 남겨주고 싶었다고나 할까, 혹은 유럽의 표시를 남기고 싶었다고나 할까, 아니면 우리가 나눈 대화의 흔적을 남기고 싶었다고나 할까. 어쨌든 그 상황에서 중요한 것은 내가 주었다는 것이 아니라 다시 한 번 받았다는 것이다. 나는 그를 내 세계에 초대했고 그 세계의 열쇠나 다름없는 몇 센트를 그에게 집어주었지만, 오히려 내가 그에게서 약간의 에너지와 균형을 얻었다. 그가 "행운을 위하여"라는 말을 반복했다. 그때 그의 어조에서 가벼운 조소가 읽혔는데, 그 조소가 '행운'이라는 말을 겨냥한 것인지, 나의 터프한 행동을 겨냥한 것인지, 아니면 그가 아까 말했던 비참함 앞에 놓인 보잘것없는 동전 몇 닢을 겨냥한 것인지 솔직히 잘 읽어낼 수가 없었다.

뮛찌나에서 버모
그리고 만달레이까지: 강물 위에서

2003년 11월

우리가 세 번째로 미얀마 땅을 방
문한 2003년 연말, 우리는 정부로부터 특별한 허가를 받지 않
는 이상, 외국인들의 출입을 철저히 금하고 있는 루비의 계
곡 모곡Mogok에도 한 번 다녀올 계획이었다. 또 우리는 미얀
마의 북쪽 끝, 이 나라에서 가장 높은 산들이 밀집한 지역으
로 야생적이며 인구밀도가 낮은 까친 주도 방문할 계획이었
다. 말하자면 우리는 이번 기회에 정해진 관광 노선에서 벗어
난 땅을 모험해볼 작정이었다. 보통 관광객들이 네 방향으로
나뉜 길을 따라, 즉 남쪽의 양곤, 미얀마의 중심부에 있는 버
강, 만달레이, 인레로 이어지는 한정된 공간 안에서만 순회하
는 것을 감안해서 내린 결정이었다. 우리는 마침내 거대한 연
을 연상시키는 미얀마 지도 위에 매우 미약하게 표시된 땅을
향해 가는 것이었다.

우리들은 화살촉을 연상시키는 뮛찌나Myitkyina 마을을
향해 올라간다. 뮛찌나는 까친 주의 주도로, 영광스럽게도 히

말라야 산맥에 인접한 작은 마을이다. 뭣찌나는 이라와디 강의 시원始原으로부터 멀지 않은 곳에 위치해 있다. 달리 말해 그 마을은 남쪽으로 뻗은 히말라야 산맥에서 흘러나오는 강의 시원지인 동시에 히말라야의 만년설과 적절하게 연결되어 있다. 까친 주는 또한 이 나라의 영웅담에 영광스러운 타이틀로 등장한다. 미얀마 공산주의자들이 이곳의 가장 외딴 마을이나 접근이 불가능한 협곡에 오랫동안 피신을 했던 것이다. 그런 연유로 까친 주 정부는 중국으로부터 무기와 탄약을 공급받았다. 까친 주 사람들로 말할 것 같으면 연맹적 차원에서 잘 조직된 사람들로, 그들의 굴하지 않는 성격은 오십 년 동안 계속된 이 나라의 내전을 잘 대변해주고 있다.

하나 더 고백하면, 우리를 매혹시킨 것은 그 민족의 역사 못지않게 이라와디 강이 시원에서부터 만달레이까지 흘러내려가는 광경이었다. 그 노정은 수백 킬로미터나 되었다. 모랫둑이 수면에 노출되는 건기에는 물의 흐름이 막히고, 몬순기에는 비 때문에 흐름이 불가능해진다(비는 강물을 범람시키고, 격렬한 소용돌이를 형성하면서 강물 속으로 파고 들어간다). 이처럼 강은 모든 계절마다 모험에 노출되어 있다.

그렇다고 우리가 모험에 이끌렸다는 말은 아니다(게다가 우리를 기다리고 있는 모험이 어떤 것인지 그때는 잘 몰랐다). 우리의 관심은 온갖 시련과 더불어 그 나라의 심장부를 깊게 흐르는 강물이었다. 아무런 욕망이나 걱정 없이 하루 종일 물의 리듬에나 자신을 맡겨보고 싶었다. 저편 기슭에 무엇이 있는지 상상할 수 없을 만큼 넓은 강물 속에서 물의 리듬을 쫓아가고 싶었다. 여기저기 점점이 뿌려진 마을들을 따라가고, 새와 야생 거위들이 날고 고래들이 점프하는 것을 보고 싶었다. 모랫둑에 조심스럽게 앉아 있는 희고 완벽한 한 마리의 학을 감상하고 싶었다. 원시적인 새나 다름없는 그 학은 자신들의 보금자리인 습지대로 우리를 초대하고 있지 않은가! 그뿐인가. 풀들의 춤사위와 빛나는 강가로부터 당도한 메시지를 무심코 전해 듣거나 오디세우스˙가 그토록 경계해 마지않았던 물의 요소와도 하나가 되고 싶었다. 정말이지 인간은 단 한 번도 자연과 떨어져 지내는 것을 생각해 본 적이 없었다. 또 우리는 물의 흐름에 거역하지 않고 천천히 바다를 향해 이끌려가는 것을 온몸으로 받아들이고 싶었다. 게다가 우리는 태초 이래 이 나라의 삶을 구성하고 있는 물의 광채와 낭랑하고 가벼운 톤으로 천의 소리를 내는 음악 속으로 완전히 몰입하고 싶었던 것이다.

그러나 우리 여행의 첫 단추는 이런 평화로운 꿈과 전혀 일치하지 않았다.

우리는 뭣찌나에 당도하자마자 두 개의 강줄기가 합류하는 이라와디 강의 시원을 보러 갔다. 하나는 인도에서 오는 조용한 물줄기 말리카Mali Hka이고, 다른 하나는 중국에서 오는 출렁이는 응마이카Nmai Hka이다. 그곳에서 만난 어떤 사람이 그 위험한 물에 대해 우리에게 첫 강의를 해주었다(그 강의는 말로 설명되는 것이 아니라 매우 직접적인 것이었다). 말리카의 평

▪ 오디세우스는 바다의 요정 사이렌의 매혹적인 목소리에 홀려 스스로 물 속으로 투신하지 않을까 두려워했다.

온한 외양은 사실 무시무시한 소용돌이를 안에 품고 있는 데 반해, 응마이카의 격렬한 흐름은 부드럽고 온화한 바닥을 품고 있다고 했다. 그 대조적인 특성에도 불구하고, 그 두 물줄기는 이라와디 강을 형성하기 위해 어느 거대한 반도의 모랫둑에서 하나로 합쳐진다. 그리하여 이라와디 강은 태양이 막 사라진 저 산의 넓은 지맥에 보호를 받으면서 검은 바위와 흰 모래 사이를 조용히 흘러가는 것이다. 해안가에서는 어부들이 둥근 석쇠 위에 생선을 굽고 있었다. 중국에서 온 한 척의 배는 금괴를 찾아 강에 구멍을 파고 있었다. 정적 속에서 들리는 유일한 소음이었다.

🏇 뮛찌나, 11월 27일

동이 틀 무렵, 우리는 작은 호텔을 나와 봇짐에 짓눌린 한 무리의 미얀마인들과 함께 오물과 갖가지 쓰레기로 뒤덮인 언덕길을 내려왔다. 그 길을 따라가니 우리 여행의 첫 관문인 버모에 우리를 내려줄 배가 정박해 있는 곳이 나왔다. 배는 갑판이 2층으로 된 비좁은 연안 여객선으로, 한 층은 승객과 온갖 물건을 담은 이민 가방이며, 식량과 가축, 온갖 종류의 야채와 과일, 갯벌 냄새가 강하게 풍기는 마른 생선들이 담긴 짐 꾸러미로 넘쳐나고 있었고, 또 다른 한 층은 승객들에게는 출입이 금지된 곳으로, 엔진 가동을 위해 사람들이 석탄을 계속 집어넣고 있었다. 어쨌든 물건을 실어 나르는 장사용 배라는 것을 한눈에 알아볼 수 있었다. 우리는 계류장이라고 할 것도 없는, 흔들거리는 널빤지로 된 사다리를 건넜다. 그리고 난 후 아직 비어 있는 벤치 끝 쪽의 출입구로 들어간다. 우리 주변에서는 사람들이 각자 자기 일을 챙기고, 짐을 풀고, 서로 밀치고, 이야기를 나누고, 웃거나 역정을 내고 있다. 우리가 막 한숨 돌리려고 하는 참에 청년 두 명이 우리 위로 넘어진다. 그들의 둥근 얼굴은 분노로 가득 차 있다. 우리가 그들의 자리를 빼앗은 모양이다. 좌석번호가 있어야 싸움을 하고 말고 할 것 아닌가? 어쨌든 이 나라에서 질서는 예기치 않은 곳에 존재하는 듯하다. 손에 티켓을 쥔 두 청년은 점점 크고 강한 목소리로 말을 한다. 몸동작과 함께 몇 마디 말을 내뱉으며 손가락으로 전방을 가리킨다. 확실히 우리가 쫓겨날 판이다. 더 확실히 할 생각인지 그들은 자기들이 정한 자리로 우리를 데려간다. 그들은 배 앞에서 갑판에 비해 약간 높은 곳에 있는, 벌써 잡동사니로 채워진 일종의 캐비닛을 우리에게 가리킨다. 그곳에는 등을 쫙 펴고 앉기에는 너무 높고 눕기에는 너무 짧은, 의자도 무엇도 아닌 물건이 놓여 있다. 그곳이 바로 무리에서 떨어져 있어야 하는 사람들을 위한 소위 예약석이라는 곳이다. 우리는 기꺼이 포기하겠지만 외국인이라는 이유로 저절로 갖게 되는 특석 같은 곳이다. 우리는 젖 먹던 힘까지 동원해 그 예약석을 거부한다. 사람들이 소란스럽게 몰려들지만 우리를 이해하는 사람은 아무도 없다. 한바탕 소동이 일어날지도 모르는 긴장된 순간이다. 품위야 어찌되었건 우리는 꾸역꾸역 네 발로 기어 우리의 칸막이로 기어올라간다. 그곳은 이 넓은 강을 건너는 일곱 시간 동안(실상은 열두 시간이었다)

간혀 있어야만 하는 우리의 감옥인 셈이다. 바로 그 순간, 내 머릿속에 루이 11세가 철창에 가두었던 불행한 추기경 장 발뤼Jean Balue와 다른 수감자들이 불현듯 떠오른다. 그들은 간신히 움직일 수 있을 뿐 등도 돌릴 수 없는 좁은 철창 안에 갇혀 있었다. 그것도 몇 년 동안이나! 그것에 비하면 우리의 고통은 단 하루뿐이었다. 나는 그것만으로도 행운이라고 생각했다.

이윽고 비싼 요금을 지불하고 탄 다섯 명의 유쾌한 젊은이가 우리가 있는 칸으로 무작정 덮쳐든다. 남녀가 섞여 유쾌한 분위기다. 그들은 천진스러운 강아지들이 장난을 치듯 서로 치근거리고, 밀치고, 올라타고, 깨물고, 핥는다. 옆에 사람이 있건 말건 상관없다. 분명히 그들은 배를 타고 가는 내내 사람의 심기를 건드리는 콧소리와 째진 목소리로 크게 외치고, 수다를 떨고, 웃어댈 것이다. 어쨌든 우리는 그들의 삶의 세세한 부분을 조금씩 포착한다. 그들은 경제학을 전공하는 학생들로, 일 년에 한 달씩 삼 년 동안 공부하고 그것을 위해 눈이 휘둥그레질 만큼의 수업료를 내고 있다. 그들의 말에 따르면 일 년에 한 달 공부하는 데 200달러가 드는데, 그 돈은 아무리 열심히 일해도 한 달에 고작 20달러밖에 벌 수 없는 이 나라의 실정을 감안할 때 결코 적은 돈이 아니다. 대학은 양곤에서 수 킬로미터 떨어진 곳에 있지만, 그곳까지 가는 대중교통수단이 없기 때문에 현실적으로 거의 갈 수 없다. 공부를 한다는 것은 진실된 영혼의 힘뿐만 아니라 탄탄한 재정 능력을 요구한다. 그렇다고 해서 그들이 한때의 대학 생활을 실컷 맛보고 귀족처럼 즐기지 못할 이유는 없다.

뭣찌나에서 버모까지 이어지는 강물은 매우 거칠다. 모래 언덕들이 하룻밤 내내 이리저리 움직이고, 소용돌이가 출현하는가 하면, 물줄기가 급선회하기도 한다. 거기다 예기치 못한 함정도 무척이나 다종다양하다. 물이 원형의 배수장치처럼 휘감기고, 나선형을 이루며 돌고 파인다. 협곡에 들어서자, 가속이 붙은 우리의 작은 배는 바람처럼 빠르게 달린다. 그러나 얼마 지나지 않아 배는 보이지 않는 모래 위에 좌초하고 만다. 뒷걸음질치던 엔진에 충격이 간 것이다. 배는 결국 멈춰 서고 만다. 또다시 기다림이 이어진다. 구조선이 어서 와서 모든 짐짝을 내팽개치고 우리는 그 구조선에 기어올라 가야 할 상황이다. 그런데 미얀마인들은 그런 상황에서도 전혀 놀라거나 화내지 않는다. 그들은 급한 일을 묵묵히 실행하고 긴급 상황에 자신을 굽힐 줄 안다. 게다가 그런 상황에 익숙한 듯 그저 천연덕스럽게 웃고 있다. 그런 그들은 마치 스토아 철학자들처럼 보인다. 구원을 기다리면서 강물 한가운데의 섬에 임시로 버려진 우리는 우리가 탔던 배가 멀리서 요동치고 낑낑대는 것을 인내심 있게 바라본다. 한 시간 후, 우리는 다시 승선한다.

5시 30분. 칠흑처럼 어두운 밤이 되었다. 모험은 계속되었다. 다시 삐걱거리는 소리가 났다. 또 뭔가에 부딪혔다. 정지! 우리가 탄 배는 그런 식으로 매번 똑같이 모래에 걸려들었고, 우리는 벌써 세 번째 승선 절차를 밟았다. 그날 밤 안으로 다다르지 못할 버모의 불빛은 아직 까마득하기만 했다.

버모에서 우리는 친구의 소개로 낡은 대형 보트 한 척을 소유한 선원을 만나기로 했고, 그 선원은 우리를 강의 하류로 데려다주기로 약속했다.

우띤망웅U Tin Maung 씨는 나와랏Nawarat 위에서 여동생 그리고 그의 팀원들인 남자 선원 다섯 명과 함께 살고 있었다. 그들은 조용했고 고양이처럼 민첩했다. 그 선원들은 갑판의 구석이나 계단 밑에 서로 포개져 잠자는 것을 빼면, 매일 긴 노를 손에 쥐고 해저의 위험한 요소를 탐사하는 등 이런저런 작업을 했다. 마침 우띤망웅 씨는 두 형제를 방문하기 위해 만달레이에 가 있었다. 형제 중 한 명은 그가 매우 자랑스럽게 생각하는 동생으로 대학에서 불교를 가르치고 있었고, 다른 한 명은 마을에서 찻집을 운영하고 있었다. 그와 그의 둘째 여동생만 한 번도 떨어져 지낸 적이 없었다. 그는 미간에 주름이 잡혀 있었고, 바람이나 악천후에 방치된 조각상들처럼 이목구비가 깎이고 깎여서 두루뭉술한 편이었다. 눈을 깜박거리며 강물을 계속 주시하는 시선 속에 엿보이는 장난기 어린 광채가 그의 선량함을 말해주고 있었다. 한편, 여동생의 얼굴에서는 약간 두려움이 엿보였으나, 그 두려움은 미소 속으로 재빠르게 사라졌다.

그는 잔잔한 물 속에 사는 돌고래들을 사랑했다. 그것은 그의 열정의 대상이기도 했다. 그는 돌고래의 진로를 따라다녔다. 그 일은 미국의 어느 대학 관계자의 연간 지원을 받아 선조 대대로 그 포유동물과 어울리는 기술을 잘 알고 있는 그와 그의 친구들에게 맡겨진 일이었다. 그 미국인 연구자는 매년 이곳을 방문했다. 두 사람은 이라와디 강의 돌고래들을 소집하고, 그들의 진화 과정을 연구하고, 그들이 오고 가는 신비스러운 진로를 관찰했다. 그가 우리에게 말했다. "이 돌고래들은 희귀종이죠. 네팔과 라오스에 비슷한 것들이 좀 있어요. 그러나 금 채굴자들이 쓰는 수은이 그 돌고래들을 조금씩 독살하고 있죠. 내 친구 하나가 정부를 대상으로 돌고래 구제책을 호소하고 있답니다." 그것은 그의 사명이기도 했다.

밤이 되자, 조금 전까지만 해도 배를 타고 주유하느라 몸이 나른해진 우리는 그의 배 안으로 들어갔다. 배 밑창에는 간이침대 두 개가 나란히 놓여 있었다. 모기 두 마리가 성가실 정도로 날아다니고 있었고, 기계 옆 캐비닛 안에는 세면대가 있었다. 기름 냄새가 코를 찔렀다. 이곳이 바로 우리가 선원들과 함께 며칠 동안 지내야 할 공간이었다. 밤이 되었다. 배 한 귀퉁이에 네온 불이 켜졌고, 그 주변에 벌레들이 잉잉거리며 날아다녔다. 우리는 그 유일한 불빛을 벗 삼았다. 강물 위를 떠가는 우리의 집은 영웅적인 모습을 취하며 긴 여정에 몸을 맡겼다. 다음날 아침 6시. 목적지에 도착한 우리는 앞 사람과 꼭 붙어서 배에서 내렸다. 사람들의 시선은 모두 조심스럽게 밑으로 내리깔려 있었다. 잠깐 동안 든 정은 이쯤에서 끝이 났다.

장막이 걷히고 하루의 광활한 시작을 알리는 이른 아침, 길고 부드럽고 감미롭고 은은한 풍경이 배를 기분 좋게 흔들어주는 바람과 함께 펼쳐지고 있었다. 우리 앞에 펼쳐진 하루는 이제 시간과 빛의 경과에 보조를 맞춘 느린 리듬으로 흘러갈 것이다. 밋밋한 물 위에 간간이 검은 물체가 보였다. 돌고래들이었다. 돌고래들은 작고 간결한 몸짓으로 점프까지 했다. 빛의 개입과 더불어 찾아온 그 이른 아침, 우리에게 주어진 그 시간은 찰나적인 것이 아니었다. 그 순간 우리는 부스러기 행복이 아니라 행복의 총체를 만끽했던 것이다. 우리는 갑판 위에 앉아 드넓게 펼쳐진 강물을 바라보았다. 강은 지평선 속으로 시시각각 후퇴하는 가늘고 검은 띠에 의해 하늘로부터 분리된 대지처럼 폭이 넓고 굽이져 있었다. 우리들 앞에 있는 젊은 도선사들이 물을 탐사하다가 손바닥을 접거나 펴면서 손을 치켜들었다. 그것은 선장들에게 보내는 일종의 암호였다. 나는 평화를 맛보기 위해 왜 이렇게 멀리 가야 하는지 자문해보았다. 강물 또는 강물의 광활함, 강 하구에 닿기까지의 조용한 자기 확신 같은 것이 나를 매혹하고 있었다고나 할까… 끊임없이 강의 표면을 관찰하고, 배가 함정에 걸려 좌초될 것에 대비하여 미세한 동요라도 읽어낼 준비를 하는 것이 선원들의 사명이라면, 농부의 사명은 이라와디 강이 물을 대는 밭에서 쟁기질을 하는 것이다. 그렇게 어부들은 강물에 그물을 던지고, 목재상들은 섬처럼 기다란 티크 통나무 묶음을 견인하고, 금을 쫓는 사람들은 눈을 치켜뜨고 금에만 골몰한다. 간단히 말해 그 모든 것이 생계의 수단이자 일상의 뿌리인 것이다.

우리는 우리를 옭아매는 것들로부터, 우리가 취해야 할 제스처를 지시하고 여기저기서 우리를 방황하게 만드는 모종의 의지로부터 벗어나 있었다. 우리가 우리를 내맡겨버린 자리의 움직임은 느리고 단조롭기만 했다. 잠에 빠져들기 직전에 맛보는 그런 세계였다.

풍경은 때로 현실적인 것에서 빠져나와 하나의 상징이 되었다. 그리고 거기에는 작고 구불거리는 실루엣들이 거칠고 하얀 밑바닥 위를 한가롭게 떠다닐 뿐이었다. 야자수로 둘러싸인 가파른 언덕 위에 《천일야화》에 나오는 성城처럼 눈이 부시고 도달 불가능한 화살촉과 황금 망루로 온통 장식된 환상적인 건물이었다.

우리들은 금 채굴자 무리와 마주쳤다. 찌그러지고 녹슨 무적함대를 타고 있던 그들은 비스듬히 설치된 넓은 거름판 위에 모래와 물을 반복해서 토해내는 긴 관을 타고 올라왔다. 반대편에서는 헌옷을 입은 남자들이 긴 막대기로 강물 밑을 맹렬히 휘젓고 있었다. "그들은 얼마 벌지 못해요. 그나마 획득물도 일일이 감시받는답니다. 그에 따른 세금도 무시 못 하고요." 그러면 그 세금은 다 어디로 가는가? 군부, 경찰, 현직 공무원 또는 인구집중지역이나 도로에 배치되어 "May I help you?"라고 쓰여진 깃발 아래서 근무하는 모든 사람들에게 갈 것이다.

우리가 내릴 작은 마을들(그 중에는 인구가 2천 명에 이르는 마을도 있다)에서 우리는 반드시 그 깃발을 발견하게 될 것이다. 물론 그것은 진짜로 우리를 돕겠다는 말이 아니라 우리의 신분을 확인하겠다는 뜻이었다. 그냥 넘어갈 수 없는 일상의 의식이었다. 그들은 사람들로 북적이는 길 한가운데에 아무런 용건 없이 우리를 세워놓는 일도 부지기수였다. 진로를 바꾸라는 얘기였다. 떠가웅에서만 해도 그랬다. 그곳 사람들은 우띤망웅 씨와 오랫동안 옥신각신했다. 그들은 다름 아닌 자기들의 영토에 자긍심을 갖고 있는 까다로운 족장들로, 자신들의 존재를 각인시키기 위해 방문객들에게 이런저런 질문을 해댔다. 그도 그럴 것이 그 지방에는 아직 외국인 관광객이 찾아온 적이 없었고(우리가 지나갈 때 사람들이 모여들어 웃는 것만 봐도 그렇다), 또 우리가 그 용감한 사람들의 허를 갑작스럽게 찔렀던 것이다. 외국인은 언제나 골칫거리의 원천이었고, 따라서 의심스럽고 이상하게 취급되었다. 무슨 바이러스를 살포하겠다거나 색다른 뭔가가 필요해서 이 마을을 감염시키겠다는 것도 아닌데… 어쨌든 그들은 외부 사람들에게 어떻게 반응해야 하는지, 또 마을의 지킴이로서 어떻게 싸우고 어떻게 수습해야 하는지 너무나 잘 알고 있었다.

게다가 자동차로 이동할 때는 25킬로미터를 지날 때마다 경찰이 친 바리케이드 앞에 멈춰 서야 했다. 그들은 우리의 이름, 주소, 비자, 여권, 이 나라에 체류한 기간, 입국일, 출국일 등을 꼬치꼬치 캐물었다. 그런 일이 횟수를 거듭하면서 안 사실인데, 그 경찰들은 무시무시한 '국방성'의 비호하에 있었다. 그들은 일종의 지방의 KGB로, 촌락과 마을을 감시하는 차원에서 마을들 전체를 관장하는 '지역 위원회'를 거느리고 있었다. 마을과 시골 들은 그런 식으로 완전히 장악되어 모든 인구 이동의 파악이 가능했다. 그 어떤 움직임도 결코 그냥 넘어가는 법이 없었다. 모든 사람이 그렇게 감시하에서 살고 있었다. 경찰들이 다리를 통과하면서 모든 통행 차량의 번호를 열심히 베껴 쓰는 것을 보았노라고 한 친구가 내게 말해주었다. 그런 두려움 앞에서는, 또는 그런 과대망상증의 분위기 속에서는 결코 멀리 내다볼 수 없는 법이다. 미치광이가 되거나 강박관념에 사로잡힐 정도로 모든 것이 통제되고 있었다. 정권은 삼엄한 감시 속에서 모든 국면에 맞서고, 선전 문구를 즐비하게 나열하면서 선거운동에 온 신경을 곤두세우고 있었다(선전 문구는 외국인 혐오증의 뉘앙스를 풍기면서 농민들의 마음을 사로잡았다).

그러면서도 그들은 외국인들을 위해 "May I help you?"라는 문구를 공식화했다. 《뉴 라이트 어브 미얀마New Light of Myanmar》 역시 선동적인 틀에서 벗어나지 못한 문구로 도배되어 있었다. 나는 《뉴 라이트 어브 미얀마》의 매호 제1면 오른쪽 위편에 실리는 강령에 눈길을 주었다. 그들은 4대 '정치적 목표', 4대 '경제적 목표', 4대 '사회적 목표'를 외치고 있었다…

전 국민의 사기와 품성을 북돋운다.

국가의 품위 고양과 통합을 추구한다.

문화유산과 국보를 보존한다.

애국심을 고취한다.

전 국민의 교육, 건강, 체력 수준을 향상시킨다.

이런 고무적인 문구 앞에 무슨 말을 더 보태겠는가?

우띤망웅 씨의 친구가 한 명도 없는 마을들은 참으로 적대적이었다. 그러니까 마지막 저녁을 맞은 날이었다. 마을 중앙에서 멀찌감치 떨어진 곳, 그러니까 모래사막이 펼쳐진 이라와디 강의 제방을 따라 배를 세우면서 우리는 야생의 자연 세계에 다시 서 있어야만 했다. 경찰의 권위와 질문 공세에서 벗어난 우리는 옛날 극서 지방에 간 모험가들처럼 모닥불 주위에 모여 앉았다. 우리는 처음으로 하나가 되었다. 내 앞에 보이는 그들의 어둡고 호기심 어린 눈동자들이 어둠 속에서 빛을 발했다. 뜨거운 불꽃과 깊은 어둠은 경찰들이 하루 종일 업무를 배분하고 철저한 감시를 수행하는 광경 속에서 내가 느꼈던 은근하고, 정확하고, 치명적인 이질감을 없애주고 있었다. 사실, 기묘함이라는 것도 한 번 일상을 공유해버리면 별 것 아니라는 것을 알게 되고, 돈이라는 것도 일단 한번 들어오면 그저 그렇게 느껴지거늘, 이곳에서 경찰들이 차지하는 위치는 넘을 수 없는 산처럼 위압적으로 느껴졌다.

그들 사이의 의무의 계급화도 그다지 무시무시하진 않지만 현실적인 거리감을 형성하고 있었다. 장벽이 굳이 없어도 될 것 같은 식사 때조차 서열이 엄연히 존재했다. 우리는 이 사회에서 구별에 관한 자잘한 규율들이 위반되는 것을 한 번도 본 적이 없었다. 두 명의 선장, 여기서 말하는 '훌륭한 경험'을 가진 능력 있는 사람들은 자신의 자리를 더욱 공고히 하기 위해 상층의 갑판을 활보했다. 그에 반해 두 명의 젊은 엔지니어는 상층 갑판에 있더라도 머리와 시선을 낮추고 선장들과는 다른 입장임을 의식하면서 요리조리 기어다닐 수밖에 없었다. 닥치는 대로 모든 일을 하는 잡부들은 결코 상층 갑판에 발을 들여놓을 수 없었고, 기계 옆 창문 모퉁이에서 눈앞에 펼쳐지는 풍경을 우수에 찬 시선으로 바라보며 시간을 보내는 것에 만족해야 했다.

우리 일행이 대나무를 채벌하며 사는 마을 앞을 지나갈 때, 나는 뭔가 기록하는 데 전념하고 있었다. 마침 내 곁에 있던 우띤망웅 씨가 말했다. "이곳 사람들은 행복해요. 이곳 사람들은 돈도 꽤 벌고 단순하게 잘산답니다." "생활이 너무 고되지는 않을까요?" "아뇨. 이 정도면 행복한 삶이죠. 이곳 사람들은 이 마을만 알고 살아요. 다른 삶과의 비교 의식 같은 것이 아예 없어요. 옆 마을조차 한 번도 가본 적이 없으니까요." 그런 것이 바로 행복의 개념이었다. 행복의 개념들은 결국 자신의 행동반경에 좌우되는 것이었다.

우리의 여행도 이제 막바지에 접어들었다. 우리는 만달레이에 도착했다. 이라와디 강 위에서는 거대한 축제가 벌어져 평소의 밋밋함을 깨주고 있었는데, 그곳에 우리의 배가 접근하는 데는 여러 가지 어려움이 있었다(그런데 그 어려움보다 더 힘들었던 것은 물론 좀 다른 차원의 문제이기는 하지만 우리와 함께할 사람들이 휴가를 얻어내는 일이었다). 큰 호텔의 무미건조한 홀에는 수천 개의 전구가 크리스마스 트리에 매달려 깜박거리고 있었고, 열대의 자연에는 크리스마스 캐롤 〈징글 벨〉이 신나게 울려퍼지고 있었다. 카메라와 삼각모자, 배낭으로 완전 무장한

50여 명의 일본인들이 가이드에게 떠밀려 종종걸음을 치며 이리저리 이동하고 있었다.

다음날 아침 7시, 우리는 모곡을 향해 길을 나섰다.

모곡과 루비

전설적인 '루비의 마을' 모곡은 16세기 이래 모험가, 상인, 투기꾼, 야심가 들이 너나 할 것 없이 사방에서 몰려와 각자 재산을 한몫씩 챙겨가는 숨은 계곡의 산골짜기에 형성된 금단의 도시다. 그곳 사람들은 그들만의 특이한 법을 준수한다. 붉은 돌 또는 투명한 돌이라는 뜻인 '루비'라는 이름을 가졌다는 단순한 이유만으로도 나름의 열정에 맞는 리듬으로 거대한 하나의 육체처럼 살아가는 고립되고 폐쇄된 세계. 모곡에는 세계에서 가장 아름답고 큰 루비가 있다. 인도에 있는 마하라자maharajahs의 보물도 이곳의 루비들로 장식되었다. 겁도 없는 도둑들은 발각되면 꼬챙이로 찔러 죽인다는 무시무시한 형벌이 있음에도 미얀마 왕들의 보석을 훔쳐 숨겨놓았다. 루비, 사파이어, 토르말린(전기석), 토파즈, 월석, 헤머타이트(적철석), 스피넬(첨정석) 등등 대지는 매 순간 번득이는 핏방울을 내뿜고 있었다.

최근까지만 해도 이곳은 외국인들에게 닫혀 있었다. 그래서 우리는 큰 기대를 하지 않고 있었는데, 마지막 순간 미얀마 정부가 우리의 방문을 허가해주었다. 정부측 사람 한 명이 가는 곳마다 우리와 동행했다. 물론 일부 지역 주민 역시 이곳 출입이 금지되고 삼엄한 감시하에 살고 있음을 우리가 모르는 것은 아니었다. 사흘간의 여정 속에서 우리는 관광객이 아니라, 중개인, 상인, 구매자, 관람자, 인도인, 중국인, 미얀마인 또는 샨족 사람들을 만날 수 있었다.

사샤는 꿈과 가공의 세계를 좋아한다. 그는 몇 년 전부터 모곡이라는 단어 하나만으로도 마술이 작용했는지 툭하면 세계 지도를 찾아보곤 했다. "모곡" 하면 모음 'O'가 두 번 반복되는데, 두 번째 음절 '곡'을 발음할 때 딸꾹질이 끝날 때처럼 소리가 목 안으로 움푹 들어가면서 유치한 뉘앙스를 풍긴다. 그런 탓에 그다지 심각하게 느껴지지 않는 그 소리는 보물이나 해적의 역사, 또는 말은 안 되지만 황홀한 모험담으로 넘쳐나는 만화 제목에 어울릴 것 같았다. 우리가 출발하기 전에 친구 한 명이 이렇게 말했다. "그 이름, 그렇게 무게 있게 들리지는 않네. 모곡이라! '모곡의 광산에 있는 탱탱Tintin'* 정도의 어감이야." 표면적이기는 했지만 잃어버린 그 왕국에의 여행은 그럭저럭 기상천외하고 영웅적인 모험이었다. 물론 좋건 싫건 우리의 가이드 말고도 묵직하고 말 없는 세 명의 정찰병(그들 중 한 명은 국방성에 소속된 사람)이 그들의 말로는 우리가 뭔가 빼돌릴 것을 염려하여 우리를 그림자처럼 따라다

---

* 벨기에의 만화작가 에르제가 그린 만화 시리즈의 주인공 이름.

니고 있었지만 말이다(물론 그들의 혐오스러운 동행 자체만으로도 소란을 피울 여지는 있었다).

그러나 모험보다 더 중요했던 것은 매혹 그 자체였다. 우리는 매 순간 적갈색 점토층에서 붉고 반투명한 보석이 빛나는 것을 마주 대할 것에 대해 기대감으로 넘치고 있었다. 그 모습에 완전히 홀린 우리는 어디를 가거나 그 마법의 자갈들을 보았다. 이리저리 떠도는 약간의 침전물들 사이에서 나온 그것들은 발밑에 굴러다니기도 하고 파편 속에 숨어 있기도 했다. 그 외진 벽촌에서 사람들 한 명 한 명은 수호 요정이 보호해주는 우화 속의 가난한 농부 같았고, 그들은 가장 값어치가 나가는 보석 중의 보석을 더 잘 발견하려고 몸을 굽힌 채 꼼짝도 하지 않았다.

모곡에 다다르기 위해서는 덜컹거리는 차로 비탈진 산중턱의 구불구불한 길을 일곱 시간 동안 달려야만 했다. 산 주변은 깊은 정글이고, 마침 몬순기라서 정글 쪽에는 큰 번개가 번쩍이고 있었다.

정상에는 눈부신 풍광이 펼쳐지고 있었다. 산맥과 산맥이 간격을 둔 채 어깨를 나란히 하고 있었고, 안개의 효과처럼 보이지 않을 때까지 뒤로 물러나 마침내 비물질 세계를 이루고 있었다.

사물의 비현실성. 미얀마인들은 이 점을 강조하는 것을 좋아한다. 가끔 그들은 그것보다 더 먼 차원의 유희를 즐긴다. 그렇지 않고서야 어떻게 이런 뾰족한 작은 탑들로 이루어진 건물이 저 현무암 바위 끝에 매달려 있을 수 있겠는가? 밤이 되면, 그 건물은 고딕 양식의 성, 감옥에 갇힌 공주와 점쟁이 승려(내 유년의 기억들이 떠올랐다), 더 잘 사라지기 위해 산의 권곡(빙하 침식 계곡) 한복판에만 나타났던 환각에 사로잡힌 영령 등등이, 요정 이야기를 위한 이미지를 조성하면서 꿈의 나래를 연출한다. 그러다가 다시 낮이 되면 그 건물은 밤의 몽상처럼 낮의 빛 속에 먹히고 만다.

모곡은 서양인들이 수세대에 걸쳐 스크린을 통해 보여준 바 있는 금 채굴자들의 마을들과 조금 닮아 있다. 주요 도로를 따라 서 있는 2층짜리 작은 갈색 목조 가옥들이 마을 골짜기에 앞을 다투며 늘어서 있다. 그 집들은 사람들이 무자비한 자연에 맞서고 초보적 질서 혹은 예절 같은 것을 유지해야 했던 영웅적인 19세기를 반영하고 있다. 그런 건축물의 완성을 가능하게 했던 부유함은 아무것도 아닌 듯 스스로 칙칙하게 변장하는 용의주도함을 보여준다. 부유함이 여기저기에 깔려 있지만 어디에서도 그것을 볼 수 없다. 한편, 불완전해 보이는 집들은 몬순기의 비에 대비해 물결무늬의 함석으로 덮여 있다. 따라서 전체적으로 볼 때 그곳의 외형은 작은 식민지 마을로서 고풍스럽고 평온하게 보인다. 그렇지만 1층은 칙칙한 벽에다 모두 비슷비슷하게 꾸며져 있고, 구멍가게들이 자리하고 있다. 2층은 식민지의 황홀한 꿈을 은폐하고 있는 덧문 달린 방들이 있다.

모곡 주변의 산에는 거대한 분화구가 뚫려 있다. 구멍, 동굴, 함정, 오솔길, 통로, 도랑, 연못, 지하 회랑 등등… 흰개

미 부대는 수세기에 걸쳐 이곳에 세계의 종말과도 같은 환상적인 외관을 가진 구덩이를 계속 파내고 있다.

우리는 저물 무렵 마을 주변에 도착했다. 도착하자마자 제1광산 '열린 하늘'에 가면서 견학을 시작했는데, 그것은 가히 지옥을 향한 낙하임을 몇 번이고 절감하지 않을 수 없었다. 낡은 기계가 뱉어내는 물로 인해 넘쳐 흐르는 도로변 가까이엔 깊이가 약 100미터에 달하는 권곡이 있었다. 저 밑에 보이는 침전물 속에 사람들의 그림자가 가물거렸다. 광부들이었다. 그들은 머리에서 발끝까지 붉고 번쩍거리는 흙으로 뒤덮여 있었다. 그들은 마치 판화에 새겨진 저주받은 자들처럼 쉬지 않고 같은 동작을 하고 있었다. 침전물로 이루어진 늪의 구덩이에서 암석들을 들어내어 날라다 옆에 따로 놓아두는 것이 그들의 일이었다. 같은 동작이 몇 번이고 반복되었다. 그 돌들은 파이프를 통해 지상으로 올라가는 물과 흙의 혼합물에 섞여서는 안 되는 필요 없는 것들이었다.

동굴 주위에서는 두 개의 커다란 양수기가 맹렬한 소음을 내며 누렇고 탁한 급류를 빨아들였다가 다시 내뱉고 있었다. 첫 번째 여과 과정에서 걸러진 것들은 도중에 일단 거두어들여졌다. 그것들은 당연히 광산 임대인에게 돌아갔다. 광산 임대인은 각진 얼굴에 엷은 미소를 지닌 인도인이었고, 그가 하는 유일한 영어는 'luck'이었다. 그 덕분인지 그는 작년 어느 날 9캐럿의 굉장한 루비를 얻었다고 한다. 견학 마지막 코스에서 우리는 어린아이들이 자잘한 자갈들을 줍고 있는 것을 보았다. 진흙탕을 온몸에 뒤집어쓴 작은 수인들은 깊은 물 속에 몸을 굽힌 채 흙탕물이 가득 담긴 둥근 체를 부여잡고 찌꺼기만 남을 때까지 계속 흔들어대고 있었다. 그 일을 하고 있는 두 소녀는 여덟 살이 될까 말까 했다. 어른들이 가끔 그 아이들을 거들어주었다. 폐기물을 파헤치는 그 특권을 얻기 위해 그 아이들과 같은 가족에 속하는 어른 세 명이 매우 혹독하게 투쟁했다는 내막을 알게 되었을 때(게다가 그들은 허가를 얻기 위해서 얼마간의 돈까지 쏟아부었다고 했다), 우리는 이 어린아이들까지 노동에 동원되었다는 현실에 왠지 분노가 치밀었다.

조금 멀리 떨어진 곳에서는 덩치가 크고 온화해 보이는 아이들 엄마가 쓰레기 봉투 옆에 앉아 아이들이 수거해온 것들을 손바닥 위에 펼쳐 쳐다보고 있었다. 그렇게 찬찬히 쳐다보다가 이윽고 확신에 찬 제스처를 하며 미세하고 신비한 돌조각을 소중하게 주머니 속에 넣는 것이었다. 그녀가 우리에게 자신의 넓은 손바닥을 펴보였다. 크고, 검고, 거친 모래 알갱이, 그 검푸른 알갱이 속에 선홍색 빛을 발하는 뭔가가 빛나고 있었다.

마을 전체가 그런 놀라운 발견 속에 살고 있었다. 그 발견은 마치 요술 방망이처럼 눈 깜짝할 사이에 사람을 하인에서 공주로 승격시키는 그런 성질의 것이었다. 그러나 날이면 날마다 그들을 부추기는 것은 돈을 번다는 것보다는 오히려 뭔가를 기다리는 마음이었다. 이를테면 그들이 기다려 마지않는 붉은 돌이 흙과 자갈이 든 자신들의 바구니 속에 갑자기 끼어들어와 반짝이는 모습을 보는 희망 같은 것 말이다.

그것으로 지옥 순례의 첫 번째 탐방의 막을 내렸다.

두 번째 순례는 엄청난 지각변동을 목격하는 계기가 되었다. 대지는 마치 운석이 떨어진 것처럼 쪼개져 있었고, 무지막지한 도구들로 사정없이 파낸 구덩이 주변은 깊게 파여 상당히 손상되어 있었다. 지면도 토양이 미끄러져 내리며 전체적으로 폭삭 무너져 내려앉고 있었다. 붉은 물줄기가 바닥으로 흘러내렸다. 붉은 물에 뒤범벅된 사람들이 그곳에서 팔을 팔꿈치까지 물에 담그면서 허리를 굽혀 열심히 일하고 있었다. 거기서 멀지 않은 곳에서 흐르는 또 다른 물줄기가, 물론 얼마 가지 않아 진정되긴 하겠지만, 그랜드캐니언의 위세를 연출하고 있었다. 그래서 톱니 모양으로 형성된 주변 가까이에 있는 힘없는 대나무 집들이 흔들거려 보였다. 어느 정도 체계화된 이들 광산에서는 모든 공정이 똑같았고, 많은 물을 사용했다. 보석들이 나오는 지칠 줄 모르는 붉은 침전물 '바욘bayon'을 씻어내고 골라내기 위해서였다.

세 번째 견학지에 왔다. 이번에는 기계들이 더 많이 보였고 흙과의 전면전이었다. 처음에는 얼어붙은 장면 혹은 정지된 이미지처럼 아무런 격동도 없고 볼 만한 것도 없었다. 울타리가 쳐진 주변에는 스무 명쯤 되는 사람들이 쪼그리고 앉아 뭔가를 기다리고 있었다. 그들은 흙 속을 찬찬히 쳐다보는 것처럼 땅 밑으로 몸을 굽히고 있었다. 그들의 시선이 닿는 곳에는 작게 열린 갱들이 있었다. 세어보니 일곱 개나 되었다. 대나무 받침대로 임시로 받쳐놓은 갱들은 흙을 파내어 옮겨놓아 깊이가 50미터 정도 되었다. 각각의 구멍 속에서는 남자 두 명이 소중한 침전물을 바가지 안에 채우느라 여념이 없었다. 한동안 바가지를 채운 그들은 수동 윈치(권양기) 조작을 돕기 위해 위로 올라왔다. 그들은 그런 식으로 매 순간 습기와 추위에 시달리며 갱 속의 수인이 되어 하루에 여덟 시간씩 일했다. 그리고 밤이 되면 위로 올라와 몸을 대충 녹이고, 하루 동안 일한 대가로 1000짯(약 1유로)을 받고 마을로 돌아갔다. 만일 그들이 그렇게 한 삽 한 삽 퍼올리며 바가지에 담아낸 흙에서 보석이 나왔다면, 모든 것이 우연에 달려 있겠지만, 아주 작긴 해도 그 획득물의 일부를 받게 되어 횡재할 수도 있었다.

가끔 그들은 발견한 보석을 몰래 숨기기도 했다. 만약 그보석이 너무 크면, 어느 구석에 꼭꼭 숨겨두고 한밤중에 그것을 가지러 오기도 했다. 혹은 그것을 파편처럼 잘게 부수어 가져갈 때도 있었다. 케셀Kessel의 소설 《루비의 계곡La Vallée des rubis》에 그런 장면이 나오는데, 그 소설은 광산에서의 일과 광부들이 맛보는 황홀경을 실감나게 전하고 있다. 그런 과감하고 지능적인 부정행위가 먹혀들었다면, 영광스러운 영국이 설립한 루비 광산회사Ruby Mine Company는 분명히 도산했을 것이고, 엄청난 것으로 가득한 이 비밀의 땅은 그들의 합법적인 주인에게 돌아왔을지도 모를 일이다.

네 번째 견학지에 왔다. 우리가 본 마지막 장면은 이곳 사람들이 우리에게 보여줘도 괜찮다고 판단했을지 몰라도 우리로서는 잊기 힘든 장면이었다. 우리는 모곡에서 약간 떨어진 교외의 대리석 채석장에 도착했다. 산 가장자리에 나무판으로 만든 비좁은 테라스가 있었다. 열다섯 명쯤 되는 사람들이 각각의 테라스에 쪼그리고 앉아 바가지에서 쏟아낸 대리석 파편들을 계속해서 쪼개고 있었다. 희고 미세한 먼지를 뒤집어써서 유령처럼 보이는 그들은 돌을 끊임없이 깨고 또 깼다. 그러다 돌가루가 눈에 들어갔는지 눈가에 손을 갖다 댔다. 그들은 아침부터 저녁까지 대장장이 헤파이스토스의 작업장에 있는 것처럼 산 속에 울려퍼지는 황홀한 소리에 묻혀 살고 있었다. 작업반장이 각 팀을 감시하고 있었다. 몇몇 일꾼들의 손가락에 붕대가 감겨 있었다. 그랬다. 그곳에는 예기치 않은 상황에서 손가락을 보호해줄 것이 천 조각 외에는 아무것도 없었다. 그뿐만 아니라 엇맞아서 튀어나간 대리석 파편에서 눈을 보호해줄 만한 것도 없었다. 오후 5시, 한 팀이 일을 중단했다. 우리는 그때 처음으로 그들의 얼굴을 보았다. 그들은 흡사 좀비와 닮아 있었다. 대부분의 사람들이 말랐으며, 맨발에 헌 옷을 입고 있었다. 여덟 시간 동안 돌을 깨는 데만 집중했던 그들의 눈은 유령처럼 돌출되어 있었고, 초점도 없었다.

돌을 줍고, 깨고, 버리던, 즉 등만 우리에게 보였던 나머지 사람들은 계속 일을 하고 있었다. 바로 그때, 무슨 난리라도 난 듯 웅성거리는 소리가 들려왔다. 그 도형수들 사이에서 생긴 약간의 동요였다. 하얀 돌 틈에서 괜찮은 크기에 비둘기의 피처럼 붉고 맑은 루비가 발견된 것이었다. 애호가들이 열광하는 타입의 루비였다.

우리가 있는 승강장 가장자리에는 좁은 갱도가 바위로 된 내벽 쪽으로 대리석을 수직으로 뚫으면서 파고들어가고 있었다. 그 깊이가 100미터, 때로는 300미터 정도 되었다. 현기증 나는 구멍 속으로 몸을 기울여보니 전구들이 발하는 빛이 아련히 눈에 들어왔다. 저 밑바닥에서 사람 한 명이 작업을 하고 있었다. 그는 수동원치로 들어올릴 대리석 조각들을 주워 담고 있었다. 채굴한 돌이 바닥나면 약하게 장착된 다이너마이트를 이용하여 새로운 벽면을 폭파시켰다. 다이너마이트의 강도가 너무 세거나 폭파 지점에서 빨리 피하지 못하면 사람이 죽을 수도 있었다. 연기가 사람을 질식시켰고, 돌무더기들이 그를 짓눌렀다. "사람이 죽으면 루비가 평소보다 더 많이 나온다고 사람들은 믿고 있다"고 가이드가 말했다.

피 한 방울이 루비로 변할 수도 있는 위험한 일을 갱도 밑에서 수행하는 사람은 그 위험의 대가로 6개월에 1400달러(한 달에 230유로)를 받았다. 그 액수는 이 나라의 기준으로 볼 때 매우 큰 액수였다. 반면 돌을 깨는 노동자들은 그 액수의 절반을 받았다.

지극히 소박하게 장인적 수준에서 만들어진 그 작업장에서 유일하게 현대적인 도구가 하나 있었다. 발송과 수신 기능을 갖춘 그 작은 장치는 지상과 연결되어 있었다. 우리가 그곳에서 멀어져갈 때, 그 기계가 내는 굉음은 웃음이나 노래처럼 울려퍼졌다. 종소리도 울려퍼졌다. 밤이 찾아왔고 하루의 노동이 끝났던 것이다.

산자락의 도로에서는 여자들이 버려진 대리석 파편이 담긴 무거운 가방을 끌고 가고 있었다. 혹시라도 루비가 나오지 않을까 기대하면서 그 부산물들을 더욱 잘게 쪼개보려는 목적이었다.

　매일 아침 11시가 되면 마을 광장에 왁자지껄하고 유쾌한 장이 선다. 거래는 꽤나 신중하게 이루어진다(물론 10월에 열리는 양곤의 경매에 비하면 덜하지만). 수천 명의 사람들이 분주하게 서두른다. 장사꾼, 중개인, 광부, 물건을 사러 온 사람들이 모두 술렁거린다. 햇볕을 차단하려고 일찌감치 손을 쓰는 관리인들도 있다. 모든 사람의 머리를 가려주려면 손놀림과 경험에 아울러 정확한 조치들이 요구된다. 흥정은 그곳에 펼쳐진 푸르고 큰 파라솔 밑에서 이루어진다. 파라솔 밑에는 테이블과 간단한 의자 몇 개가 놓여 있다. 그 풍경은 움직임이 점점 배가되는 쇼의 서막에 지나지 않는다. 그림자들이 서로 얽히고, 쫓아오다가 은밀히 사라진다. 주변 사람들이 수군수군 거래가를 제시하면, 누군가가 두 개의 손가락 사이로 돌 하나를 보여준다. 열기가 뜨거워지고 소문이 나돈다. 이 바닥에서 잔뼈가 굵은 사람들은 서로 모두 알고 있다. 그룹들이 형성되어 있는 것이다. 같은 무리들은 똑같이 긴장하며 이리저리 뛰어다닌다. 그 광경은 내가 마치 주식시장에 있는 듯한 생각이 들게끔 한다. 사람들은 테이블에 앉은 채 우리에게 저쪽이 괜찮은 인물이라고 손가락으로 가리키며 귀띔해준다. 그는 키로 사람들을 제압하고 있는데, 하얀 피부에 금빛 털, 새 부리처럼 오그라든 코를 갖고 있다. 게다가 미동도 없다. 그는 우리가 생각하듯 바다 건너에서 온 네덜란드 사람이 아니라 네팔 사람으로 보석 세계에서 재산을 모을 만큼 모았고, 이 세계를 잘 알고 있었다. 알짜배기 흥정을 할 사람들만 그에게 다가간다. 그 사람처럼 진짜 프로나 부자들은 우물쭈물 망설이는 사람에게는 관심 없다는 듯 자기 테이블에 부동자세로 앉아 있었다. 우리 역시 앉아 있었다. 우리가 가까이에서 보고 싶어하는 루비가 이거다 하고 딱히 말하지 않으면서. 어쨌든 거기에 있으면 게임을 하게 마련이다. 그렇다 해도 우리의 주머니 사정이 그곳에 오랫동안 있게 허락하진 않는다. 게다가 우리는 아는 것이 거의 없다. 우리의 눈에는 모든 것이 화이트 사파이어, 스타 사파이어, 루비 또는 스피넬 정도로만 인식될 뿐이다. 반면, 보석 세계에서는 명칭의 황홀한 뉘앙스로 보석 하나 하나를 구분한다. 그렇기 때문에 사기꾼들은 물건을 사러 온 사람들의 마음을 쉽게 사로잡는다(그래서 선의를 가진 미얀마인들은 모곡에 가면 쇼핑을 하지 말라는 충고를 하는 것이다).

우리가 수많은 장사꾼들 속으로 빨려들어가는 데는 말 그대로 십 분도 걸리지 않는다. 장사꾼들은 시장 사람들의 등과 등 사이로 팔을 뻗으며 물건을 파는 데 여념이 없다. 평범한 종이 주머니 속에서 신비로운 세계가 열리고, 경이로운 것들이 그 모습을 드러내더니 테이블 위에 쌓인다. 시장 전체가 술렁이는 사이에서 우리는 사람들 속에 파묻혀 옴짝달싹할 수 없다. 그 와중에도 사기성이 감도는 두 사람이 그들 무리에 합류하고, 그들과 비슷한 흉내를 내기 시작한다. 거기에는 그럴 만한 이유가 있다. 사람들 말로는 그렇게 하는 것이 오히려 쏠쏠한 장사가 된다는 것이다. 항상 그랬지만, 우리가 샛길로 빠져나가 몸을 피신하기 위해서는 부끄럽게도 몸싸움을 각오해야 한다.

　장외로 빠져나오자, 여자들 몇 명이 버려진 돌 파편에서 발견한 자잘한 루비 알갱이들을 넓은 바나나 잎사귀 위에 올려놓고 팔고 있다. 그것들은 보석으로서 가치가 없었으므로 전문가들이 모이는 시장 안으로는 들어갈 수 없었던 것이다.

　우리가 머문 '황금 나비'라는 호텔은 산의 조금 위쪽에 위치해 있었다. 출발하기 전인 이른 새벽, 우리는 그곳에서 모곡이 안개 뒤편에서 천천히 모습을 드러내는 것을 바라본다. 이윽고 보호된 도시, 이곳 모곡의 길을 거슬러 다시 돌아간다. 이 도시는 몇 겹의 성벽으로 너무나 잘 보호되어 있고, 꿈과 악몽이 공존하는 왕국으로서 조금씩 명성을 날리고 있다. 좋건 싫건 이 왕국에는 야심가와 색깔에 미친 사람들이 뒤섞여 살아가고 있다. 그들은 백만장자거나 아니면 욥처럼 가난한 사람들이었다.

2003년 양곤

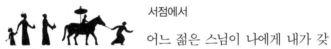

서점에서

어느 젊은 스님이 나에게 내가 갖고 있는 가이드북의 가격을 물어보았다. 이곳에서 책이라는 것은 상상할 수 없는 사치였다. 문득 파스칼 쿠 트웨Pascal Khoo Thwe가 쓴 글의 한 대목이 떠올랐다. 《노인과 바다》의 복사본을 학생들이 많게는 백여 명씩 돌아가면서 읽었다는 내용이었다. 책의 원본은 이미 너무나 닳아빠지고, 찢기고, 낙서까지 되어 있는데다가 책의 페이지들이 떨어져나가기 일보 직전이었다. 어느 날 한 학생이 케임브리지에서 온 케이시Casey 박사에게 그 책을 소중한 보물처럼 가지고 갔다. '실크 천으로 정성스럽게 포장한 허름한 물건' 앞에서 그 선생은 마치 계시라도 받은 듯 눈물을 흘릴 정도로 감동했다는 것이다.

우리들은 양곤에서 유명한 서점을 방문했다. 쪽방보다 조금 넓은 규모의 그 서점은 도시 중심부의 작은 길에 있었다. 아무것도 없는 테이블 앞에 한 노인이 앉아 있었다. 들리는 말에 따르면 그는 몽족 출신으로 나이를 지긋이 먹었고 칼처럼 끊어지는 악센트로 말을 했다. 그러니까 그는 이방인이었다. 하지만 그는 존경할 만하고 공격적이지 않은데다 약간 웃기는 구석도 있었다. 우리가 서점 안으로 들어갔을 때, 그는 책을 읽고 있었다. 독서 삼매경에 완전히 빠져 있는 듯했다. 그렇게 생각할 만도 한 것이 우리가 들어갔는데도 그는 우리에게 눈길 한 번 제대로 주지 않았다. 주위를 둘러보니 우리가 유일한 손님이었다. 책들이 손님을 대신해 그의 유일한 대화 상대가 되어주고, 그 영원하고도 조용한 대화가 무관심한 사람들과의 세속적인 대화보다 그에게 더 가치 있다면 우리도 할 말은 없었다. 어쨌든 이 스타일로 쭉 간다면 신통치 않은 책들 속에서 나누는 신통치 않은 문장들과의 교류 말고는 그 무엇도 그에게 허용되지 않을 듯했다. 서점의 진열장에서 나는 미얀마에 대한 책들을 발견했다. 대부분 19세기에 나온 것으로 영국인 여행가들이 쓴 책들이었다. 쌀 문화에 대한 것부터 샨족, 친chin족에 대한 이야기, 버강의 사원들에 대한 이야기, 코끼리를 훈련시키는 방법, 다양한 종류의 난초들, 여카잉 민족의 건축물과 조각상에 대한 것까지… 한편, '신간'서적이 꽂혀 있는 곳에 《미얀마의 하프》가 있었는데, 일본 군인의 탈주를 주제로 한 것이라서 그 자리를 차지하고 있는 듯했다. 아! 무엇보다도 아웅산 수치 어머니의 사진이 실린 책이 있었다. 그 책에는 다른 책들과 마찬가지로 상식을 넘어서는 가격표가 붙어 있었다. 교수의 한 달 월급에 준하는 가격이었다. 그 나라에서 읽는다는 것은 영웅주의에 가깝다. 나는 계절마다 책의 장사진을 이루는 프랑스 서점가를 떠올렸다.

그 노인은 평온하게 자신의 활동을 계속할 수 있었다. 심사숙고한 그의 행위는 뭐랄까 대범함과 과감한 용기에서 비롯된 것이었다. 또 그것은 다름 아닌 그의 자유를 증언하고 있었다. 코 위에 동그란 안경을 걸치고 미간을 찌푸린 그의 철석 같은 부동성은 그 자체로 레지스탕스의 이미지를 연출하고 있었다. 그것도 영원한 독서 속에서 말이다.

공포의 박물관

'마약 퇴치 박물관'은 양곤 근교의 인구 밀집 지역에 우뚝 서 있다. 매우 최근에 건립된 것으로 장엄함마저 감도는 이 건물은 그곳이 간직하고 있는 비밀의 중요성에 충분히 걸맞아 보인다. 2003년 12월 8일 월요일 11시. 더위가 마을을 온통 지배하고 있는 그 시각에 박물관의 거대한 입구는 황량하기만 하다. 우리가 거기서 만난 사람이라곤, 열심히 뭔가를 메모하는 교복 차림의 학생들과 무장한 장교 한 명뿐이다. 그는 애써 미소를 짓고 어깨에 힘을 주면서 드높은 책임감을 보여주는 전시 작품들을 우리에게 소개하고 설명해준다. 전시 작품들은 자세한 설명 없이 걸려 있다. 그런데다 그것들은 어리둥절한 침묵까지 호소하고 있다.

그 박물관은 마약을 퇴치하려는 의지를 세계에 알리기 위해 혁명정부에 의해 건립되었다. 사실 미얀마는 세계에서 중요한 마약 생산국 중 하나다. 태국, 라오스, 중국 변두리 지역에는 야생 지대가 존재한다. 그곳에는 지역 게릴라의 보호를 받는 마약 밀수업자들이 득실거리고, 사실상 아무런 제재도 없다. 그곳이 바로 그 유명한 금의 삼각지대Triangle d'or*로 샨 주의 일부가 거기에 속한다. 아담한 언덕 기슭에 아침의 신선함을 전하는 예쁜 보라색 꽃이 최적의 조건에서 개화하고 번성하고 있는 것이다. 하지만… 우리의 친구 중 하나가 외교관인데, 그는 얼마전 마약 농장을 소탕하라는 임무가 떨어져 '악'에 대항하여 곤봉을 손에 쥐고 휘두르며 맹렬한 자세로 그 과업을 완수했노라고 했다. 그는 여러 외국 공관들과 일하던 시절의 사진을 우리에게 보여주었다. 그들은 자신들의 임무에 매우 열성적이었다. 근절해야 할 것은 가차 없이 허물고 베어버렸다. 그만하면 정부의 선량한 정책의 증언자들이라고 하고도 남았다. 그 사진들에는 박물관의 대형 간판처럼 'LEADERS OF NATIONAL RACES DESTROYING OPIUM POPPY FIELDS(마약 농장을 퇴치한 민족의 지도자들)'라는 타이틀을 정부가 기꺼이 사용하는 과장되고 격앙된 톤으로 달아주는 것이 어울릴 것 같았다.

구경거리가 될 만한 물건들(상상이나 시선을 유도하는 물건들)이 모여 있는 쇼윈도 같은 그 박물관은 허위적으로 운영되고 있다는 소문이 나돌고 있었다. 공식 소문에 따르면, 최근 그 박물관은 엄청난 수입원은 물론 활동 내역까지 정부가 알아차리지 못하도록 조작했다고 한다. 관행은 관행대로, 서류는 서류대로라는 논리일까?

그런 와중에 그 박물관은 다른 차원의 공포와 교육적 차원에서 민감한 논쟁거리를 제공하고 있었다. 박물관은 약물 의

존의 공포를 생생한 색채로 묘사하기 위해 하이퍼리얼리즘 수법에 과감한 투자를 하고 있었다.

땅쉐Than Shwe의 초상화가 보였다. 박물관의 설립자이자 관장인 그는 금박 액자 속에서 방문객을 맞이하고 있다. 영웅적으로 표현된 독재자들의 모습을 마주하는 일도 이제는 익숙해져 있었다(1992년 권력을 손에 쥔 땅쉐에게는 주목할 만한 공적이 몇 가지 있었다. 그는 계엄령을 끝냈고, 국민공회를 개최했고, 대학들을 정상화시켰다. 그래서 사람들은 그에게서 지속적인 개선의 희망을 찾았지만 부질없는 생각이었다). 그곳에서 무엇보다 흥미로웠던 것은 교육적 차원의 글이 마약의 출처를 지적하고 구체화하고 있다는 점이다. "마약은 미얀마에서 생산되지 않는다. 그것은 원래 미얀마어가 아니다. 그것은 외국인들에 의해 도입되었다." 모르핀이 1803년 독일 화학자에 의해 조제되고 헤로인이 영국인에 의해 발명되었듯이 말이다. 미얀마는 오히려 마약을 퇴치했고, 또 왕들의 시대 이래 어기면 매우 가혹한 형벌을 받는다는 조건하에 마약 사용이 금지되어 있었다. 우리는 그곳에서 위엄 있는 왕이 왕좌에 앉아 발목이 묶인 죄인들을 질책하는 그림을 보았다. 금색과 자주색 옷을 입은 마네킹들이 보여주고 있듯이, 사람들이 마약으로 인해 죽음을 맞이한 것은 그리 오래전 얘기가 아니었다.

3단으로 구성된 교훈적 차원의 진열창은 마약 상용자의 운명이 어떻게 되는지를 실제처럼 연달아서 보여주고 있다. 그것들은 진실의 효과를 발휘하고 있다. 마네킹들은 서툴게 만들어지긴 했지만 실제 인간의 크기와 똑같다. 잘 계산하여 꾼

머리카락이며 격렬한 제스처, 마약으로 인해 피폐해진 얼굴들이 잘 표현되어 있어서 파리 밀랍인형 박물관(Musée Grévin)에 진열되어 있는 유명인사들의 미소 짓는 밀랍인형보다도 더 생동감이 있다. 중세의 우화처럼 하나의 역사가 결론에 다다르려면 여러 겹의 그림 혹은 단계가 필요하다. 그러나 여기서는 단조롭게도 모든 것이 똑같다. 타락 아니면 죽음이다. 그러니 이곳에 진열되어 있는 소극들을 보고 놀라고 말고 할 게 없다. 놀라운 것은 연구의 결과가 아니라, 피가 솟구쳐 올라오는 충격적인 감정이다. 가끔 부수적으로 따라오는 장면들도 모두 간결하다. '비건강 상태에서 죽음까지' 간결하게 포착되어 있다. 폐기물이 되어버린 신체들이 땅바닥에서 몸부림을 치고 있다. 한편, 벽에는 부패한 시체들과 지렁이 같은 벌레가 득실거리는 위장이 그려진 거대한 프레스코화가 걸려 있다. 그 지역의 예술가는 정확한 세부를 자신의 그림 속에 담아내고 있다. 때때로 그 그림들은 매우 단순하고 무의미한 삶의 단편을 소개하고 있는데, 숨어 있는 악의 원천을 순진한 사람들에게 폭로하기 위한 것인 듯하다. 당신은 안전하게 보호되고 있다고 믿을지 모르지만, 매사에 조심하고 너무 방심하지 말라는 의미 같다. 물론 여기서 중요한 것은 외국인들의 습관에 물들지 말라는 것인데, 그 이유는 당신들은 그것에 무방비 상태이기 때문이란다. 젊은이들이 서양식 나이트클럽에서 술을 마시고, 담배를 피우고, 웃고 즐기는 모습도 묘사되어 있다. 하나도 밉살스럽지 않고 추한 얼굴도 아니다. 그 장면을 표현한 그림은 어찌 보면 유쾌해 보이기까지 한다. 그 다음 그림에서는 청년 두 명이 사람들의 눈을 피해 어느 모퉁이에 숨어서 자신의 몸에 주사를 놓고 있고, 멀지 않은 곳에서는 그 동료들이 담배를 피우고 있다. 누더기를 걸친 그 두 청년의 모습은 세 번째 그림과 마지막 그림에서 해골 상태로 쪼그라들어 허우적대며 떠도는 개들과 함께 킁킁거리며 냄새를 맡고 있는 것으로 마무리 된다.

몇몇 사진들은 또 다른 각도의 리얼리즘을 도입하고 있다. 그것들은 앞의 것들보다 더 이성적이고 과학적이다. 이를테면 수술 사진이 있는데, 거기에는 열어젖힌 위장이 찍혀 있다. 피로 얼룩지고 꼭꼭 채워진 주머니들이 그 옆에 가지런히 정돈되어 있다. 그 단계에 다다른 사람은 곤경에서 벗어날 희망이 없다. 그렇다고 치유의 길이 전혀 없는 것은 아니다. 회개는 할 수 있다. 쾌활한 장교가 우리에게 말한다. 박물관의 목적은 절망을 부채질하는 것이 아니라고. 그 이미지들은 진정으로 성공적인 억제의 기술이라는 관점에서 절망을 기쁨으로 전환시키고 있는 것처럼 보인다. 각각의 이미지 앞에서 만족스러운 큰 미소가 절망을 구제하고 있다. 〈중독의 무서움〉이라는 제목의 그림 다음에 〈갱생〉이라는 제목의 그림이 있다. '새로운 활력과 함께 새 인생을 시작하자'라는 권유조의 부제도 나란히 달려 있다. 우리는 주사기를 사용하는 모습을 담은 장면을 지나 레이스 세공 작업, 코코넛 나무에 조각을 하는 장면으로 옮아간다. 감옥이나 다름없는 작은 방에서 갱생의 길을 닦는 젊은이들이 고양이처럼 등을 구부리고 작업을 하고 있다. 갱생의 길을 가는 그들은 이번에는 예술 작품을 만들어내기 위해 조각칼과 바늘을 사용하고 있다. 그들이 만든 공예품이 기존의 문화 상품보다 더 잘 팔리지 않을 거라는 점은 기정 사실이지만 그것은 중요하지 않다. 그곳에는 현실주의가 설 자리가 없다. 그런데 대체 무엇을 방문객에게 설득시키려고 하는 것일까? 젊은 마약 상용자들이 그 세계로부터 벗어날 수 있다는 사실인가? 아니면 훈타 정부에 의해 주도되는 그 일에 대한 엄청난 노력인가? 그것도 아니면 우리도 원하기만 하면 악과의 투쟁에 발 벗고 나설 준비가 되어 있고, 좀더 살기 좋은 세상을 만드는 일에 참여할 수 있다는 뜻일까? 요는 그 어리석은 장난의 소굴을 덮쳐 산더미처럼 쌓인 하얀 가루 봉지를 일제히 태워 연기로 날려버리면 그만인 것이다.

그 박물관에 있는 그림들은 천사들이 노래하는 천국과 악마가 득실거리는 지옥을 맹목적으로 대조시키는 중세의 채색 삽화에 비하면 확실히 덜 매력적이다. 그러나 원리는 똑같다. 그들은 지금 영원한 천년지복을 꿈꾸며 절망과 고통에 맞서고 있는 것이다. 일단 선택을 한 사람은 세상 위에 눈부신 여명이 떠오르고 있음을 보게 해주는 슬로건에 기대어 성찰하기만 하면 된다. '좀더 높은 교양, 품성, 도덕.' 그런 의미에서 미얀마의 이런 갱생 프로그램을 무작정 무시하는 사람들은 정말 어리석은 사람들일 것이다.

우리가 탄 완행열차는 승객과 장사꾼들로 넘쳐나고 있다. 장사꾼들은 주로 옷가지와 생활용품으로 가득 찬 꾸러미들을 열차의 중앙 통로에다 잔뜩 쌓아놓는다. 손님들이 옴짝달싹 못 하고, 더위에 졸려하며, 약간의 비용으로 기분전환을 하려는 기차간에서 장사를 하지 못하면 장사꾼들은 도시에서 입수한 물건들을 시골에 갖고 가서 되팔아야 한다. 승객들은 각자 최대한 편안한 자세로 객차를 따라 마주 놓인 긴 나무의자에 앉아 있었다. 햇볕을 가리는 금속으로 된 무거운 창 덮개가 반쯤 당겨져 있어서 그 사이로 낮의 풍경과 바람이 간혹 스며들어온다. 기차 안의 텁텁한 공기를 바꿔줄 것이라곤 아무것도 없다. 볼이 깊게 팬 할머니들이 몇 시간이라도 버티겠다는 자세로 벽에 꼿꼿이 기대어 서 있다. 아이들을 데리고 탄 사람도 있었다. 아이들은 나무의자 끄트머리, 어른들 옆에 자리를 잡고 앉았다. 아이들은 교황처럼 신중했고, 칭얼거리지도 않았으며, 자기들에게 요구되는 것이 무엇인지 의식하고 있었다. 나는 '예스'라고 말하거나 '노'라고 말하기 위해 세상이 떠나갈 듯 으르렁거리거나 입맛대로 행동하는 사람을 이 나라에서 한 번도 만나본 적이 없었다. 어린아이에서 노인에 이르기까지 모든 연령대의 사람들에겐 기다리면서 살 줄 알고 아주 적절하게 처신하는 태도, 즉 지혜와 위엄이 있었다. 그런 것이 가난한 민족의 전유물인지 어떤지는 잘 모르겠다. 가끔 자기 자리를 좀 확보하고 싶으면 자기 쪽으로 조금 넘어온 신체의 일부나 가득 채워진 바구니를 자연스럽게 밀쳐내면 그만이다. 떠밀린 사람 역시 자기를 민 사람을 쳐다보지 않고 자신을 적절히 추스른다. 그 제스처들은 서로 조화를 잘 이룬다. 그렇게 하여 공간은 모든 이의 것이 된다. 그런 행동은 특정인에게 한정되지 않는다. 몸집이 크면 큰 대로 서로 폐를 끼치지 않기 위해 각자 알아서 행동한다. 중앙 통로에서 활발하게 장사를 하고 있는 사람들을 제외하면, 각자 알아서 슬그머니 밀고 비집고 들어가 자리에 앉는 것이다. 움직이고 있는 객차의 문이 활짝 열리고, 꼬마 한 명이 어느새 객차에 올라온다. 자른 수박 조각들이 담긴 쟁반이 꼬마의 머리 위에 균형 있게 놓여 있다. 꼬마는 동그랗게 자른 붉고 싱싱한 수박 조각을 손님들에게 권한다. 한편, 여덟 살쯤 되어 보이는 꼬마가 파는 아이스콘은 기차 안에서 히트를 친다. 그 아이가 허리춤에 매고 있는 돈 주머니가 두 배로 두툼해진다. 손님들에게 아이스콘을 돌리고, 지폐를 받아 돈 주머니에 넣고, 거스름돈을 내주는 아이의 솜씨가 보는 이의 혀를 내두르게 할 정도다.

아이는 힘찬 목소리로 청중을 사로잡고 있는 격앙된 어느 노인과 경쟁을 벌인다. 그 돌팔이 영감은 자루에서 약 상자, 분말, 봉지, 약품, 크림 들을 꺼내 이 사람 저 사람에게 보여주면서 운과 건강을 장담한다. 할 일이 딱히 없는 더운 아침나절에 귀를 기울이고 싶어지는 요정 이야기 같은 세계가 바로 거기에 있다. 그 돌팔이 영감은 색깔이 알록달록한 혼합물을 필시 감동하게 될 구경꾼들의 코에다 갖다댄다.

아낙네들이 마을에서 산 콩과 야채를 커다랗고 동그란 쟁반 위에 펼쳐놓고 다듬기 시작한다. 긴 나무의자에 쪼그려 앉은 그녀들은 쉬지 않고 입을 놀리면서 잔일을 하고, 콩 껍질을 벗기고, 열매들을 따고 있다. 신중하게 손을 놀리고 있음에도 불구하고, 가끔 그녀들의 소중한 식료품 나부랭이가 이웃의 무릎으로 굴러간다. 그러면 그녀들은 아무 일도 아니라는 듯 그것을 도로 가져오기도 하고 필요하면 옆사람을 조금 밀기도 한다. 그렇게 사태가 수습되고 나면 다시 자신이 하던 일로 돌아온다. 그러나 공상에 빠진 승객들은 아무것도 알아차리지 못한다.

삶은 그렇게 돌아가고 있다. 요란한 소음을 내며 덜컹거리는 기차는 작은 마을들을 굽이굽이 돌며 달려가고 있고, 창밖에는 같은 풍경이 반복되고 있다.

승객들의 얼굴에 빛이 새어들어온다. 대부분의 승객들은 휴식을 취하는 자세로 잠들어 있거나 가면처럼 담담한 얼굴을 하고 있다. 이 나라를 여행하면서 내가 자주 목격했던 것은 엄격함이나 우울한 분위기를 담은 그들의 간결한 표정, 툭 튀어나온 광대뼈, 텅 빈 두 눈 혹은 내면을 향한 시선 같은 것일까? 기차간에서 그들과 함께 하루를 보내는 동안 그들은 우리를 쳐다보지 않으려고 조심하는 기색이었다. 그러나 우리가 딴전을 피우거나 다른 일에 몰두하고 있다고 생각될 때는 재빠른 눈길과 왕성한 호기심을 우리에게 보여주어서 나는 몇 번이나 깜짝 놀랐다. 하긴 기차 안에 서양인이라고는 우리 둘뿐이었다. 웬 악마가 여기에 우리와 함께 탔나 하고 자문하는 것은 그들로서는 당연한 일이었으리라. 어쨌거나 그들은 보이지 않는 일종의 보호막으로 우리를 지켜주었다.

마침 무도회 스타일로 화장한 우아한 귀부인이 얼굴 가득 미소를 지으며 우리 옆자리에 앉으려고 왔다. 우리 사이의 대화는 오직 미소로만 통했다. 그러다가 어느 나라의 이름이 나오기도 했지만, 그들에게는 별 볼일 없는 관심사였다. 그 외에 시답지 않은 몇몇 제스처들이 오고 갔다.

그럼에도 불구하고 나는 그 비좁은 공간에 오밀조밀 모여 앉아 견딜 수 없는 더위를 함께 공유한 그날 아침처럼 따스하고 정겨운 순간을 미얀마 땅에서 만끽해본 적이 없었다. 그 사람들은 짜증을 부리거나 거역하는 법 없이 그저 그들의 일상에 존재했던 것이다. 나 역시 그들이 서로 고통을 나누고, 합의하거나 무시하면서 전체적으로 유쾌한 분위기를 만들고, 마음의 끈을 풀어내는 모습을 어느 정도 편안한 마음으로 바라볼 수 있게 되었다. 그들이 우리를 못 본 척했던 것은 어찌 보면 최선의 방법이었다. 그들은 우리를 못 본 척했지만 우리를 받아들이는 자세는 최대한 겸손했다. 말하자면 그들은 외모의 차이에 관계없이 우리를 자기들 울타리에서 편히 쉬게 해주었던 것이다.

우리 여행의 제2부에 해당하는 돌아오는 길에서, 거창할 것까지는 없지만 우리 역시 일종의 무대에 등장하는 격이 되고 말았다. 기관사는 인도 사람으로 가는 곳마다 열차 끝에 서서 초록색 깃발을 휘날렸는데, 그는 우리를 군용칸에 배치해주었다. 그렇다고 우리가 영광을 누렸다는 말은 아니다. 거기에는 나무의자 대신 서로 훤히 건너다보이는 작은 침대들이 있었다. 우리는 권력자들을 위한 침대칸에 있게 되었다.

거기에는 국방색 군복을 입고 긴 워커를 신은 젊은 군인들이 있었다. 더운 날씨를 고려할 때 그런 차림새는 고통스러운 형벌이나 다름없어 보였다. 그들은 또한 아내들이 챙겨준 양은 도시락 통을 들고 있었다. 나름대로 잘 차린 왕의 점심거리였다. 밥, 고기와 야채, 향료에 절인 과일이 보였다. 그들 중 베텔넛 색깔로 물든 이빨을 가진, 몸집이 크고 기껏해야 열여섯 살쯤 되어 보이는 얼간이 소년 병사가 한 명 있었다. 그 소년 병사는 사람들로 붐비는 기차간에서 피곤에 지쳐 자기 옆으로 미끄러지듯 쓰러지는 사람들을 염치없이 밀어내면서 의자에 자기 혼자 길게 드러누워 있었다. 그때, 거의 아이나 다름없어 보이는 젊은 여성이 부처님처럼 통통하고 생글생글 웃는 아기를 팔에 안고 자신 있게 기차에 올라탔다. 그 여성은 자신의 유쾌한 기분을 남들과 공유할 생각이 없어 보였고, 검은 빛이 드리워진 눈동자를 갖고 있었다. 그녀는 기차에 올라타기 무섭게 번개와 천둥을 동반한 뇌우처럼 분노를 터뜨렸다. 그녀는 아까 그 소년 병사를 향해 날카로운 목소리로 온갖 비방을 하는 것이었다. 그 소년 병사가 갑자기 주변을 의식하면서 의기양양하게 몸을 일으켰다. 최대한 체면을 차리려는 기색이었다. 머리끝까지 화가 난 그녀는 불평불만을 늘어놓으며(점점 멀어져가는 구름의 최후의 요동이었다) 우리 바로 앞쪽에 앉았다. 그렇게 우리는 이색적인 실랑이가 벌어진 무대의 제1열에 초대된 관객이 되었다. 그 젊은 여성은 그 야생의 세계에서 보기 드문 미인이었다. 이곳 사람들 중에는 가끔 고양이를 닮은 삼각형 얼굴에 정돈된 생김새, 아몬드 모양의 긴

눈, 활처럼 휘어진 도톰한 입술을 한 사람들이 있었다. 그렇다고 놀랄 일은 아니지만. 얼마 지나지 않아 아까 그 소년 병사가 다시 그녀 곁으로 다가왔다(그 이유가 무엇인지 우리는 전혀 알 수 없었다). 야수를 길들이는 데 타고난 능력을 갖고 있는 그녀는 어디 한 곳 나무랄 데 없는 용모에 과감한 눈, 풍만한 가슴을 하고 있었다. 실랑이와 손톱으로 할퀴기, 분노로 으르렁대는 소리가 또다시 이어졌다. 이윽고 남자 쪽에서 순종적이고 초조하며 갈망과 욕망이 뒤엉킨 시선을 보내왔다. 그는 반쯤 웅크린 자세로 그녀 옆에 누웠다. 그녀의 얼굴은 격앙되어 있었고, 그녀의 바로 옆에서는 아기가 정적을 지키고 있었다.

미얀마인들은 대개 부끄러움을 많이 타는지 우리는 이 나라에서 사람들이 서로 포옹하는 것조차 제대로 본 적이 없었다. 그렇다면 이 사람들은 이런 에로틱한 접촉에 대해서는 어떻게 생각했던 것일까? 왜냐하면 그 젊은 여성은 자신이 확실하게 갖고 있는 논리, 즉 아주 오래된 본능적인 노하우를 방금 연출해 보였기 때문이다. 그 장면을 보면서 우리는 사회적으로 우월한 군인들에겐 공공연히 급진적이고 생소한 행동거지도 허용되고 있다는 결론을 내려야 하는 것일까? 계급은 별개의 문제이고, 사실은 바로 여기에 카스트 제도가 있었다.

감정을 수습하고 다시 의기양양해진 얼간이 병사는 오렌지 파는 소년을 부르더니 이것저것 마음대로 골라잡고는 한 푼도 내지 않고 그 소년을 다시 돌려보냈다. 그러고는 그 젊은 여자에게 자신의 노획물을 건넸다. 그녀는 우리가 옆에 있다는 것을 의식하고 우리 쪽으로 몸을 기울이더니 오렌지 조각을 우리에게 나눠주었다. 우리는 그 오렌지를 먹고 싶은 생각이 없었지만 그녀의 미소에 무너져 그것을 받아들었다. 양곤역에 도착하여 기차에서 내릴 때, 우리는 그녀의 해맑은 미소도 갖고 내렸다. 스피커가 이해할 수 없는 안내방송을 내보내고 있었다. 승객들은 승강장 아래에 있는 육교를 서로 정신없이 부대끼며 지나가고 있었고, 우리는 군중 속에 끼어 끝없는 왈츠를 추며 이곳저곳으로 휩쓸려갔다.

5

발자취

미얀마 땅에는 장막처럼 무거운 평화가 갇혀 있다.
미얀마인들의 시선은 아웅산 수치에게 고정되어 있다.
그들의 입가에 맴도는 그녀의 이름이야말로
평안과 희망의 상징인 것이다.

후기

역사의 짓궂은 장난

미얀마의 역사란 과연 무엇이었을
까? 다종다양한 민족들이 서로 맞서거나 동맹하여 태국, 몽
골, 중국은 물론 외국의 침략에 대항해온 과거를 빼고 그 역
사를 제대로 이야기할 수 있을까? 그 다양한 민족들은 아래와
같이 차례로 등장했다. 몽족(중국에서 온 민족으로 기원전 천 년 이래
미얀마 남부에 정착), 뾰족(티베트-버마 민족으로 기원후 1세기 이래 중앙
평원에 정착) 또는 버마족이 있는데, 그들은 본래 중국-티베트의
변경 출신으로 후에 버강을 수도로 삼고 아나우라타를 왕으로
추대했다(1044~1077). 이 군주 치세하의 버마족은 얼추 현재
의 미얀마 국경에 이르는 거대한 통일 제국을 손에 넣게 되었
다. 떠통은 미얀마 남쪽에 위치한 몽족의 수도였으나 그 민족
역시 버강 제국에 점령되었고, 그때 마누하 왕은 물론 몽족의
승려, 지식인, 장인, 건축가 들이 포로가 되어 버강 제국으로
끌려갔다. 그리하여 그들은 승리자인 버강의 언어는 물론 당
시 가장 세련되었던 버강의 문화를 몸에 익혀야 했다. 12세기

에 버강은 '400만 파고다의 도시'가 되었고, 불교는 영향력 있는 종교가 되었다. 그리하여 파고다와 사원 들이 저 거대한 평원을 온통 뒤덮게 된 것이었다.

그러나 몽골의 위대한 수장이었던 쿠빌라이Kubilai가 동남아시아 정벌을 꾀하고 있었는데… 샨족, 즉 '자유로운 사람들'이라 스스로를 부르고 13세기에 이라와디 강 일대에 군림했던 이 전투 민족은, 그때 이웃나라 태국의 힘을 빌려 지체없이 그 침입자들을 자기들의 영토 밖으로 내몰았고, 침입자들이 잔존하는 동안 점점 세력을 잃고 있었던 버강 제국마저 손에 넣게 되었다. 그리하여 그들은 13세기 말부터 14세기 초반까지 미얀마 중앙부를 지배했다. 오늘날은 더 이상 들을 수 없지만 당시 돌 깨는 소리로 가득했던 사가잉은 1315년에 그들의 수도가 되었다.

이런 식으로 정복 전쟁은 계속되었다. 적은 외세뿐 아니라 내부에도 있었다. 종족들 사이의 전쟁, 침략, 약탈, 왕의 암살, 거기다 유럽인들의 침략까지 덧붙이면 이 격정의 무대에는 무엇 하나 빠진 것이 없었다. 게다가 제국주의의 전성기 때에는 영국군이 개입했는데, 그들은 벵골 만을 따라 할당받은 구역을 보호한다는 미명하에 1825년과 1852년 버마인들과 두 번 전쟁을 치렀다. 미얀마와 영국 사이의 세 번째 전쟁은 1885년 영국의 영원한 천적인 프랑스가 영국의 패권을 협박하면서 허울뿐인 구실을 내세워 미얀마 고지대를 침략했을 때 일어났다. 리폰 경Lord Ripon이 말했듯이, "만약 누군가가 우리의 상업적 이득이 있는 곳을 공격한다면, 그것은 우리의 가장 민감한 부분을 건드리는 것"•이었다.

돈. 그렇다. 돈은 확실히 전쟁의 도화선이었다. 거기에 골리앗 영국에 대항하여 끊임없이 창을 던졌던 버마인들의 대책 없는 민족적 교만함도 가세했다. 영국 사람들과 그들의 인도인 병사들은 수천 번의 굴욕을 감수했다. 인도 총독 달하우지 경Lord Dalhousie은 이렇게 썼다. "인도 정부가 관리해야 하는 모든 동양인 중에서 버마인이 가장 오만하고 독단적이다." 그들은 영국인들의 요구를 교묘히 피하는가 하면, 장교들에게 모욕을 주기도 했다. 더 심하게는 영국 사절은 "신발을 벗고 양말 바람으로 땅바닥에 주저앉거나 거의 엎드리다시피하지 않으면 왕을 알현할 수 없었다. 그 부조리하고 굴욕적인 의식을 철폐하기 위한 모든 노력은 수포로 돌아갔다."•• 사람들은 1878년에 왕위를 계승한 띠보 왕이 그의 아버지 밍동 왕보다 유연한 대응을 하리라 기대했다. 하지만 그는 도리어 영국과의 동맹 관계를 끊으려고 열을 올렸다. 왕정은 버마 주재 영국인들을 잡아다가 모든 사람들이 다 보도록 몇 시간이고 가두 처형대에 매달아놓고, 그들을 능멸할 처사로 왕국의 고관이 그 앞을 지나갈 때면 납작하게 엎드려 절을 하게 했다. 어쨌든 그것은 너무 도가 지나쳤다.

"1885년 11월 1일 띠보 왕이 체포되었다. 지금까지 우리는 참을 만큼 참았다. 우리는 1826년과 1853년에 버마를 합병할 수도 있었다. 하지만 우리는 1886년에야 그것을 이루었다.

● 조지 스콧 경의 《버마 사람, 그들의 삶과 의지》에서 인용.
●● 앞의 같은 책에서 인용.

그렇게 하는 것 외에는 가능한 방법이 달리 없었다."•

　띠보 왕과 수빠랏Supyalat 왕비는 인도 라타나기리Ratnagiri 로 망명하여 거기서 조용하게 지냈다. 1886년 2월 26일, 버마는 인도 제국의 한 지방이 되었다. 자기들의 고유한 문제와 특별한 의식을 나름대로 고수해가는 식민지 독립체가 아니라, 나중에 부분적으로는 회복되었지만 식민 제국의 한 지방으로 전락했던 것이다. 식민지 지배자들에게 대항하여 수천 명의 목숨을 앗아간 반란 전쟁이 시작되었다. 영국군은 비율적으로 볼 때 군병대를 인도보다 버마에 더 많이 배치했다. 인도의 민족주의 운동이 뒤늦게 전개되긴 했지만 말이다. 대부분의 버마인들은 처음부터 영국의 점령을 받아들이지 못했다. 그런 조건들을 감안할 때 우리는 미얀마인들의 '복종'에 대해 어떻게 말해야 할까? 그들의 역사를 깡그리 잊어버리는 길밖에 없다.

지나간 시간 : 국왕의 폐위

　1885년 11월 29일. 전쟁 개시 14일 후 버마군은 도망치듯 물러났고, 띠보 왕은 왕좌에서 내려왔다.

　그동안 그는 영국이라는 적을 깔보았다. 그런데 이제 그는 자신의 충성스러운 백성들에게 나라를 지키라고 강요하지 않았다. 반대로 그는 백성들에게 두려워하지 말고 평소대로 일

• 앞의 같은 책에서 인용.

상생활을 하라고 말했다. 그날 밤은 모두 집에 돌아가 자신들의 침대에서 편안하게 푹 자라는 말이었다. 띠보 왕은 외적들이 건너왔던 바다까지 그들에 의해 모두 좌지우지되고 있는 사실을 주시하고 있었다. 그에게는 자신의 병사들을 훈련시키기 위해 필요하다고 생각한 6개월이라는 시간 여유조차 없었다. 적들은 빠른 증기선을 타고 이미 대거 도착하여 그 땅의 수도를 활보하고 있었다. 아, 그것이 바로 기술의 진보와 그들이 확신하는 우월성이라는 것이었다. 그럼에도 불구하고, 가히 병적이라 할 만한 자만벽으로 무장한 띠보 왕의 신민들은 이후 십여 년 동안 전쟁 도구에 있어 한도 끝도 없는 우위를 자랑하는 영국에 대항하는 전쟁에 몸담게 된다.

찰스 크로스웨이트 경Sir Charles Crosthwaite은 "왕의 정부는 오만하고 고집불통이었으며 매우 비능률적이었다"라고 결론 내렸다. 그는 1887년에서 1890년까지 버마 최고 행정관을 지냈으며 기념비적인 저서 《버마의 평화 회복La Pacification de la Birmanie》이라는 책에 그 격랑의 시대를 기록하고 있다.

하지만 버마군은 철수를 거부했다. 프린더개스트Prendergast 장군이 자신의 군단들을 배치하기 전까지만 해도 무기와 작은 말들을 거느린 버마 병사들이 전국 곳곳에 흩어져 있었고, 거기서 침략자들을 닥치는 대로 괴롭혔다.

"우리가 승리하여 버마군의 참모들을 해산시켰을 때, 그들은 농민들로 이루어진 무정부 부대와 파괴적인 약탈 부대를 결성하는 데 성공했다. 그 모든 것이 영국군들에게는 골칫거리였다." 패배한 버마군은 드물게는 이성적이고 협력적인 자세를 보였다. 물론 다른 나라들에 비하면 별것 아니었지만 말이다. 그렇지만 크로스웨이트 경은 더프린 경Lord Dufferin의 1886년 7월 보고서를 인용하면서 몇 마디 덧붙였다. 사실 "이전 정권인 그 잔인하지만 무능력한 전제 왕조를 강하고 효율적인 정부로 대체하는 것"을 백성들이 더 환영한다는 것을 알았어야 했다. 그렇다. 선행의 미덕을 인정받으려면 최소한 서로 합의가 있어야 하고, 쌍방이 '선행'이라는 말에 공감대를 형성할 필요가 있는 법이다. 7월에 들어서자마자 "만만찮은 소수민족 집단이 우리를 원치 않는다는 것이 최소한 확실해졌다." 경악할 일이었다. '만만찮은 소수민족 집단'이라는 표현 자체가 하나의 사실과 그 반대성을 동시에 내포하고 있었다. 그 말은 영국인들을 어리둥절하게 하면서 오랫동안 회자되었다. 영국은 전쟁에서 이겼지만 갈 길이 막막했다. 예기치 않게도 전후의 상황은 승리보다 더 힘들었고, 아무것도 준비된 것이 없었다. 어떻게 일어서야 할 것인가? 어떻게 무질서와 싸워나갈 것이며, 또 어떻게 보이지 않는 그 지대의 끝에 도달할 것이며, 어떻게 국민들과 화합해나갈 것인가? 이 전쟁이 치러야 되는 대가는 어떤 것인가? 무엇을 해내려고 하는가?

확실히 버마인들은 그들의 지배자들에게 불만을 품고 있었다.

왕의 첫 부인 수빠랏 왕비는 그 와중에도 겁쟁이 남편을 구하기 위해 열의와 과감함을 보여주었다. 그녀는 시어머니의 권력을 모두 빼앗고 궁에서 떨어진 구석에 가두는 일부터 착수했다. 그녀로서는 지혜로운 조치였다. 띠보를 왕좌에 앉힌 욕심 많고 교활한 그 여인은 중요한 자리를 넘볼 수도 있었다. 언제나 과감한 수빠랏 왕비는 왕의 경쟁자들, 즉 왕위 계승권을 대놓고 주장했던 왕족의 여러 구성원들을 제거하려고 시도했다. 가족 안에서의 왕위 계승은 조상 대대로 내려온 관습이므로 왈가왈부할 여지가 없었고, 군주도 어쨌든 약간의 평화를 얻을 자격이 있었다. 그러나 불행하게도 띠보의 부계 혈통 자손은 한두 명이 아니었다. 79명의 왕자들이 처형되었다. 왕족의 피를 흘리게 하는 것이 금지되어 있었으므로, 실권자들은 그 79명의 왕자들을 카펫에 둘둘 말아 죽이고 강에 내다 버렸다. 영국인들은 그 과정을 지켜보면서 경악을 금치 못했다. 반면, 그러한 관습을 누구보다도 잘 알고 있던 백성들은 그 행위에 대해 다른 차원에서 큰 질책을 했다. 수빠랏 여왕에 의해 놀아나는 왕궁의 탐욕에 대한 질책이었다. 또한 관료들의 서열 문제도 있었다. 탐욕, 그것은 불교적 시각에서 보면 치명적인 과오였다. 삶의 기반을 완전히 빼앗긴 농민들은 마을을 버리고 숲으로 갔다. 그들은 통행인을 덮치는 약탈자들로 변신해서 혼란을 가져왔고, 대신들은 후방으로 물러나 조용히 지낼 수도 있었지만 농민들의 노획물의 일부를 탐내어 그들과 동맹을 맺기도 했다. 그들 사이에 상호 공조 시스템이 형성되었던 것이다. 간단히 말해 그 시대는 썩을 대로 썩어 있었다.

이 맥락에서 우리가 인정해야 하는 것은 외세가 왕을 퇴위

시켰다는 점이다. 침략자들이 빼앗은 것은 왕이라는 개인 너머에 존재하는 버마의 영혼, 즉 그들의 정체성 그 자체였다. 태곳적부터 윤회를 통해 사람들 사이를 이어주었던 보이지 않는 신비한 관계들이 그 정치적 수술에 의해 그만 잘려나가고 말았다. 백성들은 자신들에게 친숙했던 세계가 이것으로 끝이 났음을 깨닫고는 황폐한 왕궁을 약탈하고 도끼질로 가구며 땅바닥을 마구 내리쳤다. 그날, 왕과 왕비, 공주들과 시종들이 소가 끄는 보잘것없는 수레 위에 앉아 떠나는 것을 보고, 백성들은 슬픔에 북받쳐 울음을 터뜨리고 말았다.

인도인들의 도래

《버마의 평화 회복》서문에서 크로스웨이트 경은 인도 사람들에게 영광을 돌렸다. 인도인들은 영국인 못지않게 버마를 제압하는 데 큰 공헌을 했다. "만약 인도 전투부대들이 버마의 평화를 위해 우리를 지원해주지 않았다면, 우리는 몇 년의 시간을 더 허비해야 했을까?"

이어서 그는 훌륭한 공무 수행자답게 보고서 속의 각 상황에 요구되는 날짜와 사람 수를 정확하게 인용했다. 1886년 2월 561명씩 두 그룹. 한 그룹은 친드윈Chindwin 지방으로, 또 한 그룹은 만달레이 지방으로 출정. 그 다음에는 군경용으로 인도 북부에서 2,200명이 소집됨. 숫자들은 가지런히 줄을 맞춰 계속 이어졌다. 폭발할 듯한 상황, 성장을 위한 보호 정책, 출정하는 인도 병사들… "신생아들의 굶주림은 해결되기는커녕 계속 증가했다." 인도인들의 정부에 항거하는 7천 명 버마인과 별도로 다시 2천 명이 항거를 했다.

버마인을 채용하라! 지방 채용을 실시하라!

"영국 장교들은 버마인들을 단련시키려고 시도했지만, 버마인들이 책임감 없고 구제불능일 정도로 나약한데다 의무감이 매우 부족한 사람들이라는 사실이 만천하에 드러났다. 프리드리히 대제 식 훈련을 실시하면 그들을 개선시키는 것이 가능할 수도 있었다. 하지만 그러려면 끝까지 남을 몇 안 되는 훌륭한 병사를 가려내기 위해 대부분의 버마 사람들을 죽여야 했다." 다시 말해, 영국인들은 버마의 기후를 비롯해 많은 것에 반감을 가졌고, 그것이 과대망상으로 치달은 나머지 버마의 입장 같은 것은 안중에 없었다.

그리고 인도인, "동전 한 줌을 받은 대가로 영국의 권력에 대항하는 모든 반항 세력을 무찌르기 위해 그들이 하라는 대로 굽실거렸던"* 그들의 영혼은 과연 어떤 상태였을까? 겉으로는 질서에 복종하는 척하고, 점령군 상사를 기쁘게 하기 위해 동포를 죽이고, 돈 없는 동포들 대신 도리어 정복 민족과 연대를 맺은 것이 그들 아니었던가? 어쨌든 당시 인도인들에게 적대감을 보였던 버마인들이 그들에 대해 어떤 생각을 가지고 있었는지 우리는 잘 알고 있다.

반면, 당시 미국 선교사들에게 영향을 받은 까렌족은 "규율을 지키고, 순종적이며, 부지런한 일꾼들인데다가 신중하

● 아미타브 고쉬Amitav Ghosh의 《거울의 궁전Le Palais de miroirs》에서 인용.

고 독립적인 사회적 재산"이었다. 간단히 말해, 그들은 사회의 건전한 구성원이자 충성스런 신민, 현실적인 지원 세력이었던 것이다.

당시 군경은 "버마인들이 수행하기 버거운 모든 직능들을 도맡아 했던" 인도인과 까렌족들로 구성되어 있었다.

'군림하려면 쪼개라'는 오래된 강령은 여기서 다시 한 번 그 효능을 증명했다. 사실, 영국군들은 '본래적 의미의 버마'와 '주변부 버마'를 구별해서 썼다. 전자는 인도 정부가 직접 관할하는 중심부 지역들이고, 후자는 소수민족들●이 사는 변방 지역이었다. 버마 민족은 다른 이들이 갖지 못한 자율권을 어느 정도 인정받고 있었다. 그래서 그들과 다른 소수민족들 사이에는 반목이 생겼다. 그 나라의 역사만큼 오래된 소수민족들 간의 내전을 악화시키는 데에는 확실히 '제국' 따위는 필요하지 않았다. 그러나 당사자들은 최소한 서로 잘 알고 있었고, 어느 정도 공격하고 방어해야 하는지도 잘 알고 있었다. 그런데 일정 정도 영속적이면서도 교묘하게 지속되어온 그 운동들이 상황을 전혀 모르는 외국 세력에게 내맡겨졌던 것이다. 그후 그 전통적인 분쟁은 더욱더 뚜렷한 양상을 보이더니 독립 후에 극적인 타결을 보았다.

● 미얀마 연방은 10개 주요 민족과 몇몇 소수민족으로 구성된다. 버마족이 인구의 68퍼센트, 샨족이 9퍼센트, 까렌족이 7퍼센트, 여카잉족이 4퍼센트, 친족, 까친족, 몽족을 합하여 7퍼센트다.

악당들의 역사

투쟁은 한층 격렬해졌다. 농민들로부터 식량과 정보
를 얻고 있던 다코이트dacoit 일당은 자신들의 행동반경을 침
입하는 인도인과 영국인들을 가차 없이 살해했다. 한편, 그 음
험하고 지속적인 전투에 지쳐버린 인도인과 영국인들은 새로
운 승전보를 들을 때마다 과장되게 난리를 치면서 기뻐했다.
아무리 보잘것없는 정복일지라도 기뻐서 소리를 질렀다. 그
것이 그들의 위엄을 깎아내리건 말건 상관없었다. 그들 부대
는 굉장히 예민했다. 그들은 가는 곳마다 반란군을 보았고, 반
란의 기색이 조금만 보여도 매우 흥분했다. 예를 들어 대대로
버마 왕조를 상징했던 흰 우산만 봐도 정신없이 총을 쏘아댔
던 것이다. 어느 날 그들은 흰 우산을 들고 강을 내려오는 한
남자를 탐지했고, 반격할 틈도 주지 않고 그를 향해 총을 마구
쏘아댔다. 그 펀자브 부대가 쏜 총알들은 다행스럽게도 빗나
갔다. 문제의 남자는 존경받아 마땅한 산림 보호원으로, 빗발
치는 총알을 피해 쏜살같이 배에서 내려와 배 밑에 몸을 숨기
는 것 말고는 손을 쓸 도리가 없었다. 그 공무원은 자신의 품
위에 손상을 주는 그 일에 맞서 용감히 싸웠다. 그럴 수밖에
없었으리라. 사실 그에게 우산은 상징적인 무엇이 아니라 햇
살을 가리기 위한 도구일 뿐이었다. 특히 그런 전란의 시기에
우산 따위는 더 이상 상징이 될 수 없었다.

마을 사람들의 무기를 빼앗는 일은 어떤 경우라도 가능했
다. 무기라고 해봐야 박물관에나 가야 할 낡은 권총 정도였지
만, 그래도 그것은 공포감을 조성하는 무기였다. 하지만 반란

군 추장(예를 들어 보스웨Bo Swe*)과 그의 일당이 죽어 추모제를 올리기 무섭게 또 다른 추장이 머리부터 발끝까지 무장한 채 으르렁대며 나타났다. 종이 한 장 정도의 영향력이 있을까 말까 한 한 악당의 비보를 들을 때마다 대국의 정부가 환호해 마지않았던 까닭은 뭐랄까, 사기가 떨어졌거나 굴욕감을 맛보았기 때문일 수도 있지만, 기후, 열병, 공격, 위인의 죽음 등으로 인해 일상적 자아가 억제되어 거친 시련 앞에 노출되어 있었기 때문이다. 침략자들을 나라 밖으로 몰아내기 위해 쉐죠뷰Shwegyobyu 왕자("왕자? 무슨 명목으로?"라고 사람들은 묻곤 했다)와 손을 잡은 사람은 이번에는 친드윈 지방 출신의 버잉강Bayingan이었다. 그 불굴의 두 투사와 대항했던 젊은 영국 장교 모리슨 씨Mr. Morison는 버마 땅에 갓 부임한 사람으로, 혈기왕성하고 열의에 차 있었다. 숨은 적들에 대항하여 전개된 전투(1887년 10월 13일)에 대해 그가 기록한 이야기를 보면 그가 얼마나 많은 난관에 부딪혔는지 잘 알 수 있다.

"15분 정도 지났을까? 우리를 쫓아오던 다코이트 일당이 우리에게 총을 겨누었다. 그러나 그들은 꼭꼭 숨어 있어서 보이지 않았다. 그들은 사격을 한 번 가한 후 사라져버렸다. 우리가 200미터쯤 전진했을 때, 그들은 우리를 포위하고는 다시 우리에게 총을 쏘았다. 우리는 사격이 가해질 때마다 말에서 내렸고, 이번에는 우리 쪽에서 그들을 겨냥하려고 주변을 둘러보았다. 그러나 그들은 보이지 않았다. 그들은 정글을 잘 알고 있었고, 어디로 숨고 진군해야 하는지도 두루 꿰고 있었다. 그들은 끊임없이 우리를 감시하고 쏘아댔다. 그런 실랑이가 한 시간 넘게 계속되었다." 숲속의 오솔길을 오르락내리락 반복해서 그런지 말들이 기진맥진하여 주인을 태운 채 그만 고꾸라져버렸다. "두 시간이 지나자 사격이 멈췄다. 이 난관을 어떻게 빠져나가야 할지 알 수 없었지만, 우리는 200미터 간격으로 전진하고 지치면 휴식을 취하면서 정글을 빠져나올 수 있었다."

전투를 하던 중 반란군에게서 탈취한 가방 가운데 하나에서 다음과 같은 편지가 나왔다. "밍궁Myingun 왕자의 형제 버잉강 왕자, 나는 보뇨우Bo Nyo U 추장과 사가잉의 여러 추장들에게 다음의 사실을 알리기 위해 이 글을 쓴다. 나는 북쪽, 남쪽, 동쪽의 모든 추장들과 접촉했고 그들에게 확답을 받았다. 그들은 영국군들을 까니Kani와 빠지Pagyi 밖으로 쫓아내고 얼롱Alon, 쉐보Shwebo, 더바엔Dabayen을 되찾아 만달레이로 진군할 것을 나에게 약속했다."

사태가 잘 수습되려고 그랬는지 그들은 같은 가방에서 또다른 편지 한 통을 발견했다. 그 편지는 낑리지Kin Li Gyi가 직접 쓴 편지였다. 그녀는 왕년에 수빠랏 왕비의 최고 상궁이었고 전쟁이 나자 그녀를 높이 평가해준 영국 정부를 위해 업무를 수행했다. 편지를 통해 알 수 있었지만, 영국 정부의 신임을 받고 있던 그녀가 알고 보니 반란군과 은밀히 내통을 하고 있었다. 크로스웨이트 경은 그 일화를 소개하면서 이렇게 결론을 맺었다. "바로 그것이 버마의 여성이다." 사실, 그 영국인 장교들은 선량한 의도로 무장하고 있었고, 가치에 걸맞은 원칙과 우월성을 신봉하고 있었으며, 그들 중 몇몇은 최고의 선善을 베풀고 있었다. 왜냐하면 그들은 최고의 선을 온 몸으로 보여주었으니까. 오웰Orwell의 《버마 이야기Une his-toire birmane》에서 영국인 장교들은 이런 식으로 묘사되고 있다 (사실, 오웰의 소설은 책이 없는 이 나라에 널리 보급되어 오늘날 각각의 파고다 입구에서 여전히 인기리에 잘 팔리고 있는데, 오웰은 그 소설에서 영국인 장교들에 대해 잘 묘사하고 있다. 그들은 다름 아닌 편협한 정신과 무분별한 선입견, 자신과 자신의 권리에 대한 확신으로 가득 찬 소인배에 지나지 않는 엘리트 구성원이며, 서양의 영원한 오만의 화신이다. 그들에게서는 타인은 물론 자신의 입지조차 전혀 고려하지 않는 특별한 어리석음의 전형이 엿보인다). 그들은 이 원시의 땅에 그들의 질서와 지식을 선사하러 왔다. 물론 그들은 그 물갈이 작업의 경제적 파급 효과를 소홀히 여기지 않았다(크로스웨이트 경은 전쟁에 든 비용과 전쟁이 그들에게 가져다준 경제적 효과의 수치를 파악하는 것을 잊지 않았다). 그런데 이곳 사람들은 그 반갑지 않은 선물을 거부했고, 도리어 친절한 그 기부자들을 공격하고 배반했다. 관대하지는 않지만 헌신적인 위인이었던 크로스웨이트 경마저 그 역사의 서막에 잠시 존재하다가 사라져버렸다.

그로부터 이십여 년이 흐른 후, 반란은 진정되기는커녕 정기적인 구경거리가 되어버렸다. 영국인들은 그 나라를 개발하고, 도로를 건설하고, 중앙과 서쪽의 큰 강 일대를 철도로 이어주고, 숲을 가로질러 수 킬로미터나 되는 길을 뚫고, 다리를 보수하고, 병영과 감옥을 짓고, 대대적인 관개 용수 체계를 도입하는 등 많은 업적을 남겼음에도 불구하고, 버마인들은 그들을 자기들 땅에서 쫓아내려고 무던히도 저항했다.

정부의 힘을 확고히 다지는 데 실질적인 공헌을 하고 있는 영국인들과 그들의 인도인 하수인들을 말이다.

괄목할 만한 경제성장을 이루긴 했지만, 그 이익이 거주자들의 몫으로 돌아가는 것은 아니었다. 게다가 거주자들은 처음부터 그 대상에서 배제되었다는 점을 염두에 둘 필요가 있다. "부자도 거의 없고 부호도 거의 없다"는 표현이 말해주듯 계급이 존재하지 않던 그 나라에 드디어 부르주아 계급이 형성되기 시작했는데, 그들은 바로 인도인과 최소 범위 안의 중국인들이었다. 장사꾼, 기업가, 고리대금업자(쳇떠야chettyars,* 백성들로부터 미움을 받는 부류)들이 새로운 기회를 이용해 그 나라에 섞여 들어왔다. 그런 상황에 대처할 방법을 알지 못해 적응하기 힘든데다가 차별까지 받았던 버마인들은 상황 파악을 제대로 할 수 없어서 우왕좌왕했다. "버마 경제를 장악한 인도 세력을 몰아내려면 세계 전쟁이나 혁명이 필요했다."* 그저 기다리며 방관만 했던 버마인들은 그 변화를 맞이하여 동요하지 않을 수 없었다. 경제 발전과 더불어 사회적 서열이 확립되었고, 그 서열 속에서 그들은 최하의 위치를 차지했다. 그러면서도 그들은 앞으로 돌아올 세기에는 그 모든 것이 해결될 거라고 낙관했다. 하지만 중요한 것은 그들의 나라가 그들의 손에 있지 않다는 사실이었다. 1917년 인도에 더 많은 자치권을 허락한 몬터규-쳄스퍼드 Montagu-Chelmsford 개혁 정책은 버마에서는 실시되지 않았다. 영국인들의 판단에

● 데이비드 I. 스타인버그 David I. Steinberg의 《버마, 동남아시아의 사회주의 국가Burma, A Socialist Nation of Southeast Asia》에서 인용.

따르면 그곳 사람들은 자치에 별로 관심이 없었기 때문이다. 적들의 심리를 전혀 모르고 있으면 심각한 핸디캡이 생기는 법이다. 바로 그런 맥락에서 식민주의자들이 애써 무시해온 뻔한 논리들이 활개를 치기 시작했다. 상상력과 타인에 대한 관심의 결여, 무력 정치 선호, 불신과 어리석음이 난무했다. 그것을 어떻게 아냐고? 크로스웨이트 경이 고백한 것처럼, "버마는 그들이 그 나라에서 할 일을 결정하거나 백성들에게 일어난 사건들의 반향에 대해 심사숙고하기도 전에 정복되었고, 정부는 무너졌"기 때문이다. 크로스웨이트 경은 그 점에서 다가올 역사가 이미 하나의 일반 법칙을 찾아냈다는 식으로 나름의 진리를 표명하고 있다.

공산주의와 정글의 왕

상황은 더 안 좋은 방향으로 흘러가고 있었다. 다코이트들은 소기의 업적을 쌓아가고 있었다. 그들의 죄상은 세계적 차원에서 보아도 심각했고, 그 많은 감옥들도 그냥 수수방관하고 있었다.

불행을 타개하기 위해 사회주의 사상이 그 나라에 서서히 스며들기 시작했다. 영국인들은 신중하게도 망설이고 망설인 끝에 뒤늦게 그 나라에 대학을 세웠다. 대학에서는 신사상 교육이 금지되었지만 별 효과가 없었다. 게다가 공산주의자들이 1920년대 상황의 아시아를 허울좋게 선동하고 있었다. 그 나라에 코민테른 정부가 뿌리를 내리지 않을 거라고는 아무도 장담할 수 없었다. 바로 그때, 종종 있는 일이지만 스스로 사탄이라 자처하는 한 재치 있는 인물이 예기치 않은 노선에서 변장을 하고 나타났다. 그는 열렬한 왕정주의자이자 공작 왕좌의 옹호자인 사야산Saya San(그 역시 반란군으로 나중에 처형되었다)이 출간한 책에서처럼 비폭력적인 외양을 띠고 있었다. 그 책의 판매 수익은 작은 서점을 세우는 데 쓰였다. 그가 출간한 책들 중에서 지식인들 사이에서 지지를 받은 사상을 담은《자본론》이 점차 대중 속으로 확산되었다.

사야산의 운명은 미얀마가 간직하고 있는 비밀처럼 미묘한 혼합을 보여준다. 아득한 시간의 어둠 속으로 거슬러 올라가는 전통과 신사상의 혼합이 그것이다.

그는 승려이자 의사였고, 신비하고 야심찬 모험가이기도 했다. 그는 태곳적부터 군주제를 돋보이게 했던 성대한 의식과 예의작법에 자신을 투영시키는 일부터 착수했다. 왕권을 상징하는 여러 상징들 중 요정들의 마술 방망이와도 같은 버마 왕들의 그 유명한 흰 우산을 착용하면서 말이다. 다음으로 그는 오랜 주권의 상징물들이 수천 개의 불빛 속에서 빛을 발할 수 있도록 버고요마Pegu Yoma의 정글 한가운데에 장대한 궁전을 세웠다. 그는 바로 그곳에서 하늘이 정한 날에 성대한 전야제를 열었고, 그 자신이 왕임을 공표했다. 그는 정성 어린 태도로 자기 부대원들에게 전통적인 무기를 나누어주었고, 강인함을 나타내는 표징으로 그들의 몸에 문신을 해주었다. 그는 그렇게 치장된 그 병사들을 '걸룽galon*의 세력'이라 불렀다. '걸룽'이란 가루다Garuda에서 파생한 미얀마어로, 용맹한 새 또는 비슈누Vishnou와 동행하는 동물이자 메루 산의 수호신을 의미했다. 따라서 가루다는 나야naya, 즉 뱀, 말하자면 영국군들을 물리쳐야만 했다.

그러나 그 마술의 새는 뱀을 물리치지 못했다. 아직 더 기다릴 필요가 있었다. 신화와 꿈은 신기술과 금속성 무기 앞에 맥을 추지 못했던 것이다. 그러나 가루다를 축출하는 데만 해도 8천 명의 병사가 희생당했다. 나중에 이기긴 했지만 말이다. 영국군은 성대한 의식의 세례를 받은 그들의 폭력 정신의 의미를 이해하지 못했다. 그들은 가루다의 투쟁 정신을 "흥분하고 동요하기 쉬운" 버마인들의 천성 탓으로 돌리거나 "농민적 수준의 믿기 힘든 무지와 미신"* 탓으로 돌렸다.

1937년 재판을 받고 교수형에 처해진 사야산은 고대 왕들과 그들의 땅이 간직해온 기품을 버마인들에게 되찾아주자는 위대한 사상을 정글 한가운데에 심어놓았다. 그것은 환상, 즉 비바람에 금세 찢겨버린 돛단배에 불과했다. 그러나 그를 믿고 싶어하는 사람들에게는 그가 남긴 인상이 너무나 강렬했고, 그 인상이 그들의 상상력 속에 깊이 뿌리를 내렸다. 그래서 미얀마 사람들은 오래전부터 사야산 봉기를 계속해서 기념해오고 있는 것이다.

● 앞의 같은 책에서 인용.

승려들과 반란자들

"우리는 미얀마 문화가 상좌부불교와 밀접하게 연결되어 있다고 단호하게 말할 수 있다. 초기 민족주의가 종교적 의미로 표출되었다 해도 그것은 놀랄 일이 아니다." 그녀 자신 불교 신봉자인 아웅산 수치가 한 말이다(《두려움에서 해방되기》). 또 은퇴한 영국 관리이며 버마 민족주의자 단체에 소속되었으며, 미얀마에 대한 중요한 책 두 권을 썼고 '버마 페이비언 동맹ligue fabienne birmane'의 창립자인 J. S. 퍼니벌 J. S. Furnivall은 이렇게 말했다. "미얀마인의 사회적 생활과 사상을 형성하는 것은 바로 불교이다. 오늘날 사람들은 불교와 미얀마라는 두 용어를 동일시하거나 분리할 수 없는 것으로 생각한다. 궁정에서 시골에 이르기까지 미얀마의 모든 정치적, 사회적 삶은 불교와 군주적 질서에 응집되어 있다."● 그리고 그 이후 아무것도 변하지 않았다.

불교. 그것은 마치 커다란 가방과도 같다. 사실상 규모가 별로 되지 않는 민족주의니 사회주의니 하는 거대하고 비정형적인 신사상들도 거뜬히 담아낼 정도로 유연하고 심오한 사상이다. 사람들은 새로운 전망들의 차원에서 불교를 재검토한 것과 마찬가지로 그 전망들을 불교적 관점에서 검토하고 진단했다. 그런 식으로 한데 모인 모든 사유들은 적절한 수습책을 만들어냈다. 그렇다면 그런 식의 대응들을 가능케 한 해석은 불교의 근본 교리에 맞는 것이었을까? 당연히 딱

● J.S. 퍼니벌J.S. Furnivall의 《버마 정치 경제 입문 An Introduction to the Political Economy of Burma》
에서 인용.

맞아떨어지는 것은 아니었다. 하지만 그런 것은 중요하지 않았다. 하나의 근본 토대로서의 불교는 현재와 과거의 벽을 무너뜨리고 삶의 자세와 정신을 통합시키면서 종교적 사상과 민족주의적 도약 그리고 사회주의 이론에 뒤섞였다. 모든 사람들이 그리로 모여들었고, 미얀마인들은 필요 불가결한 동기들을 잃는 불상사 없이 자신들에게 익숙한 땅을 지키고 서 있었다.

궁극적으로 국가의 역할은 특정인들만이 아니라 모든 백성이 그들 스스로 명상할 수 있고 윤회의 지루한 수레바퀴에서 벗어날 수 있도록 충분한 생활 수준을 보장하는 것이라고 사람들은 생각했다.

불교는 새로운 흐름을 파악하는 데 필요한 용어를 제공하기도 했다. 많은 추상적인 용어들은 경전이 쓰여진 언어인 팔리어에서 왔다. 문제가 될 것은 없었다. 대중에게 익숙한 경전 용어야말로 딱히 어떤 말을 써야 할지 알 수 없는 생경한 요소, 즉 마르크스주의를 지지하는 데 도움이 되었다. 마르크스주의의 개념들은 종교 언어 속에서 그에 상응하는 표현을 발견했다. 마르크스나 엥겔스도 굳이 탐색하려 하지 않았을 법한 하나의 방편 언어로서 말이다. 혁명 운동을 통해 정치적 또는 사회적 억압으로부터 해방된다는 것은 어찌 보면 비항구적인 것으로부터 해방되려는 의지가 아니었을까? 또 그들의 밥그릇인 발우를 뒤엎는 행위나 마찬가지인(결과적으로 공적을 쌓는 데 방해로 작용하는) 시위를 하는 것은? 우누U Nu는 미얀마 정부를 이끌 때 국민들을 설득하기 위해 '국가의 섭리'를 불교의 전설로 넘치는 나무라는 뜻의 '뻐데띠삥paday-thabin'에 비유했다. 그러나 그런 식으로 다루어진 마르크스 이론이 이번에는 신성한 황금색 옷으로 갈아입게 되었는지 아닌지에 대해 역사는 침묵한다.

불교가 마르크스주의적 이상을 국민들의 수준에 맞춰가고 있음에 반해(마르크스주의를 지지하는 스님들이 상가에서 집회를 열기도 했다), 불교를 순종의 철학으로 치부하는 이들은 다시 한 번 심사숙고하여 자신들이 갖고 있는 개념들을 재점검할 필요가 있었다. 스님들이 모든 혁명 운동에 앞장섰고 또 여러 동기 중 특히 민족주의적 입장에서 순교의 길을 선택했다는 사실은 여기서 굳이 말하지 않아도 될 것이다. 우옥뜨마U Ottama 스님은 조국의 독립을 꿈꾸고 간디를 본받아 1921년 인도에서 돌아왔다. 그는 같은 해에 체포되었고, 다음해에 석방되었다가 다시 1927년까지 옥살이를 했다. 감옥에서 나온 그는 1928년에서 1929년까지 다시 선동 활동을 했고, 그 시기 이후 과로로 사망했다. 1929년 양곤의 감옥에서 단식 투쟁 끝에 사망한 우위자라U Wisara 스님도 빼놓을 수 없다.

그러므로 미얀마인들의 신앙이 한데 모이고 첨탑의 화살촉이 절제된 희망을 담고 영원히 우뚝 솟아 있는 쉐더공 파고다는 중요한 모든 정치 운동이 벌어진 격전지이기도 하다.

30명의 동지들

인도에서 말하는 '싸힙sahib'이라는 말처럼 '떠킹 Thakin', 즉 '각하(마스터)'는 버마인들이 그들의 영국인 주인을 부를 때 써야 했던 호칭이었다. 그 말은 또한 좌파 사상을 보급하는 무리의 우두머리들이 서로를 부를 때 사용한 말이기도 했다. 부메랑 효과. 언어 의미의 진단과 전용轉用된 말의 쓰임을 통해 평등이 시작되었다. 사람들은 누가 제일 높은 마스터인지 알게 되었다. 그 떠킹들 중 열세 명이 1938년에 미얀마 최초의 공산주의 조직을 만들었다. 그들 중에 아웅산이 있었다. 그는 일본식 군대 교육을 받기 위해 29명의 '동지들'과 함께 조국을 떠났다. 태평양 전쟁이 발발하자 그 '30명의 동지들'은 일본인 부대와 함께 귀국했다. 그 일본인 부대는 그들의 훌륭한 공적의 대가로 미얀마에 독립을 안겨주겠다고 약속했다. 일본군은 그 나라를 차지했고, 중국으로 가는 길을 통제했으며, 1943년 아웅산에게 버마의 '해방'을 인정해주었다. 하지만 '해방'이라는 말 속에는 매우 다른 의미가 숨어 있었다. 일본인들에게 그 말의 의미는 일본이 그 땅을 지배하는 것을 포기하지 않으면서 영국을 그 땅에서 몰아내는 것이었다. 그러나 '해방된' 민족은 오랫동안 그 말을 현실과 어울리지 않게 단순하게 해석했다.

그래서 아웅산은 영국군과 재접촉을 시도했고, 1944년 연합군을 지원하기 위해 '반파시즘 국민자유연맹(AFPEL, Anti-Fascist People's Freedom League)'를 창설했다. 공식적으로 연합군 측에서 선 버마인들은 1945년 양곤 재침략 전쟁에 참가했다.

전쟁이 끝나갈 무렵 버마는 초토화되었다. 모든 사회적 인프라가 파괴되었고 경제 역시 파탄 지경에 이르렀다. 국민들 사이에도 유례 없는 불신이 싹텄다. 더군다나 영국군은 지금까지 물심양면으로 투자하고 이끌어온 정복을 포기하지 않으려 했다.

어느 영웅의 이야기

그럼에도 불구하고 버마는 점술가가 예언하고 확정한 일시, 즉 1948년 1월 4일 4시 20분 정각에 독립을 손에 넣었다. 천체를 매개로 한 그 신성한 힘은 영국 땅에 아웅산의 뜻을 지지하는 노동당 정부를 들어서게 했다. 같은 시기, 그 신성한 힘은 누가 봐도 놀라운 개척자인 아웅산의 행동에까지 영향을 미쳤다.

아웅산은 국가를 재건했고, 여러 소수민족들로 쪼개진 국가를 하나로 통일시켰다. 그는 '버마 연방'이라는 연방 체계를 도입할 필요성을 절감했다. 그 새로운 성공에 힘입어 그는 영국인들의 마지막 망설임까지 시원하게 해결해주었다(내부 분열의 심각성을 잘 알고 있던 영국인들은 자신들이 철수하면 피비린내 나는 전쟁이 다시 일어나지 않을까 두려워했다).

아웅산은 영웅이었다. 그에 대한 전설은 선대 왕들인 아나우라타, 짱싯따, 알라웅셋투의 전설을 능가할 정도였다. 국민들은 민족에 대한 자부심과 긍지를 되찾았다. 아웅산은 당시

33세였다. 엄격한 외모의 소유자로 당시 기혼이었고, 아버지가 된 지도 벌써 오 년이었다. 그에게는 아이가 세 명 있었는데, 당시 두 살이었던 막내가 바로 아웅산 수치다.

1947년 7월 19일, 새 헌법 제정을 두고 동분서주하던 그가 암살당했다. "그가 있던 방이 자욱한 연기로 뒤덮였고, (사람들의 육신이) 바닥에 쓰러졌다. 몇몇 이들은 테이블에 맥없이 쓰러졌다. 내각 구성원 여섯 명이 아웅산 장군과 함께 살해되었다. 그들은 그 나라에서 가장 존경받는 정치인들에 속했고, 몇몇 소수민족의 주요 인사들도 포함되어 있었다." 군복 차림의 남자들이 두 그룹으로 나뉘어 도착했다. 그들은 각료실을 향해 달려갔고, 계획했던 대로 들어왔던 바로 그 길을 이용하여 신속하게 그곳을 다시 빠져나갔다. 그 일로 어느 정직한 정치인이 암살 죄를 뒤집어쓰고 교수형을 당했고, 그 외의 다른 인물들은 두 번 다시 모습을 보이지 않았다.

아웅산의 친우인 우누가 그의 권력을 대신했다. 그는 1962년까지 권력을 유지했다. 공화국이 탄생한 지 3개월 후에 내전이 시작되었다. 과거에는 영국군 때문에 무장했던 소수민족들이 이번에는 정부에 대항하여 일어섰고, 그들은 숙련되지 않은 정부군을 무찔렀다.

중국이 실질적으로 지원했던 공산주의자들의 봉기는 또 다른 얘기다. 오늘날의 테러가 그것에 대해 말해주듯이 당시 미얀마는 일상적 폭력의 노예였고, 그것이 일반화되어 있었다. 이런저런 봉기들이 십여 년 동안 이어졌다. 다리들은 건설되자마자 파괴되었고, 철로는 다이너마이트로 폭파되었다. 수리하면 또다시 폭파되었다. 기차와 배 들은 화재에 시달렸다. 게릴라전은 익숙한 상황이 되었다. 1951년에 그 나라를 주유한 기행 작가 노먼 루이스Norman Lewis는 파고다들에 대한 글 언저리에서 게릴라전 문제에 대한 놀랄 만한 의견을 슬며시 내비쳤다.

태생이 버마족인 아웅산은 그 폭발을 피하기에 충분한 카리스마를 가지고 있었다. 그러나 아웅산은 죽었고, 장기적인 전망과 꿈인 '버마 연맹'도 사라져 기억 속에만 생생하게 남아 있을 뿐이었다. 그러나 전쟁의 혼란 속에서도 국가는 그나마 의회 헌법을 과감하게 만들어놓았고, 다양한 시각의 책들이 계속 출판되었다. 그때까지만 해도 국가의 영예는 안전했고 자유도 보장되었다.

이윽고 1962년 3월 1일, 군부의 수장인 네윈Ne Win 장군이 권력을 잡았다. 쿠데타였다. 학생들은 양곤 대학을 폐쇄했고 그곳을 '민주주의의 보루'로 선언했다. 그러자 군인들이 계엄령을 내렸다. 쎄인르윙Sein Lwin 사령부로부터 지령을 받은 것이 틀림없는 계엄군은 데모에 참가한 수백 명의 학생을 무참히 짓밟았다. 헌법이 보류되고, 정부는 퇴각되고, 우누가 체포되는 등 협의 사항은 혁명적이었다. 단일당인 '버마 사회주의 계획당(BSPP, Burma Socialist Programme Party)'에 의해 주도되는 사회주의 사회를 지지하는 성명서('사회주의를 향한 버마의 길'이라는 이름이 붙여진)가 발표되었다. 네윈이 대통령으로 추대되고, 그는 십이 년간 절대 권력을 행사하게 된다.

국가는 점차 다양한 경제 분야에 개입했다. 농민들이 파는 쌀의 가격을 정하고 사기업을 국유화했다. 생산, 분배, 수출, 모든 것이 국가의 통제하에 이루어졌다. 독립 언론들이 폐지되었고, 학생들의 조직 활동이 금지되었다. 버마는 외부 세계에도 문을 닫아버렸다. 군부는 특권을 가진 카스트가 되었다. 양귀비 재배, 마약 판매, 보석과 루비로 유명한 광산 개발 등 모든 부문이 군부의 손안에 있었다. 저항 세력들에 따르면, 군부는 "국가의 체계적 약탈"에 혈안이 되어 있었다. 간단히 말해, 군부는 모든 것을 빼앗긴 국민의 입장에서 보면 국민에겐 허용되지 않는 허영의 세계를 누리는 장본인들이었다(주거, 자동차, 위스키, 담배). 그 이미지는 혐오스러웠다.

외국 통신사들은 앞을 다투어 네윈 장군에 대해 보도했다. 그가 점성술에 열광한다는, 심령술에 의한 투시력을 광신한다는, 혹은 숫자 9에 사로잡혀 있다는 내용이었다. 사람들은 그가 미쳤다고 생각했다. 그는 정신 상태를 진단받으러 빈으로 갔었는지도 모른다. 물론 이것을 믿기엔 석연치 않은 구석이 있긴 했다. 아미타브 고쉬Amitav Ghosh도 말했듯이, 그가 의존하는 이데올로기는 외국인 혐오증과 점성술 그리고 마르크스주의라는 적당량의 양념이 가미된 미묘한 혼합물에 지나지 않았다(그러나 그의 측근들은 전통적인 애니미즘 신앙, 점성술, 과학적 또는 유물론적 사고 사이에는 극복하지 못할 늪 따위는 존재하지 않는다면서 그 의견에 반대했다. 그런 의미에서 네윈은 미얀마인들이 자연스럽게 받아들이며 실천하는 세속적인 것과 종교적인 것의 특별한 혼합을 보여주고 있었다).

얼마 가지 않아 그의 초상이 은행 지폐, 동전, 포스터로 거리의 모든 모퉁이를 점령했다. 그것은 삶과 동떨어져 있었고 아무짝에도 쓸모없는 상징이었다. 그에 비하면 아웅산의 딸 수치의 미소 짓는 얼굴은 의미로 가득 차 있었다. 수치의 부친 서거 사십 년 후, 네윈은 보복을 당했다. 미얀마인들에게는 당연해 보이는 운명 혹은 인과응보 같은 것이었다. 보라, 아웅산이 민중 속으로 다시 돌아왔다. 그는 자신의 딸 수치의 몸을 빌려 부활했던 것이다. 영웅의 죽음을 이용해 권력을 찬탈한 자들 앞에 어떤 식으로든 아른거리게 될 귀환이었다. 수치는 훌륭한 됨됨이를 유일한 무기로 삼아 그의 부친처럼 나라를 하나로 묶었고, 국민들에게 희망을 안겨주었다. 미얀마식으로 귀 뒤에 꽃 한 송이를 살짝 꽂고 단출한 사롱 차림을 한 그녀는 위엄 있고 매력적인 모습이었다. 관중 사이에는 감격의 숨소리가 스쳐갔다. "물론 그녀는 뛰어난 미모의 소유자이지만 그게 전부가 아니었다. 고독이 깃든 신비한 품성이 크나큰 흡인력을 발휘했다. 그렇다고 엄숙한 성격도 아니었다. 이야기를 할 때 그녀는 언제나 활력에 차 있었고, 늘 미소를 지었으며, 들어올린 손가락으로 포인트를 짚어냈다. 그러면서도 그녀에게는 위엄이 있었고, 침범할 수 없는 고독감이 감돌았다."•

1988년, 십여 년간 지속된 비가시적인 반란 운동이 마침내 봉기가 되어 터졌을 때, 수치라는 인물이 어둠을 뚫고 나타났다. 시위가 한창이던 8월 26일, 그녀는 쉐더공 파고다에서 연설을 했고, 자신도 이 운동에 참여하겠다고 입장을 밝혔다.

• 아미타브 고쉬Amitav Ghosh의 《캄보디아에서 춤추기. 버마 전역에서 Dancing in Cambodia. At Large in Burma》에서 인용.

"내 아버지의 딸로서 나는 이 나라에 일어나는 일을 무관심하게 방관할 수 없었습니다… 조국의 이 위기는 조국의 독립을 위한 두 번째 싸움일 수도 있습니다."

민주주의의 야망이 아웅산의 이미지를 회복했던 것이다.

1988

"보이코트, 파업, 데모, 인권, 민주주의와 같은 말들을 사용하는 것은 내게는 마치 새로운 언어를 배우는 것 같았어요. 또는 오래전부터 잊고 지내던 언어를 다시 발견한 느낌이었어요."● 일 년 동안 정글에서 도피 생활을 하다가 영국으로 이민을 간 어느 학생이 쓴 글이다.

1988년, 경제적 침체와 모든 재야 세력들에 대한 탄압에 더 이상 참을 수 없게 된 대중이 거리로 뛰쳐나왔다. 학생들뿐만이 아니었다. 승려, 교사, 의사, 모든 분야의 노동자들도 포함되어 있었다. 군사정권은 그들을 향해 총부리를 겨누었다. 군사정권은 몇 주 동안 수많은 희생자를 배출하면서 살인, 학살, 처형, 체포, 고문, 수배, 감금을 일삼았다. 몇몇 집계에 따르면, 그 수치는 중국 천안문 사태의 희생자들의 수치를 넘어섰다. 시위는 멈추지 않았다.

그러나 대단원의 막을 내릴 순간이 다가왔다. 9월 18일 장교들 무리가 권력을 잡은 것이다. 훈타Junta 정부는 거창한

● 파스칼 쿠 트웨Pascal Khoo Thwe의 《푸른 유령들의 땅에서From the Land of Green Ghosts》에서 인용.

이름을 내걸고 출현했다. '국가법질서회복위원회 The State Law and Order Restoration Council'•, 줄여서 말하면 SLORC, 사람들이 듣기만 해도 자기도 모르게 팔짝 뛰고 경악할 만한 명칭이었다. 훈타 정부는 계엄령을 선포했고, 민주 세력을 조금씩 제거해 나갔다. 바로 그 시기에 훈타 정부는 미얀마 Myanmar라는 이름을 공식 국가명으로 채택했다. "버마라는 명칭은 버마 민족만 뜻할 수도 있으나 미얀마라고 하면 나라의 모든 민족을 아우를 수 있다는 판단" 때문이었다.

점점 억압이 가혹해졌고, 학생들은 정글로 숨어들어가 소수 반란 민족과 합류했다. 군대(그들은 시민 세력을 인간 방패로 이용했다)의 잔인성과 권력 남용에 대한 소문이 여기저기 떠돌아다녔고, 그에 따라 아웅산 수치의 인기는 더욱더 올라갔다. 정부는 아버지 못지않게 전설적인 수치에게 거주 제한 명령을 내리면서 탄압을 시작했다. 그 다음 단계로, 정부는 그녀의 무시할 수 없는 영향력과 학생들의 선동을 두려워하면서 (수치의 당 '민주국민연맹(NLD)'은 1990년 선거에서 80퍼센트 이상의 의석을 확보했다. 그 승리는 정부의 해방화 선전이 연기로 사라질 만큼 정부로서도 예기치 않았던 결과였다) 수치에게 영국에 있는 가족에게 돌아가라고 권유했다. 그러나 그 말을 곧이곧대로 따를 그녀가 아니었다. 군부가 권력을 움켜쥐고 있는 한 그녀는 미얀마를 결코 떠나지 않을 각오였다. 암에 걸린 그녀의 남편 마이클 아이리스Michael Aris는 그녀를 다시 만나지 못한 채 영국

• 프랑스어로는 Comité pour la restauration de l'État et de l'ordre public임.

에서 쓸쓸히 생을 마감했다. 1991년, 노벨상 위원회는 그녀의 과감한 용기를 기리며 그녀에게 노벨 평화상을 수여했다. 미얀마가 세계인들의 망각으로부터 벗어나는 순간이었다.

그 시기 동안 정부는 자기들의 유일한 지원 국가인 중국과의 관계를 더욱 공고히 했다. 베이징은 소수민족 게릴라를 완전히 소탕하는 수단을 미얀마 정권에게 제공하면서 대대적인 군사 원조를 했다. 한편, 군대 병력과 관련하여 훈타 정권은 군대를 양성하기 위해 일반 죄수들과 대검거 때 붙잡힌 시민들을 이용했다.

그러나 소수민족들은 정부가 생각했던 것만큼 그리 호락호락하지 않았다. 가령 1990년대 말 태국의 국경선에 가깝고 미얀마 동쪽에 위치한 까레니Karenni 주에 갔던 아미타브 고쉬의 말을 믿는다면, 게릴라전은 여전히 끝나지 않았으며 일상의 양식이 되어버렸다. "민주주의가 유일한 문제라고 생각하는 대부분의 미얀마인들은 나로 하여금 강력한 까친 소수민족의 한 구성원을 떠올리게 했다. 그러나 양곤이 민주주의 정부를 갖게 되었을 때 소수민족들은 무기를 들었다. 민주주의를 수립했다 해서 달라진 것은 아무것도 없었다. 외부 세계는 아웅산 수치에게 너무나 많은 것을 기대하고 있었다. 우리의 관점에서 보면 권력을 손에 넣었다고 해서 달라질 것은 없었다. 사실, 권력이 약할수록 사정은 오히려 더 나았다."● 그리고 아미타브 고쉬는 이렇게 결론을 내렸다. "수치는 저 먼

● 아미타브 고쉬Amitav Ghosh의 《캄보디아에서 춤추기, 버마 전역에서 Dancing in Cambodia, At Large in Burma》에서 인용.

곳에서 평정심을 흐트러뜨리지 않은 채 시련에 대비하고 있었다. 언젠가 그녀처럼 비폭력적인 창도자가 전쟁을 하는 것에 대해 반기를 들 날이 있을 거라는 가능성을 기대하며…"•

사람들이 최근 십 년간 상대적인 자유화의 시기를 거친 후 억압이 한층 심해졌다고 생각할 때, 낙관적인 대화들이 오고 가고 있었다. 그러나 훈타 정부와 아웅산 수치의 당 사이에 바라던 대화는 그것과 거리가 멀었다. 수치는 정부로부터 수차례에 걸쳐 압박을 받았고, 그후 다시 세상과 동떨어진 곳에 가택연금을 당하고 말았다. 오늘날은 완강한 사람들에 의해 명목만 유지되는 그럴듯한 연합체만 존재할 뿐이다. 미얀마 땅에는 장막처럼 무거운 평화가 갇혀 있다. 평화는 산발적인 반란에 차이고 있다. 사실 군부 세력은 나라에 방해가 될 정도로 소모전을 벌이고 있다. 훈타 정부가 쓰고 있는 수단들과 대비해볼 때 국민이 이길 가망은 전혀 없다. 정부는 민주주의로의 회귀를 실현하기 위한 차원에서 서방 세계의 압력에도 불구하고 몇몇 외국인 투자자들을 포섭하는 데 성공했다(주로 중국인들이고, 그 외에 미국인, 독일인, 영국인, 프랑스인들이 있다). 그러나 새로운 제재가 도입된 후, 그들 중 많은 이들이 미얀마 땅에서 빠져나갔다. 정부는 그 와중에도 나름의 이득을 챙겼다. 거기에는 미얀마가 얼마 전에야 개방한 대중 관광 수익도 가세했다. 그러나 정비가 잘된 지역 밖에 사는 국민들은 아직도 극심한 가난을 면치 못하고 있는 실정이다. 그리고 양곤

• 앞의 같은 책에서 인용.

외곽 지역과 마찬가지로 지방에 사는 사람들은 기초 생활 수준을 겨우 유지하는 실정이다. 미얀마인들의 시선은 아웅산 수치에게 고정되어 있다. 그들의 입가에 맴도는 그녀의 이름이야말로 평안과 희망의 상징인 것이다. 다시 감금되기 전 대중 앞에 잠시 섰던 그녀의 모습은 국민들에게 감탄의 기억과 전투 의지를 가슴 깊이 새겨주었다.

내가 볼 수 없었고 확인할 수 없었던 것은 차라리 말하지 않기로 했다: 내가 어떤 확신에 다가설 수 있을 만큼 그 나라를 직접 알려고 하니, 거기에는 잡다한 소문과 군더더기 의견들, 당연히 분노를 불러일으키는 정책에 대한 간접적인 이야기들만 너무나 많이 난무하고 있었다. 신뢰할 수 있는 정보가 별로 없는 이 나라에서 물증이 될 만한 것은 대부분의 경우 없다고 봐야 옳았다. 비교적 괜찮은 위치에 있는 사람들, 이를테면 미얀마 주재 외국인들이나 오랫동안 이 나라를 비웠던 망명 인사들, 마을 사람들 또는 농민들의 의견들은 너무나 다양하고 또 너무나 앞뒤가 맞지 않아서 나는 그것들을 저울대에 올려놓지 않는 편이 낫다고 판단했다. 따라서 나는 오로지 일반적인 동의가 이루어진 사실들(예를 들어 교육체계)만 이 책 속에 언급했다.

버마와 미얀마 사이에서

5월 무렵, 번역 작업이 막바지에 접어든 때였다. 초대형 사이클론 나르기스가 미얀마 땅을 무참하게 휩쓸어버렸다는 소식을 접했다. 사망자가 10만 명을 넘고 150만 명의 이재민이 생겼다는 것이다. 그 초대형 대참사로 벼농사 지대인 이라와디 삼각주 지역이 완전히 쑥대밭이 된 모양이었다. 그런데 바로 그 시간에, 그곳 사람들이 죽느냐 사느냐의 기로에서 아우성치고 있을 때, 나는 기막히게도 머나먼 이국의 어느 한적한 곳에 앉아 그 대참사에도 아랑곳없이 이라와디 강에 대한 고도의 미적 표현을 우리말로 옮기고 있었던 것이다. 이라와디 강과 주변의 풍광들이 부처님의 미소처럼 신비롭게 묘사된 부분을 말이다. 그래서 이라와디란 이름만 들어도 가슴이 두근거리던 때였다. 바로 그곳이 나르기스의 표적이 되었다니… 한동안 참 묘한 기분에 사로잡혀 있었다.

한편 이 책을 번역하면서 내가 보다 궁극적으로 감당해야
했던 시련이 있었다. 번역에 착수하는 시점부터 줄곧 나는 그
나라를 버마라고 할 것인가, 아니면 미얀마라고 할 것인가를
놓고 머리를 싸매야만 했던 것이다. 제국주의 시대 때 '버마'
를 식민지로 삼은 영국인들은 국명을 '버마'로 했고, 그것이
한동안 공식 국가 명칭으로 사용되었다. 그러다 군부가 정권
을 잡으면서 1989년 국가의 정체성을 확립하고, 이 땅에 사
는 모든 민족을 아우른다는 취지로 영어식 표기인 '미얀마'를
정식 국명으로 채택했다.

그러나 아웅산 수치가 이끄는 민주국민연맹처럼 군정에 반
대하는 세력들은 '미얀마'라는 국호를 여전히 인정하지 않고
있다. 심지어 미국과 유럽 일부 국가의 언론들도 그 나라를
미얀마라 하지 않고 '버마' 혹은 '버마(미얀마)'의 형식으로 표
기하고 있다. 저자 크리스틴 조디스도 프랑스에선 그 나라를
버마라고 하지 결코 미얀마라고 하지 않는다고 내게 말했다.
솔직히 국가 명칭 자체가 문제가 될 때, 그것이 국민과 사회
에 얼마나 많은 동요와 충격을 주는지는 우리도 익히 경험해
봐서 잘 알고 있다.

여하튼 이것인가 또는 저것인가 하는 양자택일의 갈림길에
있었던 나는 어느 순간부터 한국적 콘텍스트에 기대어 그 나
라를 원칙적으로 미얀마라고 부르기로 결정했다. 한국에 소
개된 미얀마/버마 관련 책들이 대부분 미얀마라고 지칭하고
있어서 그 흐름을 거스르면서까지 독자적인 명칭을 쓸 필요

가 없다고 판단했기 때문이다. 하지만 시쳇말로 쿨하게 문화적 콘텍스트 내지는 기호적인 차원에서 미얀마라고 부르기로 결정을 했으면서도, 그 이름을 부를 때마다 그 민족이 겪어온 역사적 시련과 종교적 삶의 깊이를 소홀히 한 것은 아닌가 싶어 마음이 불편할 따름이다.

내가 이런 생각을 하게 된 것은 전적으로 본서에 묻어 있는 크리스틴 조디스의 감성 덕분이라 해도 과언이 아니다. 크리스틴 조디스는 아프리카 대륙에서 태어나 거기서 유년 시절을 보냈고, 프랑스에 돌아온 후에는 방마다 십자가가 매달린 가톨릭 가정에서 성장했다. 그녀는 불교를 섭렵하면서 아시아 땅과 인연을 맺어가고 있는데, 그녀의 타자에 대한 세심하고 독특한 사유는 바로 그녀 자신의 타문화 풍토에서의 삶과 체험에서 온 것이리라. 우리는 이 책에서 불교의 땅에 와서 되짚어보는 서양, 그 젖줄인 서양 고전, 비이성적인 것에 반기를 들며 등장한 계몽주의 사상, 진보란 이름으로 맹위를 떨친 제국주의적 야욕, 돈 숭배, 개인주의 등등의 가치 세계가 아시아적인 세계와 대치되면서 마침내 해체되는 것을 목도하게 될 것이다. 달리 말하면 그녀는 여기서 어쩌면 자신에게 더욱 가깝게 다가서기 위해 자신을 철저하게 해체하고 있다. 그리고 그녀는 진정하게 타자에게 다가선다.

한편, 크리스틴 조디스는 거니는 땅이 미얀마이건 인도네시아이건 또는 캄보디아이건, 외적 풍경에 대한 감탄보다는,

그 풍경을 통해 자신 속에 일어나는 의식과 감정에 세심한 주의를 기울인다. 그녀는 파고다 앞에 섰지만 그녀가 진정 찾는 것은 파고다 너머에 있는 신앙심, 헌신 내지는 그것들에 깃들어 있는 기억과 숨결이고, 그것들은 최종적으로 그녀의 감정과 의식에 여과되어 글로 표현된다. 그녀는 이런 태도야말로 낯선 땅, 낯선 것들 앞에 섰을 때 취할 수 있는 가장 적합한 양식이라고 깨달았던 것이다. 그녀의 그런 생각은 본문의 다음 문장 속에 잘 정리되어 있다. "긴 하루가 끝나갈 무렵, 나는 내가 받은 인상을 전달할 수 있는 적절한 말을 찾아내려고 애썼다. 효율적이거나 수사학적인 말이 아니라 개인적 경험을 정확하게 담아낼 수 있는 말을. 경험들이 섬세하면 섬세할수록 그 경험들은 나와 함께 긴긴 페이지를 따라 생생하게 묘사될 것이고, 그렇게 되면 그것은 지도상에서 그다지 멀리 모험을 감행하지 못한 사람들에게 좋은 안내자가 될지도 모른다. … 적절한 말이 떠오르지 않거나 생기 없이 뜬구름 잡는 말들만 떠오를 때, 그 절망에 빠져 허우적대는 순간에 내가 생각한 것이 바로 인상주의의 경지였다. 적절한 문장이 하나도 떠오르지 않는 매 순간, 나는 그토록 비난의 대상이 되고 있는 인상주의야말로 어떤 사람이나 나라와의 특별한 만남을 서술하는 기행문에 매우 적합한 양식이라는 생각이 들었다."

사실 저자의 내면의 목소리를 옮기는 작업은 정말이지 쉽지 않았다. 하지만 저자를 독자에게 데려가고, 또 독자를 그

저자에게 잘 데려다주는 것이 역자의 소명이라면, 역자로서 그 소명에 충실했는가 하는 의문이 들기도 한다. 번역은 언어 내부에 숨쉬고 있는 살아 있는 언어의 보편성에 다가서려고 하는 시련이자 수련인데, 막상 번역을 끝내고 보니 그런 경지는 고사하고, 그 주변에서 서성거리며 기껏해야 언어의 덫에 걸려 시름시름 앓고만 있었지 않았나 하는 생각을 자꾸 하게 된다. 하지만 번역의 시련과 수련 속에서 행복감에 젖어 있을 때도 있었다는 점 고백한다. 어쨌든 분명한 것은 역자의 역부족으로 저자의 의도를 간과하여 옮겼거나, 그 세계의 맛을 온전히 살리지 못한 부분들이 있으리란 점이다. 그 점에 관한 한 독자 여러분의 넓은 해량이 있기를 바랄 뿐이다.

끝으로 번역을 끝마칠 때까지 여러 가지 조언을 아끼지 않고, 원고를 꼼꼼하게 체크해준 대숲바람의 박효열 대표님과 또 원고 교열을 해주신 최정수 씨에게 이 자리를 빌려 감사의 마음을 전한다. 한편, 이 책에서 우리는 미얀마의 이미지가 희고 검은색의 실루엣으로 표현된 그림들과 만나게 되는데, 그것들은 그림을 그린 사샤 조디스가 한국어판 번역서를 위해서 미얀마의 분위기를 가장 잘 담아냈다고 본인이 생각하는 것들만 특별히 선별해준 것들이다. 저자 크리스틴 조디스의 표현에도 있었듯이, "한 손에 연필을 쥐고 스케치북 위에 몸을 구부리거나 책상 앞에 앉아 컴퓨터의 하얀 화면에 나타나는 검은 실루엣"을 그리고 있는 사샤 조디스에게 이 자리를 빌려 감사의 마음을 전한다. 또 이 책의 번역 과정에서 저자 크리스틴 조디스 씨의 많은 조언과 도움이 있었다. 그녀에게 그 고마움을 어떻게 전해야 할지 모르겠다. 이제 독자의 입장이 되어 이 책의 첫 장을 새로운 마음으로 넘겨볼 생각을 하니 무엇보다도 기쁨과 두근거림이 내 마음속에 교차한다.

고영자

| 용어 설명 |

가네샤 Ganesh _ 지혜를 상징하는 힌두 신. 코끼리의 머리를 하고 있다.

걸롱 Galon _ 비슈누가 타고 다니는 신비의 새 가루다Garuda의 미얀마식 이름.

금의 삼각지대 Triangle d'Or _ 마약이 생산되는 미얀마의 지역. 중국, 태국, 라오스 국경 지대.

까친족 Kachin _ 미얀마 북부 고지대에 사는 소수민족. 까친 주는 독립된 반란군 조직을 갖고 있었지만, 내전을 치르고 반세기 후 까친독립기구(Kachin Independence Organization, KIO)와 국가법질서회복위원회(SLORC)는 정전을 선포하였다. 그럼으로써 뮛찌나 Myitkyina 마을은 근대도시의 면모를 갖추게 되었고, 주변의 보석 광산에 대한 중국인들의 투자로 탄력을 받게 되었다.

깜마로까 Kamaloka _ 힌두교와 불교의 우주관에서 우주와 존재들의 순환 고리 31개서階序를 구성하는 세 영역 중 첫 번째 영역인 감각과 욕망의 영역.

꾸 Ku _ 법당

낫 Nat _ 정령. 집, 마을, 산, 강, 물줄기를 지키는 정령. 이런 정령들은 무수히 많으나 그중에서도 37정령만 공식적으로 인정되어 국가적 범신을 이루고 있다.

낫거도 Nagado _ 무당. 낫쁘웨 nat pwe에서 죽은 자의 혼을 달래는 매개자(여성 혹은 동성애자들이 이 역할을 수행한다).

낫쁘웨 Nat pwe _ 굿. 정령들을 기리는 대중적인 굿.

니르바나 Nirvana _ 모든 정념과 그 원인을 끊은 뒤 다다르는 상태. 일반적으로 이 용어는 평정의 상태, 삼사라(색계)로부터의 해방, 탄생도 성취도 죽음도 없는 무조건의 상태를 가리킨다.

다르마 Dharma _ 불교의 교리와 깨달음의 길을 제시한 우주법.

더자밍 Thagyamin _ 정령nat들 중 으뜸 정령. 힌두교의 인드라 신과 동일시된다.

데바 Deva _ 우주의 신성한 세계에 사는 존재들. 그러나 그들 역시 인간처럼 윤회의 순환 고리에서 벗어나지 못한다.

도 Daw _ 여사. 성인 여성에 대한 존칭.

드자웅 Tazaung _ 파고다 안에 있는 기도를 올리는 전각.

따나카 Thanaka _ 건조 지대(limonia acidissima)에 자라는 나무껍질에서 우려낸 노란색 반죽. 여자들은 그것을 물에 타서 얼굴과 몸에 바른다.

뜨레셔 Treshaw _ 인도네시아의 시클로를 연상시키는 두 바퀴로 된 마차. 승객의 자리는 뒤가 아니라 옆에 있다.

롱지 Longyi _ 미얀마의 전통 의상. 천을 통 모양으로 느슨하게 허리에 두른 후에, 발밑에 늘어진 여유분의 옷자락을 감아올려 입는다.

마 Ma _ 소녀 또는 성인 여성에게 붙이는 존칭.

마라 Mara _ 마왕. 유혹과 악의 화신.

마하야나 Mahayana _ 대승불교. 붓다의 가르침의 총체. 보살의 이상적 역할과 개인의 해탈에 대한 보편적인 자비를 역설하는 경전에 입각하고 있다. 대승불교는 중국, 일본, 한국, 베트남(그리고 색다른 형식으로 티베트)에 보급되었다.

메루 산 Meru _ 힌두교와 불교의 우주관에서 우주의 축을 이룬다고 보는 신비의 산.

메이메샤 Meimesha _ 동성애자.

몽족 Môn _ 기원전 천 년 이후 미얀마 남부에 최초로 도래하여 정주한 민족. 몽골인과 닮은 외모를 갖고 있으며, 중국 서부에서 온 것으로 추정된다. 몽족의 수도는 떠통 근변에 있었다(《유리 궁전 연대기Chronique du palais de cristal》).

무드라 Mudra _ 붓다의 정신적 태도나 그의 교리를 상징하는 손의 모양.

버강의 황금기 왕들 _

1. 아나우라타 Anawrahta(1044~1077)

2. 쏠루 Sawlu(1077~1084) _ 아나우라타의 아들.

3. 짱싯따 Kyanzittha(1084~1112) _ 아나우라타의 아들.

4. 알라웅싯뚜 Alaungsithu(1112~1167) _ 짱싯따의 손자.

5. 나라뚜 Narathu(1167~1170) _ 알라웅싯뚜의 아들.

6. 나라떼잉카 Naratheinka(1170~1173) _ 나라뚜의 아들.

7. 나라빠띠싯뚜 Narapasithu(1173~1210) _ 나라떼잉카의 아들.

8. 나다웅먀 Nantaungmya(1210~1234) _ 나라빠띠싯뚜의 아들.

9. 쪼솨 Kyaswa(1234~1250) _ 나다웅먀의 아들.

10. 우자나 Uzana(1250~1254) _ 쪼솨의 아들.

11. 나라띠하빠띠 Narathiapati(1254~1287) _ 우자나의 아들.

벌루 Balu _ 식인 정령 또는 심술궂은 정령. 사원에서 종종 입에서 꽃다발을 내뱉는 모습으로 표현된다.

보 Bo _ 장군, 우두머리라는 뜻의 존칭.

부미스파르사 무드라 Bhumisparsa mudra _ 계시의 순간, 붓다는 악의 화신 마라를 무찌르고 나서 자신의 승리를 증명하기 위해 땅을 가리켰다. 이 이미지는 종종 '마라 일당의 공격과 패배'를 대표하는 장면과 함께 소개된다. 상좌부불교에서 붓다의 가장 중요한 이미지 중 하나로 여겨진다.

브라흐마 Brahma _ 힌두교의 세 주요신 중 첫 번째 신(브라흐마 외에 시바와 비슈누가 있다).

뻐다웅족 Padaung _ 인레 호수에서 멀지 않은 샨 주의 언덕에 사는 까렌 부족. 이곳 여성들은 목 둘레에 목걸이를 치렁치렁 매다는 관습이 있다.

뽀빠 산 Popa _ 만달레이의 동쪽 건조 지대에 있는 해발 1,600미터의 휴화산. 산기슭은 바나나 나무를 비롯하여 다양한 수종의 꽃나무들, 약재로 쓰이는 식물들(산스크리트에서 popa는 '꽃'을 의미한다)이 열대 밀림을 이루고 있다. 능성이마다 수호신들로 넘쳐나며, 꽃을 먹는 여자 귀신 뽀빠메도 popamedaw가 그 산에 군림하고 있다.

뿌족 Pyu _ 기원후 초반부터 미얀마 중앙 평원에 정주한 티베트-버마 민족. 떠가웅Tagaung 시를 세웠다.

쁘웨 Pwe _ 오케스트라를 동원하여 야외에서 밤새 치르는 굿. 춤과 노래를 곁들여 불교의 전설은 물론 현실생활을 극화한다.

사가잉 Sagaing _ 만달레이에서 21킬로미터 떨어진 이라와디 강 서안에 위치한 지역. 사가잉의 언덕은 수많은 사원과 파고다로 뒤덮여 있으며 미얀마에서 가장 중요한 정신적 본거지이다.

산스크리트 Sanscrit _ 인도 북부 지방의 표준어. 힌두교에 봉헌된 언어로 남아 있다. 팔리어와 수많은 미얀마어들이 여기서 파생되었다.

삼사라 Samsara _ 유한한 존재들의 순환 고리. 이 순환 고리 속에서는 무지와 업으로 인해 조건부의 삶이 지속된다. 존재에 대한 자기중심적 갈망, 쾌락, '더 많은' 또는 '더 좋은 것'을 희구하는 흥분, 좌절, 고통이 자신의 업을 끊지 못한 이 세계를 지배한다.

상가 Sangha _ 승가. 붓다의 제자들의 모임.

셔룻 Cheroot _ 담배와 나뭇잎, 옥수수 등을 혼합하여 만든 미얀마 담배.

수트라 Sutra(또는 숫따 Sutta) _ 경전. 붓다가 설법한 교법을 후세에 전하는 경전. 승려들이 암송하여 수세대에 걸쳐 전해온 경전은 붓다의 사후, 그것도 아주 나중에 가서야 문자로 기록되었다. 소승불교의 경전들은 기원전 1세기 말엽과 기원후 1세기 중엽에 작성되었고, 대승불교의 경전들은 기원전 1세기 중엽에서 기원후 6세기 사이에 작성되었다.

수트라-피타카 Sutra-Pitaka _ 붓다와 그의 제자들에게 설법하는 경전. 피타카는 광주리, 장藏이라는 뜻의 산스크리트.

스투파 Stupa _ 사리탑. 사전적 의미로는 '땋아서 틀어올린 머리'를 뜻한다. 부처님의 사리를 모시기 위해 최초로 만들어진 불교의 전형적인 사리 봉안 건축물. 초기의 스투파들은 벽돌과 돌로 된 정방형의 기단을 기초로 한 돔 형식의 모델로 차차 대체되었다. 건축물의 한가운데에는 위인들의 사리 또는 경전 들을 봉안할 유물함이 놓여 있다.

신뿌 Shinpyu _ 젊은이들이 사원에 들어올 때 거행하는 불교 입문 의식.

쎄잉부 Seinbu _ 파고다의 티hti 의 마지막 장식. 금으로 된 구球 모양으로, 수많은 보석이 붙어 있다.

아나우라타 Anawratha _ 상좌부불교를 국교 및 대통일제국의 중심인 버강의
종교로 선포했다.

아난다 Ananda _ 붓다의 제자.

아비달마-피타카 Abhidharma-Pitaka(또는 아비담마 Abhidhamma) _ 붓다와
그의 제자들의 설법을 경으로 조직하여 설명해놓은 논. 일곱 권의 형이상학서
로 구성된 이 모음집은 삼장 중의 세 번째 것인 논장에 해당한다.

알라웅싯뚜 Alaungsithu(1112~1167) _ 아나우라타의 아들인 짱싯따의 손자.

야울라 Yaula _ '뒷그림자.' 뻐다웅족의 언어에서 인간의 의식을 사로잡는 정신
을 일컫는 말.

위나야-피타카 Vinaya-Pitaka _ 율장. 수행 생활시 지켜야 할 계율에 관한
경전.

《유리 궁전 연대기 Chronique du Palais de Cristal》 _ 19세기에 작성된, 현실과
전설이 뒤섞인 미얀마의 역사서.

인드라 Indra _ 브라만 신앙에서 전쟁의 신.

자얏 Zayat _ 파고다 안에 마련된 휴식의 방.

《자타카 Jataka》 _ 붓다의 전생을 보여주는 전생담. 574개에 달하는 유명한 에
피소드 모음집.

제디 Zedi _ 미얀마의 탑.

조지 Zawgyi _ 연금술사.

짜나 Jhana _ 산스크리트의 드야나dhyana에 해당. 프랑스에서는 '몰입' '열반의
경지', 또는 '삼매'의 의미로 쓰인다.

짜웅 Kyaung _ 불교 사원.

짯 Kyat _ 미얀마의 화폐 단위.

쳇떠야 Chettyars _ 인도에 대한 영국의 식민지 개척 상황을 틈타 부자가 된 쳇
떠야 계급의 인도인 고리대금업자들.

카르마 Karma(또는 깜마 Kamma) _ 업. 해야 마땅한 행위 또는 행동. 인간의 생각이나 행위가 이생 또는 전생을 사는 동안 그에 합당한 결과를 낳는다는 불교의 연기법.

테라바다 Theravada(형용사는 Theravadin) _ 상좌부불교. 고대인들의 교리 또는 불교의 초기 교리. 동남아시아 국가들에서 지배적인 역할을 하고 있다. 미얀마의 상좌부불교는 아나우라타 왕이 도입하면서 보급되었다.

트리피타카 Tripitaka _ 삼장三藏, 즉 세 개의 광주리로 분류된 팔리어 경전. 첫번째 광주리는 율장에 해당하며 승려들의 계율에 관한 경전이다. 두 번째는 붓다의 훌륭한 말씀을 담은 경장이고, 세 번째는 논장으로 붓다의 교리를 형이상학적 차원에서 다룬 7권의 모음집이다.

티 Hti _ 파고다의 꼭대기에 매다는 여러 개의 작은 방울로 이루어진 장식품.

파고다 Pagode _ 인도 사원의 첨탑과 스투파들의 원시적 모델에서 영감을 받은 계단식 사원. 정방형, 6각형, 8각형 모양으로, 목재, 석재, 벽돌이 주재료이다. 3층, 5층 등 일반적으로 홀수 층으로 세워진다. 파고다는 본래의 스투파처럼 세상의 축을 감싸고 있는 현세적이고 초현세적인 각기 다른 차원의 영역과 정신적 고양의 여러 단계들을 상징한다.

팔리어 Pali _ 북인도의 지방어. 산스크리트에서 파생되었다. 상좌부불교의 경전들이 이 언어로 작성되었다.

흥웻마나 Hngetmana _ 파고다의 꼭대기에 매달린 깃발 모양의 풍향계.

히나야나 Hinayana _ 소승불교. 대승불교의 추종자들은 소승불교에 대해 비판적인 태도를 보였다. 그들은 소승불교를 신성을 전혀 일깨우지 않고 오직 개인의 구원에만 골몰하는 '고대인들의 교리' 또는 원시 교리로 여겼다.

Auden, W.H., *Le Prolifique et le Dévoreur*, Anatolia / Le Rocher, Paris, 2003.

Aung San Suu Kyi, *Se libérer de la peur*, Éditions des Femmes, Paris, 1991.

Beckford, William, *L'Esplendente, et autres contes*, José Corti, Paris, 2003.

Bouvier, Nicolas, *Chronique japonaise*, Petite Bibliothèque Payot, Paris, 1991.
-, *Le Poisson-scorpion*, Gallimard, Paris, 1996.
-, *Journal d'Aran et d'autres lieux*, Petite Bibliothèque Payot, Paris, 1993.

Cheng, François, *Vide et Plein. Le langage pictural chinois*, Le Seuil, Paris, 1991.

Cornu, Philippe, *Dictionnaire encyclopédique du bouddhisme*, Le Seuil, Paris, 2001.

Crosthwaite, Charles, *The Pacification of Burma*, Edward Arnold, Londres, 1912.

David-Neel, Alexandra, *Le Bouddhisme du Bouddha*, Le Rocher, Paris, 1989.

Delachet-Guillon, Claude, *Daw Sein. Les dix mille vies d'une femme birmane*, Kailash, Paris, 2000.

Dingwall, Alastair(Éd.), *Traveller's Literary Companion to Southeast Asia*, In Print Publishing, Brighton, 1994.

Droit, Roger-Pol, *Le Culte du néant. Les Philosophes et le Bouddha*, Le Seuil, Paris, 1997.

Finkielkraut, Alain, *L'Imparfait du présent*, Gallimard, Paris, 2002.

Furnivall, J. S., *An Introduction to the Political Economy of Burma*, People's Literature Committee and House, Rangoon, 1957.

Germain-Thomas, Olivier, *Bouddha, terre ouverte*, Albin Michel, Paris, 1993.
-, Images découpées en Birmanie, Fata Morgana, Paris, 1997.

Ghosh, Amitav, *Dancing in Cambodia. At Large in Burma*, Ravi Dayal Publishing, Dehli, 1998.
-, *Le Palais des miroirs*(trad. Christiane Besse), Le Seuil, Paris, 2002.

Gyaw Ma Ma Lay, *La Mal Aimée*, L'Harmattan, Paris, 1994.

Hall, Fielding, *The Soul of a People*, Macmillan & co Ltd, 1899.

Kessel, Joseph, *La Vallée des rubis*, Gallimard, Paris, 1955.

Khoo Thwe, Pascal, *From the Land of Green Ghosts*, HarperCollins, Londres, 2002 ; traduction française à paraître chez Gallimard.

Kipling, Rudyard, "L'homme qui voulut être roi", dans Le "Rick-shaw" fantôme et autres récits, in *Œuvres*, tome 1, Gallimard, "Bibliothèque de La Pléiade", Paris.

Korbjitti, Chart, *La Chute de Fak*, Le Seuil, Paris, 2003.

Lewis, Norman, *Golden Earth. Travels in Burma*, Jonathan Cape, 1952.

Lintner, Bertil, *Land of Jade. A Journey through Insurgent Burma*, Kiscadale, Écosse, 1990.

Loti, Pierre, *Les Pagodes d'or*, Kailash, Paris, 1992.

Lubeigt, Guy, *Pagan. Histoire et Légendes*, Kailash, Paris, 1998.

Luce, Gordon Hannington, Pe Maung Tin, *The Glass Palace Chronicle*, O.U.P., 1923.

Orwell, George, *Une histoire birmane*, Lebovici, Paris, 1984.

Roy, Arundhati, *Ben Laden, secret de famille de l'Amérique*, Gallimard, Paris, 2001.

Sargent, Inge, *Twilight over Burma. My life as a Shan Princess*, University of Hawaï Press, 1994.

Scott, James George(Shway Yoe), *Burma. As it was, as it is and as it will be*, Londres, 1886.
-, *The Burman. His Life and Notions*, 1882 ; Kiscadale, Écosse, 1989.

Scott O'Connor, V. C., *The Silken East. A Record of Life and Travel in Burma*, 1904 ; Kiscadale, Écosse, 1993.

Sollers, Philippe, *Illuminations*, Robert Laffont, Paris, 2003.

Steinberg, David I., *Burma. A Socialist Nation of Southeast Asia*, Westview Profiles, Boulder, Colorado, 1981 ;
-, *Burma's Road Toward Development. Growth and Ideology Under Military Rule*, Westview Press, Boulder, Colorado, 1985.

Strachan, Paul, *Pagan. Art and Architecture of Old Burma*, Kiscadale, Écosse, 1989.

Suzuki, D. T., *Essais sur le bouddhisme zen*, Albin Michel, Paris, vol. I, II et III, 1972~1987.

Takeyama, Michio, *Harp of Burma*, Charles E. Tuttle, Japon, 1966 ; Unesco, 1966.

Than Tint, Mya, *Sur la route de Mandalay. Histoires de gens ordinaires en Birmanie*, Olizane, Genève, 1999.

Thanegi, Ma, *The Native Tourist. In Search of Turtle Eggs*, Daw

Shwe Eine, Taing Lin Sapay, Myanmar, 2000.

Theroux, Paul, *Railway Bazaar*, Grasset, Paris, 1987.

Zweig, Stefan, *Le Monde d'hier*, Belfond, Paris, 1993.

| 여행 안내서 |

Le Grand Guide de la Birmanie, Gallimard, "Bibliothèque du voyageur", Paris, 1999.

Myanmar(Burma), Lonely Planet, 2000.

미얀마 산책

초판 1쇄 발행 | 2008년 10월 15일
초판 2쇄 발행 | 2012년 4월 20일

지은이 | 크리스틴 조디스
그림 | 사샤 조디스
옮긴이 | 고영자

펴낸이 | 박효열
펴낸곳 | 대숲바람
등록번호 | 제101-90-40679

주소 | 서울시 마포구 서교동 357-1
     서교프라자 오피스텔 320호
전화 | 02)418-0308
팩스 | 02)418-0312
E-mail | dsbaram@naver.com

값 15,000원
ISBN 978-89-954305-6-9 03910